図解 ダーティヒロイン

F FILES No.041

藤井勝彦 著

新紀元社

はじめに

　本書のタイトル『ダーティヒロイン』は、「道徳的に卑劣な行為を行う女傑」をイメージしている。直訳すれば「道徳的に汚い、卑劣な女（主人公）」となるだろうが、本書でのダーティヒロインの定義は、「男を悩ませる妖艶さが根底にあり、ヒロインとしての性格を持ちつつ、その所業によって負の称号を与えられた女たち」としている。

　ダーティヒロインと悪女との違いを問われると正直なところ返答に窮するが、ともに「周り（おもに男）に危害を加えていく女」であることには違いがない。とはいえ本書では便宜上ではあるが、悪意があるかないかで一線を画している。悪行の意図が明確なら悪女、希薄ならダーティヒロインである。章立ては、「第1章　汚されたヒロイン」では、本人には悪行をなす意思がなかったにもかかわらず結果的に男たちを不幸に陥れてしまった女を、「第2章　作られたダーティヒロイン」では、社会的背景や環境が悪の道へと進ませてしまった哀れな女を取り上げ、「第3章　欲望に生きた悪女」と「第4章　歴史に汚点を残した極悪女」では、本物の悪女および極悪女を取り上げている。ただし、見方によっては悪女かどうかの見解が異なることはつけ加えておきたい。

　なお、項目として登場する人物はダーティヒロインと悪女を扱ったが、タイトルは広義に解釈して、ダーティヒロインとしてひと括りにしている。

　また、彼女たちの性向や動機、あるいは危害の加え方などは決して単一ではなく、十人十色のさまざまなパターンがある。魅惑の恋に溺れたあげく言い寄る男を死に追いやったり、金銭欲や権力欲に溺れて周りの人間を踏み台にしながらのし上がったりと、皆、ひと筋縄ではいかない泥沼の様相を見せてくれる。本書ではこのパターンにも注目し、50のパターンとそれに対応する50人の女たちというかたちで全体を構成した。たとえば「毒殺」を得意とした悪女の場合、女が毒殺を使うときの詳細があり、そのあとに実例として人物を紹介している。それぞれのパターンを解説と実例でより深く理解していただこうと考えた結果、こうしたかたちを採った。

　本書が、読者の方々の創作時のヒントになれば幸いである。

藤井勝彦

目次

第1章　汚されたヒロイン　7
- No.001　無垢 ── 8
- No.002　陳円円 ── 10
- No.003　一途な恋 ── 12
- No.004　八百屋お七 ── 14
- No.005　魅惑の恋 ── 16
- No.006　和泉式部 ── 18
- No.007　妖艶 ── 20
- No.008　夏姫 ── 22
- No.009　ひそみ ── 24
- No.010　西施 ── 26
- No.011　房中術 ── 28
- No.012　趙飛燕と趙合徳 ── 30
- コラム　悪女を巡る男と女の心理学 ── 32

第2章　作られたダーティヒロイン　33
- No.013　淫逸な血 ── 34
- No.014　ルクレツィア・ボルジア ── 36
- No.015　虐待 ── 38
- No.016　ベアトリーチェ・チェンチ ── 40
- No.017　諜報 ── 42
- No.018　マタ・ハリ ── 44
- No.019　高級娼婦 ── 46
- No.020　ラ・ベル・オテロ ── 48
- No.021　肉欲の争い ── 50
- No.022　比嘉和子 ── 52
- No.023　異常性欲 ── 54
- No.024　阿部定 ── 56
- No.025　自殺未遂 ── 58
- No.026　ゼルダ・フィッツジェラルド ── 60
- No.027　年下男 ── 62
- No.028　夜嵐お絹 ── 64
- No.029　嘘 ── 66
- No.030　高橋お伝 ── 68
- No.031　毒婦 ── 70
- No.032　大阪屋花鳥 ── 72
- No.033　欲求不満 ── 74
- No.034　メッサリーナ ── 76
- No.035　毒婦実演 ── 78
- No.036　島津お政 ── 80
- コラム　悪女の条件 ── 82

第3章　欲望に生きた悪女　83
- No.037　嫉妬 ── 84
- No.038　北条政子 ── 86
- No.039　浪費癖 ── 88
- No.040　マリー・アントワネット ── 90
- No.041　魔性 ── 92
- No.042　楊貴妃 ── 94
- No.043　悪の道 ── 96
- No.044　茨木お滝 ── 98
- No.045　悪妻 ── 100
- No.046　お百 ── 102
- No.047　放蕩 ── 104
- No.048　ジョゼフィーヌ・ド・ボアルネ ── 106
- No.049　二面性 ── 108
- No.050　エバ・ペロン ── 110
- No.051　乳母 ── 112
- No.052　万貴妃 ── 114
- No.053　スキャンダル ── 116

目次

No.054	クリスティン・キーラー	118
No.055	義子相姦	120
No.056	藤原薬子	122
No.057	刺青	124
No.058	雷お新	126
No.059	美人局	128
No.060	雲霧のお辰	130
No.061	あばずれ	132
No.062	蝮のお政	134
No.063	金銭欲	136
No.064	日野富子	138
No.065	権力欲	140
No.066	アグリッピナ	142
No.067	波瀾万丈	144
No.068	ローラ・モンテス	146
No.069	三角関係	148
No.070	マリア・ルイーサ	150
No.071	女帝	152
No.072	エカテリーナ2世	154
No.073	色情狂	156
No.074	マルグリット・ド・ヴァロワ	158
No.075	強欲	160
No.076	西太后	162
No.077	陰謀	164
No.078	張禧嬪	166
No.079	笑み	168
No.080	妲己	170
コラム	世界悪女ランキング	172

第4章 歴史に汚点を残した極悪女 173

No.081	連続殺人	174
No.082	石川みゆき	176
No.083	復讐	178
No.084	呂后	180
No.085	毒殺魔	182
No.086	マリー・マドレーヌ・ドーブレ	184
No.087	屍体愛好	186
No.088	ベラ・レンツィ	188
No.089	迷宮入り	190
No.090	ベル・ガネス	192
No.091	虐殺	194
No.092	カトリーヌ・ド・メディチ	196
No.093	サディスト(加虐性欲者)	198
No.094	エリザベート・バートリー	200
No.095	人肉嗜好(カニバリズム)	202
No.096	ジンガ女王	204
No.097	悪魔礼拝	206
No.098	ラ・ヴォワザン	208
No.099	野望	210
No.100	則天武后	212
コラム	世界残虐史	214

| 索引 | 215 |
| 参考文献 | 221 |

第1章
汚された
ヒロイン

No.001

無垢

無垢なままの女性は、男の目にはこの上もない宝物と映るようである。そんな女性に惚れた男は、女性を幸せにすることに心血を注ぐ。そして、女性に入れ込み過ぎた男が大きな過ちを犯し、悲劇となってしまう。

●天然無垢の可愛らしさはときとして不運を招く

　世の中には、悪意があったわけでもないのに、悪女の烙印を押されてしまう哀れな女性がいる。偽りや作為のない素直な心の少女であったにもかかわらず、結果として大事をなすべき男の判断を狂わせて国を傾けさせ、歴史にその名を刻まれてしまうような女性である。

　血色のつやつやした顔を**紅顔**という。平安中期の詩歌集『**和漢朗詠集**』にも、「**朝には紅顔ありて世路に誇れども、暮れには白骨となりて郊原に朽ちぬ**」として登場する。若く溌剌とした青年といえども、突如死にゆく運命にあるという世の無常さを歌ったものである。これは、浄土真宗の中興の祖・**蓮如**の御文章にも取り入れられ、儚い人生ゆえに、こだわりを捨て精一杯生きるべきとの意が込められるとともに、紅顔のなかに見て取れる**無垢**な心持ちこそ、人が人としてあるべき本来の姿であると読み取ることもできる。

　このピュアな心持ちに、男が惹かれるのは世の常であろう。感情表現が豊かで、屈託なくはしゃぎ、ときに拗ねたり、涙を流したり甘えたりといった素のままの女性の可愛らしさに、男は心をわしづかみにされて虜になってしまう。「自分こそがこの女を守ってやらなければ！」との思いが自らの存在の証しとなり、生きる意欲を駆り立ててくれるのである。こうして結ばれた男と女が幸せな家庭生活を築くことこそ、人間本来のあり方であるともいえよう。

　ところが、この男が歴史のひと幕において重要な立場に置かれた場合は、厄介なことになる。男は女性の幸せを優先して、国策の判断を誤り、国を傾けてしまうことが多いからである。女性にはなんら問題があったわけではないのだが、残念ながら男を狂わせたダーティヒロインとして、女性はその責めを負わされてしまうのである。

紅顔な女性が男にとって宝物のように映るのは？

紅顔とは元来、血色のつやつやした顔を意味するもので、あるがままの心・無垢に通じるものがある。こんな女性は男にとって、またとない宝物と映る。

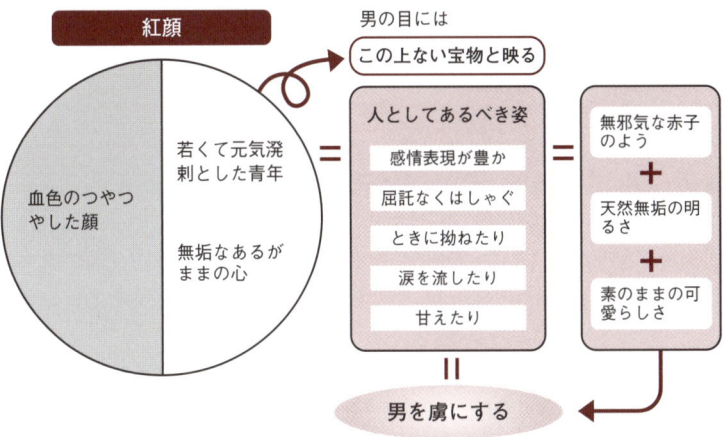

無垢な女性が国を傾けるのはなぜか？

無垢な女性を見ると、男は守ってやらねばとの思いが強くなる。幸せな家庭を築くにはよいことであるが、大事をなすべき立場の男の場合は、少々厄介である。

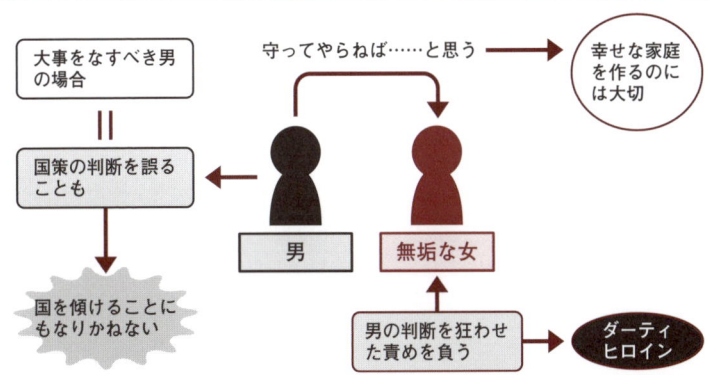

ワンポイント雑学

無垢を題材にした文芸作品には、小説『無垢の領域』(桜木紫乃 著)や評論『無垢の力』(高原英理 著)、哲学書『生成の無垢』(ニーチェ 著)などがある。

No.002
陳円円
エピソード・無垢

中国明朝末期に、ひとりの女性を奪われたために敵国に寝返った将がいた。その紅顔無垢の女性の名は陳円円。結果的に明朝を滅ぼした彼女は、男を狂わせたという罪作りな美貌の持ち主であった。

●異民族に寝返らせた少女の無邪気さ

「冠を衝く一怒は紅顔の為なり」。これは清代初めごろに活躍した詩人・**呉偉業**が作った七言古詩・**円円曲**の一節である。この節の主語は**呉三桂**、紅顔とは**陳円円**（1623〜1695）のことである。呉三桂が髪の毛を逆立てるほど怒ったのは、陳円円が**李自成**軍にさらわれたからで、そのために呉三桂が清軍に寝返ったのだということを示している。

ただ、これには諸説あり史実とはされていないが、経緯は次の通りである。円円は元蘇州の名妓で、明朝最後の皇帝・**崇禎帝**を慰めるために後宮へと送り込まれていた。しかし、政務に明け暮れ、美女に見向きもしなかった帝から寵愛を受けることもなく、周皇后の父・**周奎**のもとに送り返されていたのを、明軍の武将・呉三桂が見初めて妾としていた。

その後、呉三桂が円円を都に置いて清軍と対峙しているとき、李自成を中心とする反乱軍が明朝打倒の兵を挙げて都を占拠する。そして、李自成の配下の武将が円円を我がものにしようとした。呉三桂は円円を奪われたことに激怒し、すぐさま敵対していた異民族・清のドルゴンに寝返り、清軍の先頭に立って都へと進軍。李自成軍は敗れ、呉三桂は清朝建国の功労者となった。

円円は美声の歌い手で、妖艶な舞いの名手でもあり、呉偉業が紅顔と表したように、年若く血色のいい美少女だったのだろう。政に口を挟むことはもちろん、男を色香で惑わすという邪心の欠片すら持っていなかったはずだ。それでも国家のキャスティングボートとなって、重大な局面に立った呉三桂の判断を狂わせたという点においては、傾国の美女といわざるを得ない。**無垢な無邪気さ**が呉三桂の心をとらえて離さなかったための結果である。

のちに呉三桂は清の将軍となり、陳円円を正妃に迎えようとするが、彼女は頑なに固辞して独居したのち、**寂静**と名を変えて女道士になったという。

呉三桂が清に与した理由とその経緯

山海関を守る呉三桂は、李自成軍が陳円円を捕らえたことに腹を立てて、関を敵（清）に明け渡して都へ攻め上っていく。

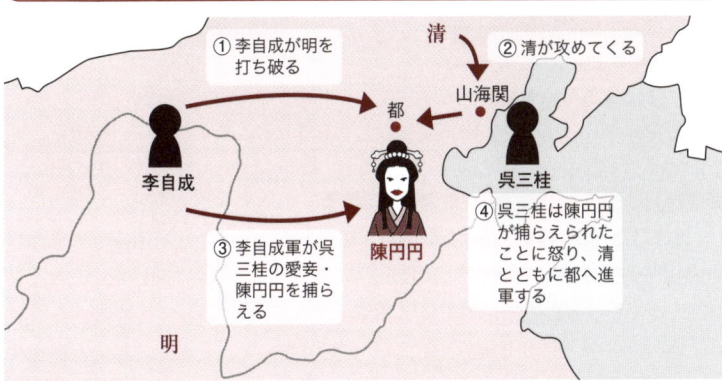

呉三桂と陳円円を取り巻く人物相関図

陳円円は帝に寵愛されることがなかったため送り返されていたのを、呉三桂がもらい受けて妾とした女性であった。

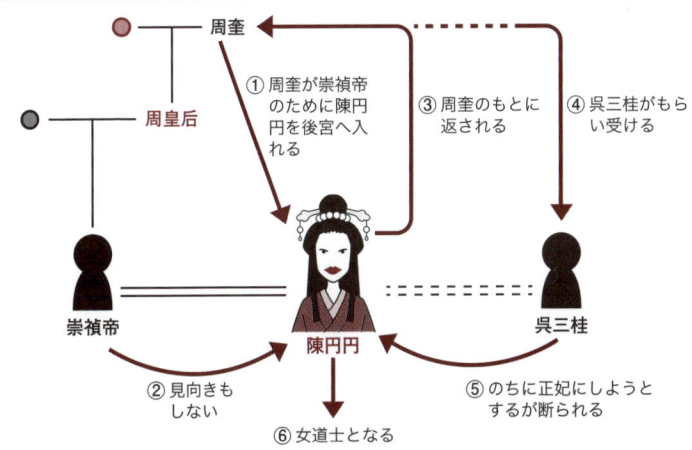

ワンポイント雑学

のちに呉三桂は清に反旗を翻して三藩の乱を起こしたあと、大周を建国。湖南の衡州で帝位に就いたものの、その数か月後に病死している。

No.003
一途な恋

「どんなことをしても会いたい！」という熱い恋心にとらわれ過ぎた女性は、予期せぬ行動を起こしがちである。ときには善悪の判断すら誤って犯罪行為に走り、ダーティヒロインの汚名を着せられてしまうこともある。

●恋心にとらわれて誤った善悪の判断

　「彼のことで頭がいっぱいでなにも手につかない……」と、もがき苦しむほど一途な恋がしたいと願う女性は多いようである。**「彼に会いたい!!」** と切に願い、**「それがかなうのならどんなことをしてもいい」** とまで思えるようないとおしい人と巡り会いたいという健気な女心は、とかく打算的な昨今の結婚事情を鑑みれば、一服の清涼剤のような爽やかさをも感じさせてくれる。

　しかし、この一途な恋の実体は、相手を思いやる真の愛情とは、残念ながら多少かけ離れているようである。会いたいという切なる思いは、もちろん恋心の第一歩には違いないが、それが強く働き過ぎてしまうと、愛とはかけ離れた、**とらわれの心**に変貌してしまうからである。この思いはいわば飽くなき欲望と同じで、自身が思い描いた勝手な妄想に過ぎない。仮に願いがかなって会えたとしても、今度は**「私をもっと愛してほしい!!」**という願望に変わって、またもやその思いにとらわれてしまうのだ。それは、自らの欲求を満たすことだけを願う身勝手な思い込みで、いくら求めても満足を得ることのできない「執着」の心である。この思いが募ると心が痛み、その満たされぬ思いが、自らを不幸に陥れていると考えてしまう。そして、自分を不幸に陥れているものが「悪」であり、それを取り除くことが「善」であるとの思い込みから、予期せぬ行動に走ってしまいかねないのである。

　そもそも善悪の判断基準が自分の欲望のうえにある以上、この思いにとらわれた女性の行動は予測不可能である。たとえ犯罪行為であったとしても、この女性が善と判断すれば、躊躇なく行動してしまいかねないのだ。女性がこうした勝手な思い込みで悪事を働いてしまったとすれば、たとえ本人には、相手を思う気持ちゆえにという強い意志があり、そこに悪意がなくとも、ダーティヒロインとしての汚名は免れないのである。

健気な恋心の第一歩とは？

「もがき苦しむほどの恋がしたい！」と願う健気な女心が恋の第一歩であるが、巷では打算的な女性も多い。

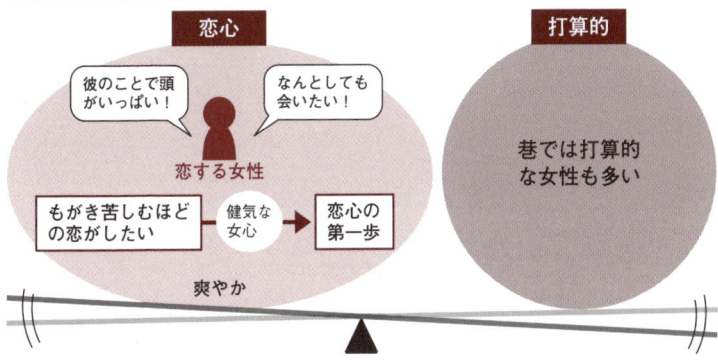

恋心も強く働き過ぎると、とらわれの心に……

健気な恋心も強く働き過ぎると、飽くなき欲望である、とらわれの心に変貌してしまう。恋が実ったとしても、次は「もっと私を愛して！」というように求め続けるのだ。

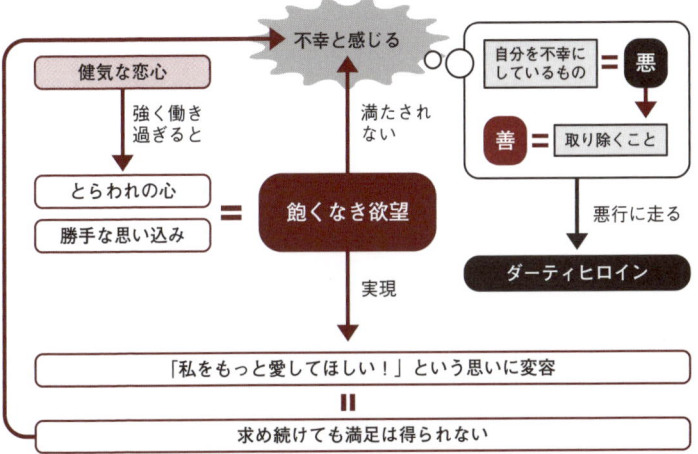

ワンポイント雑学

スタンダール『恋愛論』、吉本隆明『超恋愛論』、遠藤周作『恋愛とは何か』、立原正秋『愛をめぐる人生論』などが、筆者のオススメの書籍である。

No.004
八百屋お七

エピソード・一途な恋

いとおしい男と離れたくないために、火付という大罪を犯してしまった少女・お七。善悪の判断を誤り、悪人となってしまったお七であったが、その一途さに心を惹きつけられる人は多い。

●男に会いたい一心で自宅に火をつけた少女

　文京区円乗寺の境内に、古くから**八百屋お七**（1668〜1683）の墓と言い伝えられてきた小さな墓石がある。火付の罪人として、本来なら墓すら作ってもらえない身ではあるが、歌舞伎役者の5代目・岩井半四郎が墓石を整えて以来、今日に至るまで年頃の娘がときおり訪れては花を手向けていくようである。罪を犯したとはいえ、男を思い詰めたその一途さにあやかりたいという、健気な女心の表れなのかもしれない。

　井原西鶴『好色五人女』にも取り上げられて広くその名を知られるようになった八百屋お七は、その浮世草子が発表される3年前に処刑された、実在の女性である。八百屋の末娘で、両親からも愛された幸い多い少女として不自由なく暮らしてきたが、16歳のころに起きた江戸の大火で事態は一変。駒込大円寺から出た火が燃え広がり、一帯が焼け野原となってしまったからである。お七の一家も焼け出されて、檀那寺であった正仙寺（『好色五人女』では吉祥寺）に逃れ住むことになる。ここで出会ったのが寺の小姓として働いていた美青年の**生田庄之助**で、ふたりは恋仲となって深く契りを結ぶのである。

　しかし、一家に新たな家ができ、寺を離れざるを得なくなると、お七は庄之助と離ればなれになり思うように会えなくなったことを儚むようになる。そして、その寂しさに耐えかね、「この家さえなければ、また以前のように庄之助と会える」と思い込み、ついにお七は自分の家に火をつけてしまう。火はすぐに消し止められたが、江戸時代の火付は重罪で**火あぶりの刑**と決められている。現代の刑法でも「死刑または無期もしくは5年以上の懲役」である。

　結局お七は捕らえられ、10日間も市中を引き回されたあげく、**鈴ヶ森刑場**で火刑に処せられてしまう。善悪の判断すら狂わせてしまった一途さが招いた犯罪とはいえ、その代償はあまりにも大きなものであった。

お七が生田庄之助と出会うまで

大円寺から出た火は、たちまち一帯を焼き尽くす。お七の家も焼け落ちたために一家は正仙寺へと向かい、そこでお七は庄之助と出会う。

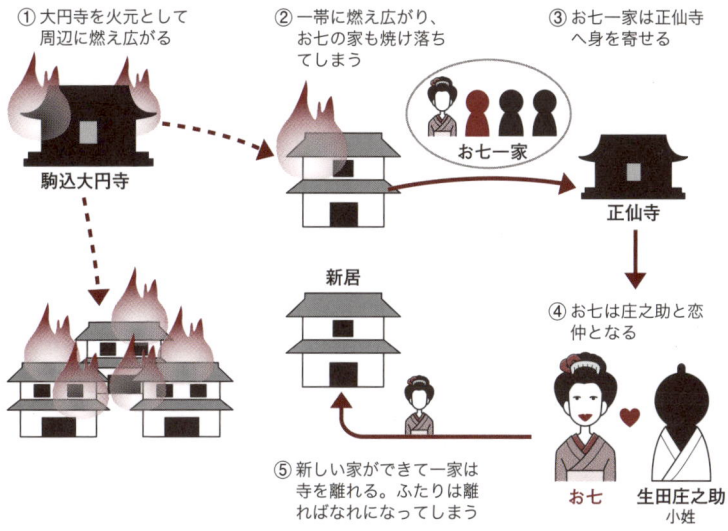

自宅に火をつけたお七のその後は？

庄之助と思うように会えないことを嘆いたお七は、自宅を燃やせばまた彼と会えると思い、実行してしまうのである。

ワンポイント雑学

お七の恋人の名は、井原西鶴『好色五人女』では吉三郎、落語では吉三とされる。また、歌舞伎や文楽で演じられるお七の物語では、お七が放火することはなく、振り袖姿で火の見櫓に登って半鐘を鳴らしている。

No.005
魅惑の恋

「愛」は見返りを求めず、ひたすら相手を大切に思う気持ちであるが、自らの心の渇きを癒やしたいと願う「恋」に溺れてしまった女性は、相手を傷つけることも厭わない罪作りな女に変貌することがある。

●心の渇きを癒やすための恋に溺れる

「**大好きな人と出会って寄り添い、いつまでもそばにいたい**」と願う心を「**恋**」という。これが満たされないと切なく、ときには身を焦がすほどの痛みを伴うこともある。この場合、視線の先にあるのは相手そのものではなく、**自らの心に都合よく映し出した相手**である。

これに対して、**一切の見返りを求めず相手に尽くそうとする気持ち**が「**愛**」で、対象となるのは男女間だけにとどまらず、親子や親友、隣人など広範囲に広がるのが特徴的である。常に**視線の先にあるのは相手そのもの**であり、自らを犠牲にすることも厭わないという点からすれば、自分自身の思いなどはさして重要な意味合いを持たない。「愛」が相手を大切に思う気持ちである以上、自分を犠牲にしてでもこれを守りたいと願って行動するからである。

しかし、「恋」が自らの心の渇きを癒やしたいと願う欲望であるとすれば、思いは一方的になりやすく、恋が破れた場合、互いに傷つけ合うという危険性をはらんでいる。恋に憂き身をやつして恋い焦がれ、願いがかなって思いを遂げられたとしても、相手の恋心がほかに移ってしまえば、思いは瞬時に憎しみに豹変して相手を傷つけたり、逆に自虐の念に駆られて自殺にまで及んでしまったりすることにもなりかねない。恋に溺れた女（あるいは男）は盲目となって、真理を読み取ることができなくなってしまうのである。

次々と男と浮名を流し続けた恋多き女性は、自分だけでなく相手をも傷つけてしまう、なんとも罪作りな女なのである。

仮に男を苦しめたあげく、死に追いやったとすれば、ダーティなイメージを払拭することはできまい。それでも不思議なことに、世の中、こんな女と男があふれているからこそおもしろいのである。「恋」の芽生えない人生は、やはりつまらないとしかいいようがない。

「恋」と「愛」の大きな違いは？

恋心を抱いた人の目に映るのは、自分の心に都合よく映した相手である。愛を抱いた人の目に映るのは、相手そのものである。

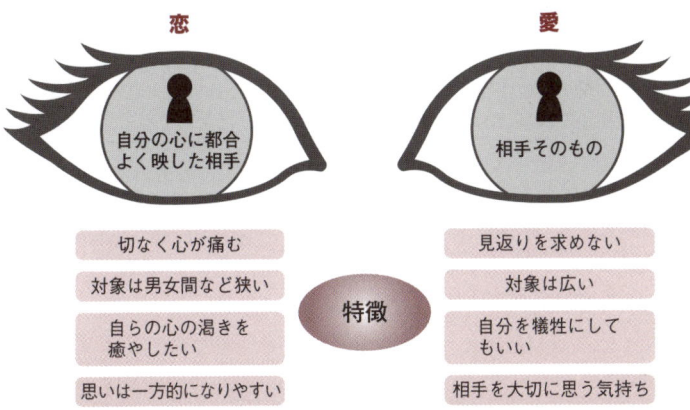

恋多き女が罪作りな女となるまで

恋多き女は何人もの男を苦しめたあげく、死に追いやってしまうこともある。愛という名の思いやりがあれば防げたかもしれないが……。

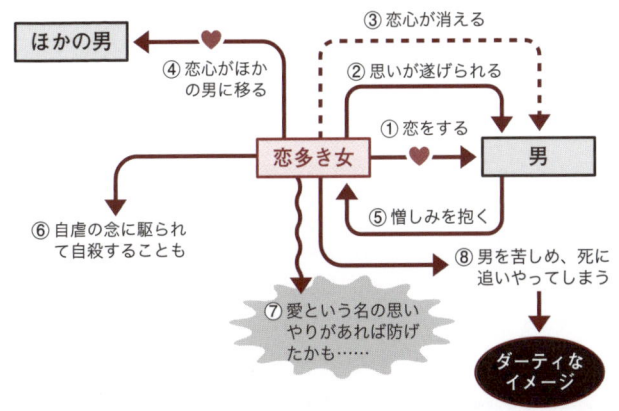

ワンポイント雑学

スタンダールは、恋愛を「情熱的」「趣味」「肉体的」「虚栄」の4つのタイプに分けている。

No.006
和泉式部

エピソード・魅惑の恋

貞淑とは逆の人生を歩んだ恋多き女性。それが不倫の連続となると、ダーティなイメージはぬぐえない。ここでは平安王朝の三才女のひとりに数えられた、和泉式部の男性遍歴について解説していこう。

●男を不幸に陥れた恋多き女性

　恋多き女性として不倫を重ね、夫や関係した男を不幸にしてしまったのが、平安時代の女流歌人で、**紫式部**、**清少納言**とともに平安王朝三才女のひとりに数えられた**和泉式部**(978？～？)である。

　越前守・大江雅致の娘として生まれた式部は、**冷泉天皇**の后・**昌子内親王**の童女として後宮入りしたのち、和泉守・**橘 道貞**と結婚した。

　当時の婚姻形態は、男が女の住む実家に出入りする**通い婚**が普通で、数年を経て親の許しを得たうえで、ようやく妻が夫の家に移るというものだった。一夫一婦制が原則だが、貞操観念はさほど厳しくなく、夫ある身でありながら、ほかの男を家に引き入れることも少なくなかった。そんな世情もあってか、式部も男性遍歴は多彩で、次々と新しい恋に憂き身をやつした。

　最初の不倫相手は、冷泉天皇の子・**為尊親王**だった。当然、宮中は大騒ぎとなり、式部は親からは勘当され、橘道貞とは離婚せざるを得なくなってしまう。そして、為尊親王が病を得て早々に亡くなると、今度は為尊親王の弟・**帥宮敦道親王**と恋に落ちる。この恋は歌にも詠まれたように、身も焦がすような燃える恋であった。しかし、このふたりの恋情に激怒した敦道の妻が騒ぎ立て、またもや宮中は大騒動。まさに修羅場である。そして、敦道親王もまた兄同様、病を得て若い命を散らしてしまうのである。

　こうして次々と恋する男を失った式部を哀れんだ**藤原道長**は、式部に経済的な援助を惜しまなかったというが、このときに書き綴られたのが『和泉式部日記』であった。その後も、摂政関白・藤原兼家の次男の**藤原道綱**をはじめ、次々と浮名を流し続けたのち、道長に仕えていた**藤原保昌**と再婚した。

　不倫を重ね、次々と男と浮名を流すなど、貞淑とは対極の道を歩んだ式部。現代人の感覚でいえば、ダーティヒロインといわざるを得ない人生だろう。

和泉式部が恋した男たち

和泉式部は橘道貞と結婚したにもかかわらず、為尊親王とも関係ができてしまう。そして親王が死去すると、その弟・敦道親王に恋をする。

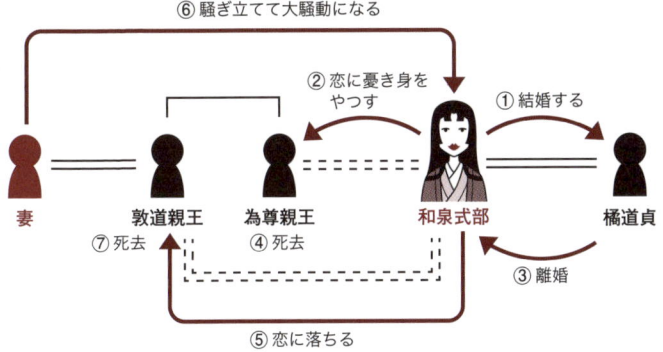

懲りない和泉式部の男性遍歴

恋する男を次々と失ってしまった和泉式部を哀れんで、藤原道長が経済的に援助をしてくれたが、式部はその後も次々と浮名を流し続けるのである。

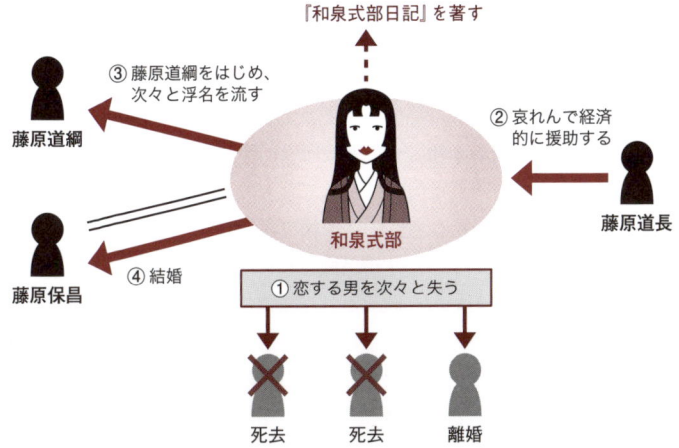

ワンポイント雑学

紫式部は『紫式部日記』において、和泉式部の素行に関しては苦言を呈しながらも、和歌のレベルの高さは認めている。「あらざらむ この世のほかの 思い出に 今ひとたびの 違うこともがな」が有名。

No.007
妖艶

妖艶な女性がいて、権力者から息子の出世と引き換えに肉体関係を求められる。たとえ断りきれない状況であったとしても、男どもの要求に応じて容易に受け入れてしまえば……。

●男を惑わせた妖艶さが招いた不運

　寡婦とはいえ、息子がいる身でありながら、多くの男たちを虜にして肉体関係を続けるというのは、現代の一般常識からすれば、不貞行為といわざるを得ない話である。当然のことながら女性は忌避されるだけでなく、淫婦として卑下され、悪女の烙印を押されるのがオチである。

　ところが、仮にこの男どもが権力者であり、女性の息子の出世の見返りとして関係を求めた末の行為だとしたら、この女性の評価は多少違ったものになるのかもしれない。特にそれが封建時代であれば、いかに無慈悲な要求であっても、君主をはじめとする権力者の要求を拒むことは、自身だけでなく息子にまで多大な悪影響を及ぼすことは目に見えているわけで、無下に拒否の姿勢を貫くことは至難の業であったに違いない。息子がありながら、知らないうちに男どもを惑わせていた自らの愚かさを嘆くしかあるまい。

　この場合、女性に下される評価としては、**妖しげな美しさを振りまくこと自体を悪**と見なし、貞節を捨てたことで悪女の烙印を押そうとする者もいれば、息子を引き立ててくれた見返りとして自らの操を投げ捨てたことに一定の評価を与え、**報恩のために貞節の義を捨てた不幸な女性**と見る者もいるだろう。いずれにしても、この女性が、男どもを狂わせるだけの妖艶さを漂わせていたことだけは確かである。

　もし、女性が自らの妖艶さを進んで交渉の道具として利用し、さらに男どもとの関係を嬉々として受け入れていたとすれば、もちろんこの女性は悪女というべきではあるが、息子を思う気持ちがなによりも強く働いていたとすれば、ダーティヒロインといったほうがいいだろう。ただ、息子にとっては遺恨を残す不幸な出来事になることは間違いない状況である。

貞節を捨てた悪女か、報恩のために貞節の義を捨てた不幸な女性か？

権力者の男たちが、女の息子の出世の見返りに女の身体を求めたとしたら、女は報恩のために貞節の義を捨てたとも取れる。

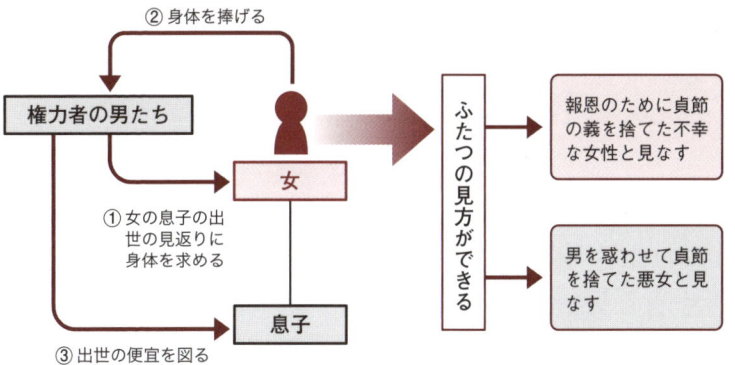

もしも女が嬉々として関係を楽しんでいたとしたら……？

女が妖艶さを交渉の道具として利用して男を惑わし、嬉々として男たちとの関係を楽しんでいたとすれば悪女である。

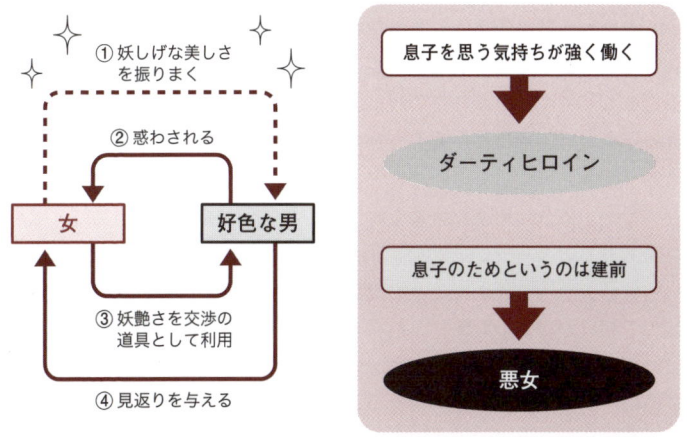

ワンポイント雑学

妖艶な女性の登場する小説には、谷崎潤一郎『痴人の愛』、泉鏡花『高野聖』、三島由紀夫『美徳のよろめき』などがある。

No.008
夏姫（かき）

エピソード・妖艶

艶かしく艶やかな女性は、男たちに必要以上に求められる。そのときに道を誤ると、待つのは悲劇であった。ここでは、見る者すべての心を惑わしたという妖艶な女性・夏姫について解説していこう。

●陳公とふたりの大夫に弄ばれた美女

　周王朝が幽王の暴挙の果てに実権を失い、群雄が割拠する春秋戦国の世となった時代に、鄭という小さな国があった。すぐ北には晋が、南には楚が覇を競い、ともに鄭を奪わんと虎視眈々とその機会を狙っていたころのこと。その鄭の息女として生まれたのが美女として名高い夏姫（生没年不詳）である。

　その妖艶さは、見る者すべての心を惑わし、思いを寄せぬ者はないとまでいわれた。10歳のころには、すでに兄の子夷や鄭の大夫までもが思いを寄せて艶聞を広めたという。その後、陳という小国の夏氏の御叔に嫁いで、ひと粒種の夏徴舒を生んだものの、夫はすぐに他界してしまう。夏姫は、子の徴舒を正式に夏氏の跡継ぎとして認めてもらおうと陳の大夫に願い出るが、ここで思いもかけぬ条件を持ち出される。儀行父と孔寧というふたりの大夫に加えて、陳公までもが妖艶な夏姫との関係を求めてきたのだ。夏姫は息子の前途を案じて、しかたなくこれに応じると、陳公はさっそく夏氏の台という高台を築いて、ふたりの大夫とともに夏姫との異常な性愛を楽しむ。

　この交換条件によって、のちに大夫となった徴舒は、夏氏の台で催された宴会の席上、陳公の不遜な言葉を耳にする。陳公が大夫の儀行父に「徴舒は汝に似ておるのう」というのだ。大夫は「公こそ瓜ふたつであらせますぞ」といって、皆で母を弄んだことを徴舒に漏らす。母を侮辱されて激怒した徴舒は、その場で陳公を殺害。ふたりの大夫は楚の荘王のもとに駆け込み、楚が陳に攻め上り、追い込まれた徴舒は自害して果ててしまうのだ。

　夏姫はその美しさゆえに男どもの心を惑わせ、彼らの要求に応じてしまった。結果的にその行為が息子を死に追いやり、ついには国運をも揺るがせてしまう。息子のためとはいえ、陳公とふたりの大夫の心を惑わせて淫媚な性愛を繰り広げさせたというのは、やはり大きな罪作りであった。

夏姫が陳公とふたりの大夫に弄ばれるまでの経緯

小国・鄭の息女として生まれ、陳の夏氏に嫁いで子を生んだ夏姫は、息子を正式な後継者として認めてもらおうと陳の大夫に願い出るも、意外な話を持ちかけられる。

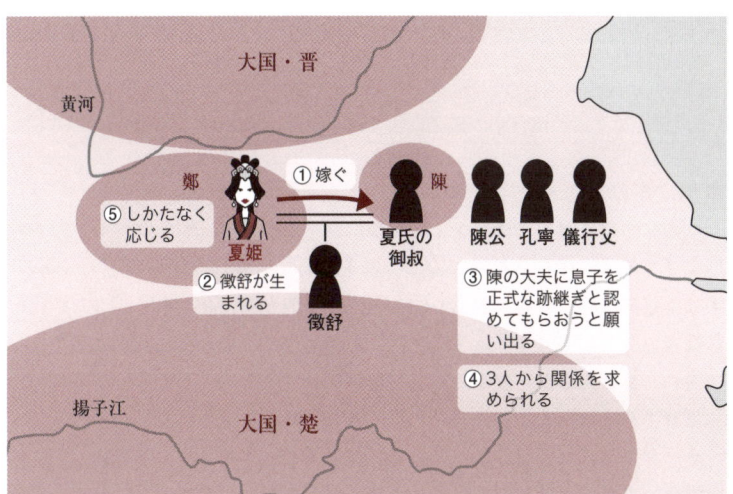

母を侮辱されて陳公を殺した息子のその後は？

陳公とふたりの大夫に弄ばれた夏姫の息子・徴舒は、成人して大夫となる。しかし、のちに母にまつわるとんでもない話を耳にしてしまう。

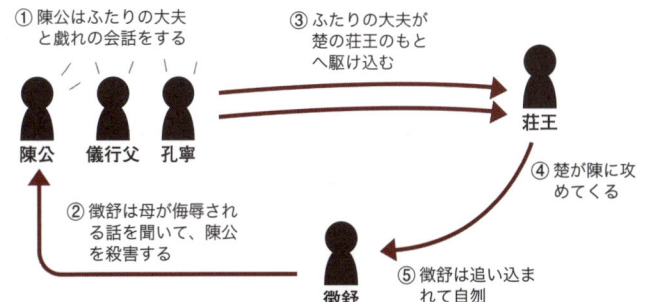

ワンポイント雑学

のちに夏姫は、楚の荘王に見初められたものの、自らがもたらした災いによって息子を亡くしたことに心がとがめて、妃となることを拒絶したといわれている。

第1章●汚されたヒロイン

No.009
ひそみ

笑みを振りまく女性たちのなかに、ひとり寂しげに佇む女がいたとすれば、男の目にはかえって気になる女として映るようだ。そのか弱きさが女の本性で、意図せず男に道を踏みはずさせたとすれば、責めるのは酷かもしれない。

●男に媚びることなく気を惹きつける不思議な魅力

　女が男を虜にするには、まず**美貌**に秀でていることが条件になるだろう。目鼻立ちが整っているだけでなく、**男を惑わすばかりの色香**も重要である。世の好色家が好むのも、おおむねこのような艶かしい女だろう。もし時代の最高権力者として君臨する者ならば、彼は難なくこのような**凄艶な美女**を手に入れ、毎夜のごとく快楽の饗宴に酔いしれようとするだろう。そして女たちは磨き上げた色香を振りまいて男に靡(なび)き、**笑み**を絶やさず媚び続ける。

　そんな肉欲の渦のなかに、権力者に媚びることもなく、ひとり**寂しげに佇む女**がいたとすれば、逆に目立った存在として男の目に映ったとしても不思議ではない。清楚でありながらも妖艶さを失わない女に、男は手を差し伸ばさざるを得ない魔力を感じるのである。哀愁を帯びた女は、微笑みのなかにもどこか儚さを漂わせて男の気を惹く。**ほのかに漂う凛とした色香**に男の目は釘づけとなる。たとえば、散りゆく一輪の花か、今にも溶けてしまいそうな雪のごときもののよう。その儚さが、しみじみとした情感の美しさを醸し出して、男の気をそぞろにしてしまうのである。

　そして、か弱き女の虜となった男は、女が今にも消えてしまうのではないかと不安に陥り、立場を逆転させて女の気を惹こうと悶え始める。寝ても覚めてもこの情念に取り憑かれるようになれば、男はすべてを投げ出し、もし権力者なら国を傾けてしまうのが世の常のようである。

　この場合、自らの妖艶さが男を惑わすことを自覚していたかが、悪女かどうかの分岐点といえる。もちろん、当初から傾国の目的を持って男を虜にしようと目論んでいたとすれば、冷酷な悪女といわざるを得ないが、か弱さが女のあるがままの姿で、思いも寄らず男に道を踏みはずさせてしまったとすれば、その女は歴史が生んだダーティヒロインというしかないだろう。

好色な権力者が好む女性とは？

好色な権力者は、妖艶な女性がお気に入りである。女性たちは笑みを絶やさず、愛嬌を振りまく。しかし男にとってそんな女たちは、ただの道具でしかなかった。

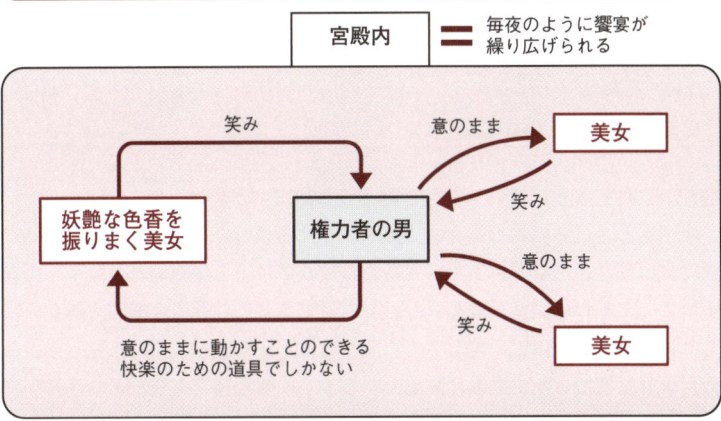

権力者の男がひとり寂しげな女に取り憑かれる手順とは？

日ごろから笑みを絶やさない女性に取り囲まれている権力者の男は、ひとり寂しげに佇む女が気になり、心を奪われてしまう。

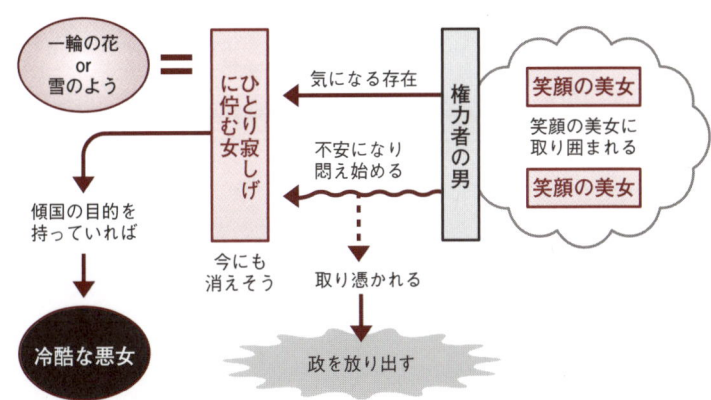

ワンポイント雑学

故事成語の「ひそみに倣う」は、むやみに人の真似をして物笑いになることの意。中国春秋時代の西施のひそみを真似て人に気味悪がられた愚かな女がいたことから、いわれるようになったもの。

No.010

西施
せいし

エピソード・ひそみ

傾国の美女として命じられるまま越から呉へと送り込まれた絶世の美女・西施。彼女は「ひそみ」という儚さを武器に、呉王・夫差を虜にし、密命通り呉を滅亡へと追い込むことに成功する。

●「ひそみ」という名の儚さで呉王を虜にした美女

中国遠古時代の傾国の美女は「笑み」を武器に帝王をたぶらかしたが、春秋時代になると「ひそみ」という新たな武器で帝王を狂わせた。呉王・**夫差**を虜にした絶世の美女・**西施**（生没年不詳）である。のちに**中国四大美女**のひとりに数えられたほどの美しさで、胸を病んだかのように儚げに見せるのが彼女の得意技だった。痛みに耐えかねるように胸を押さえながら眉間にシワを寄せる……その仕草がなんとも艶かしい。美女に取り囲まれていた好色家の夫差でさえ、初めて見るこの妖艶さには、目を見張ったに違いない。

一説によれば、西施は越王・**勾践**が**会稽の恥**をすすがんと呉に送り込んできた傾国の美女といわれる。だとすれば、それは夫差の気を惹くための方策である。夫差は並みいる美女たちを尻目に、西施のために八景を築いて昼夜宴を催し、政をおろそかにしていく。越に対して憎しみを抱く重臣の**伍子胥**を夫差の手で処罰するように仕向けたのも西施で、伍子胥を葬ったことで越は呉から攻められる恐れもなくなった。工作員としての西施の最初の役目は終わった。次なる一手はもちろん夫差を政から遠ざけ、呉の国勢を衰えさせることである。そのために西施は手練手管を用いて夫差の気を惹いた。西施が呉に送り込まれてから14年もの歳月が流れた紀元前473年、機が熟したと見た勾践は、いよいよ呉へと兵を向ける。なんの方策も立てていなかった夫差は手の尽くしようもなく、あっけなく自害してしまう。

こうして呉は滅亡し、西施は役目を終える。呉を討伐した第一の功労者は西施だった。それにもかかわらず、勾践は彼女を見捨てた。臣下の**范蠡**との抗争を避けるためだったともいわれるが、哀れにも西施は馬の皮袋・**鴟夷**に入れられて**五湖**(太湖)に沈められてしまう。また、西施を呉に送り込んだ張本人の范蠡と出奔し、ともに暮らしたという説もある。

西施の活躍と死の理由とは？

越王・勾践は、呉王・夫差に妖艶な美女の西施を送り込んで虜にさせる。重臣・伍子胥を葬らせたのも、国力を衰えさせたのも彼女の力によるものであった。

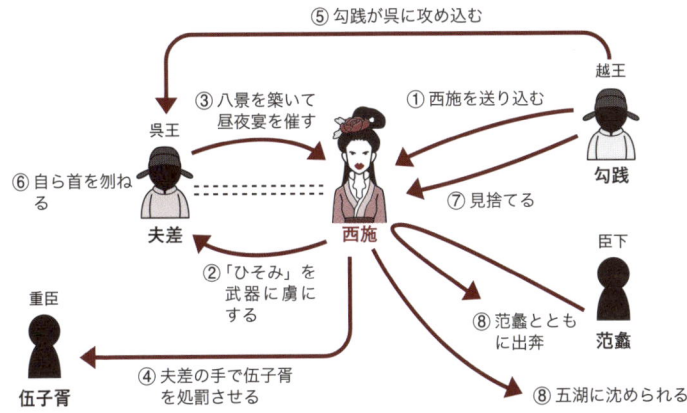

「笑み」でなく「ひそみ」で呉王・夫差を虜にした西施の魅力とは？

遠古の時代の帝王たちは、寵愛する美女たちの「笑み」に溺れて国を滅ぼした。しかし、春秋時代の呉王・夫差は、西施の「ひそみ」にとらわれてしまう。

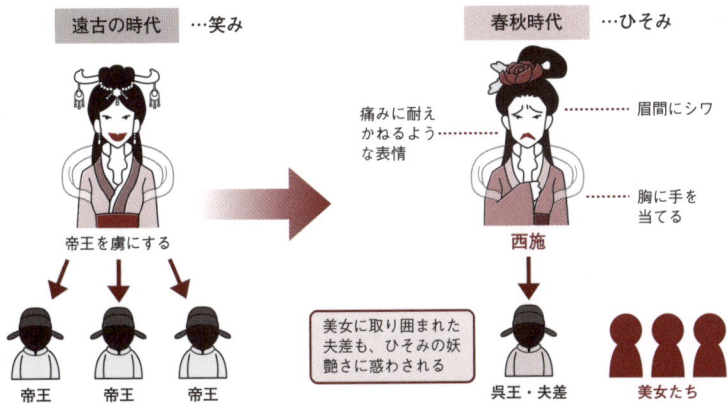

ワンポイント雑学

陳舜臣『中国美人伝』では、西施は恋人の計らいで、五湖に沈められることなく生き延びている。

No.011
房中術(ぼうちゅうじゅつ)

陰と陽の交わりに関する奥義として編み出された房中術は、快楽に溺れず、ほどよい節度を求めるものである。それにもかかわらず、女が男を快楽に溺れさせ、ついには死に追いやれば、ダーティなイメージはぬぐえない。

●男を虜にして死に追いやった女

　中国古来に成立した**陰陽五行思想**によると、この世のあらゆる現象は「**陰と陽の結びつき**」で成り立っているという。光に満ちた陽の気が上昇して天となり、重く濁った陰の気が沈んで地となってこの世が生まれたとする思想である。肉体と精神、熱と冷、動と静というように、陽と陰が常に表裏一体で存在する以上、その調和がなにより大切であるとし、平衡が欠ければ災いが巻き起こるというのである。**男(陽)と女(陰)の交わり**も同様で、陰陽の規律に則って節度ある行いをすれば、喜びに満ちあふれたものになるという。

　この男女の交わりに関しての奥義として編み出されたのが**房中術**である。

　この道術のなかには、もちろん性行為の喜びを高めるための技法も含まれているが、重要なのは女性が「**十分興奮した状態で交わる**」ことで、男は「**快楽に身を任せきらず、精(気)を漏らさない**」ことだという。つまり快楽に溺れず適度に摂生を保ち、無用に精を放たないというのがその神髄なのである。

　ところが、この最も重要な概念を無視し、単に快楽を追い求める技法だけをマスターして、男を虜にしようとする女も多くいたようだ。特に時の帝王の寵愛を得ようとする妃嬪たちにはこの手の輩が多かった。女たちはさまざまなテクニックを駆使し、帝王を歓喜の渦に巻き込んで喜ばせようとする。

　ときには、**不老不死の妙薬作り**の最中に編み出されたさまざまな**強精剤**を帝王に飲ませて、精力を高めさせようとした女もいた。これを飲んだ帝王は、本来自制しなければならない精をあらん限り放出させてしまう。度を越した快楽が身を亡ぼすという道術の理を実証するかのように、男はあえなく昇天。道理をわきまえず、男に度を越えた快楽を求めさせた女の浅はかさが、ついには男を死の淵に追いやってしまうのである。快楽を望み、身を任せた女の愚かさは、たとえ悪意がなかったとしても、非難されるべきであろう。

陰陽思想における男と女のあり方とは？

陽の気が上昇して天となり、陰の気が沈んで地となる。陽（男）と陰（女）の調和がなにより大切で、平衡が崩れると災いが起きる。

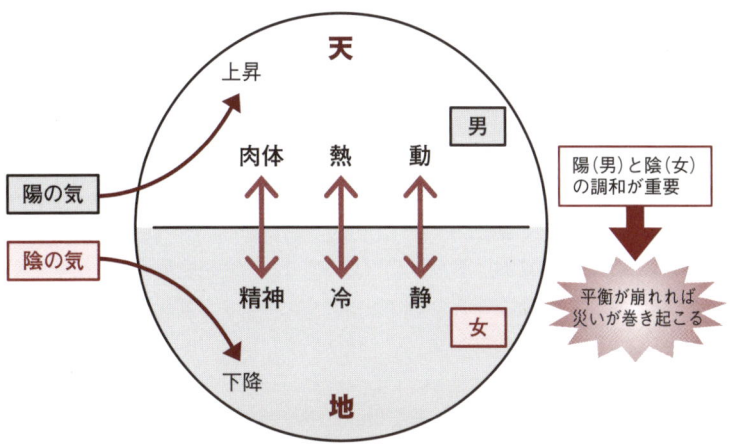

男女の調和を無視して性技に溺れたとしたら……

陰陽思想が編み出した房中術は、本来、節度ある行いをすることに重点を置く。それを無視して快楽だけを追い求めると、身を滅ぼす。

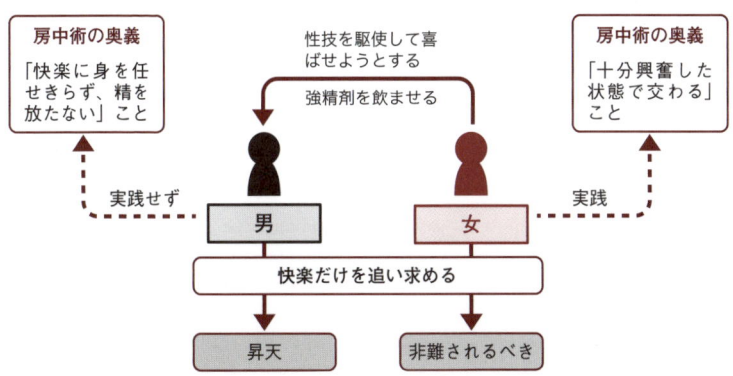

ワンポイント雑学

房中術は、春秋戦国時代に不老長生のための養生術として編み出されたものである。

No.012
趙飛燕と趙合徳

エピソード・房中術

男を虜にする房中術という性愛テクニックなどを使い、帝の寵姫となることを競った女性たちが、漢の時代の中国にいた。ここでは、趙飛燕と趙合徳という双子の美人姉妹が起こした悲劇について解説していこう。

●房中術に長けた姉・飛燕と、温柔郷の妹・合徳

漢の**成帝**の寵姫に、**趙飛燕**(?〜前1年)と**趙合徳**(生没年不詳)という双子の姉妹がいた。姉の飛燕はすらりとした体型で、燕が空を舞うような軽やかな身のこなし、妹の合徳は肌のきめが細かく、ふくよかでなおかつしなやかであった。姉は奔放で気性が激しく、妹は奥ゆかしくおっとりしていて、性格まで大きく異なる。それでも、甲乙つけがたい絶世の美女だったために成帝の寵愛を受け、姉妹は手練手管を用いて帝の気を惹こうと競い合った。

飛燕は、**房中術**という性愛テクニックを用いて男を虜にする術を心得ていたといわれる。彼女は宮中に入る前から多くの男と交わっていたが、呼吸を整え、気を内に潜めるという**道術**を使って、成帝に初めて抱かれたときも床を赤く染め、都合よく純潔の証しを立てることができたというほどの力量の持ち主であった。一方、合徳は成帝が「**温柔郷**」と称えたほど優しくまとわりつく柔肌を持っていたため、成帝はすっかり魅了し尽くされている。しかもふたりは、ともに幼少のころから足をきつく締めつけて小さくした**纏足**の持ち主である。特に飛燕の足は10cmにも満たなかったというが、これは小さいほど内股の筋肉が発達するため、膣の締まりがよくなるという。

ただ度が過ぎたのか、成帝は次第に精力が減退して、精力剤に頼らざるを得なくなる。この錠剤は、1錠飲めば気力も回復して、長時間にわたって事をなし続けることができるという代物だったが、合徳が誤って帝に7錠も飲ませてしまったことで、とんでもない事態を招いてしまう。帝は夜通し合徳を抱き続け、歓喜の極みに達し続けたものの、明け方には精力を使い果たしてそのまま死んでしまうのである。合徳は嘆き悲しみ血を吐いて帝のあとを追ったとも、自殺を強要されたともいわれる。ひとり残された飛燕も、その後しばらく生き長らえながらも、最後には自ら首を吊って死んだという。

趙飛燕と趙合徳、ふたりの特徴

姉・飛燕は細身で軽やか、妹・合徳はふくよかでしなやかな双子の美人姉妹。姉は房中術を駆使し、妹は温柔郷と称えられた。

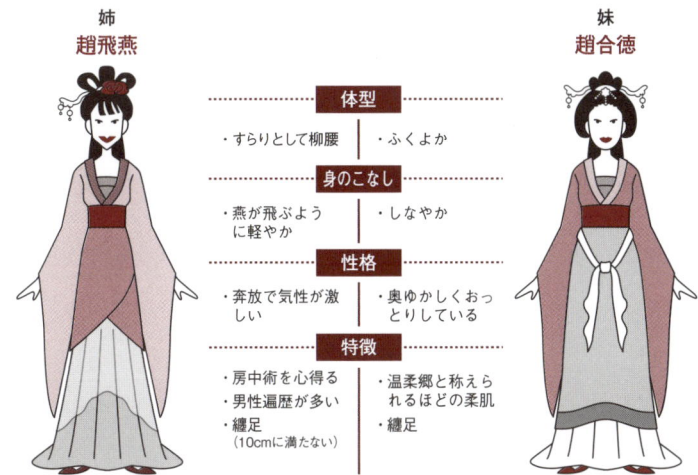

成帝崩御の経緯と姉妹のその後

合徳は精力が衰えてきた成帝に精力剤を飲ませるが、誤って7錠も飲ませてしまう。その結果、成帝は夜通し歓喜の極みに達したあと、明け方に死んでしまう。

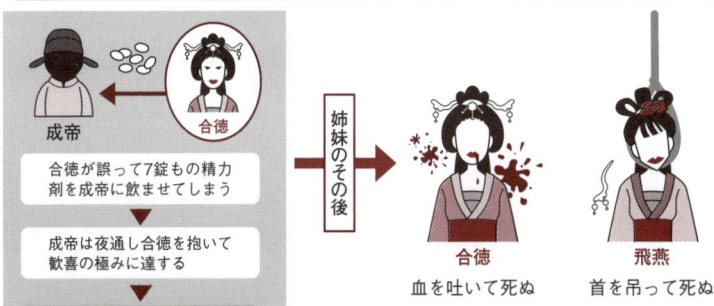

ワンポイント雑学

唐の時代の詩人・李白が楊貴妃の美しさをたたえるのに趙飛燕を引き合いに出し、「可憐な飛燕が化粧を新たにしたような美しさである」(可憐飛燕倚新粧)と詠んだ。

悪女を巡る男と女の心理学

■悪女はなぜ男を惑わそうとするのか？

　悪女に共通する性格として筆頭にあげるべきは、「欲深い」という点であろう。物欲や金銭欲、権力欲はもとより、自らの美の追求から性欲までもが人一倍強いというのが大きな特色である。これらの欲望が異常に強いにもかかわらず、それを制御する能力に欠けているため、心の赴くまま行動して、さまざまなトラブルを巻き起こしてしまうのだ。ただし、抑制能力は欠けているとはいえ、欲望実現のための努力は惜しまない。目標を定めれば、万難を排して一途に突き進んでいく実行力は、並の女性が太刀打ちできるようなものではない。その実現のためには、ときとして手段を選ばず強引に推し進めようとすることもあるため、非情な行為や犯罪行為に及ぶことにもなりかねないというのが、悪女たる由縁である。

　この目標実現のためにかかわり合いを持たざるを得ないのが、男の存在である。権力欲や金銭欲を満たすためには、権力者や金満家に取り入って、その恩恵にあずかるというのが最も手っ取り早い方法だからである。女にとって好都合だったのは、これら権力者や金満家の多くが好色家の男で、色香で虜にするのが有効な手段として利用できたことだ。男を虜にするために、女は自らに磨きをかける。女の妖艶な美は、その女自身の目的達成のための手段であるにもかかわらず、能天気な男はそれが自らを喜ばせるための真心だと勘違いして女をいとおしみ、あげくの果てに女の言いなりになってしまうのだ。

　ここで、「欲深い」悪女のもうひとつの特色である「自己中心的」な性格の本領が発揮される。この女にとって大切なのは自分だけで、「愛」という名の犠牲的精神とは無縁なため、かかわり合いを持った男が自らの欲求を実現してくれたのちに用済みとなれば、いとも簡単に捨て去ってしまうのだ。この女にとって男とは、単に自らの目標を実現させるための道具でしかないからだ。「物」でしかないものに心を通わせるはずもなく、ましてや心を開いて本心まで語ることなどあり得ない。この女と男のあいだにあるものは、せいぜい肉欲に溺れた情念ぐらいのものであろう。その肉欲ですら、埋め合わせてくれる代用品など、妖艶な女にはゴマンと現れるであろうから、男をお払い箱にしても、この女にとっては痛くもかゆくもないのだ。

　さらに始末が悪いのは、この女は男が女の美貌に酔いしれて振り回されていることが快感にも繋がるという、マゾヒスティックな性格をも有している点である。男を惑わすことができた自身の妖艶さに悦に入ってしまうのだ。惑わした男の社会的地位や名声、能力などが高ければ高いほど、自身の価値が高まったと思い込んでいるため、より有力な男を虜にしようとするのも特徴的である。であれば、社会的地位も金も性的魅力にすら恵まれない凡夫に悪女が近づいてくることはない。自らお近づきになりたいと願っても相手にされるはずもないから、悪女の弊害に悩まされることもないのである。これ、幸いというべき……か？

第2章
作られた
ダーティヒロイン

淫逸な血

中世ヨーロッパの名門貴族は、領土保全のために近親結婚を繰り返し、その弊害で病弱な当主も多かった。そしてその当主に無理矢理嫁がされた娘は、満たされぬ思いを晴らそうとダーティな世界に足を踏み入れてしまう。

●背徳の淫靡な世界に陥る貴婦人たち

「戦争は他家に任せておけ。幸いなオーストリアよ、汝は結婚せよ」

これは、オーストリアを拠点とした名門貴族**ハプスブルグ家**の家訓である。侵略戦争などには目もくれず、**政略結婚**を繰り返して領土を拡大せよというのだ。これが功を奏し16世紀初頭にはヨーロッパ随一の大帝国を築いた。

このハプスブルグ家に限らず、名門貴族らは一旦領主としての既得権を手に入れると、これが一族以外に流出することを極度に恐れ、同族内での婚姻を繰り返そうとした。おもに叔父と姪、いとこ同士の結婚を繰り返したといわれるが、その結果、虚弱体質や知的障害を持つ子女が続出している。乳幼児の死亡率も極端に高く、継承者が途絶えて断絶した名家もあるほどだ。

名家の娘は、自らの意思とは無関係に政略結婚を強いられる。親は娘の幸せを願うどころか、**政争の道具**として利用するのだ。娘は親に恨みを抱いただろう。さらに嫁ぎ先の夫すら、心身ともに自らを癒やしてくれない病弱な男なら、妻は夫にもいらだち、鬱々と過ごすしかない。満たされぬ心を埋めようと、**買い物依存**や**性的放蕩**に陥って憂さを晴らしても不思議ではない。贅の限りを尽くし、見境なく男を漁る女も少なくなかった。なかには、本来親からもらうべき安らぎを兄弟に求め、**倒錯の世界**に溺れる者もいた。これは、両親が厳格で干渉し過ぎたりして、親子の絆がうまく機能していない場合に起こりやすい衝動だといわれるが、娘を政略結婚の道具としか見なさない貴族社会では、多くの親がこの要件に当てはまった。貴族社会において兄弟姉妹間の相姦が取り沙汰されるのも、あながち理由のないことではない。こうして貴族社会に蔓延する淫逸な血は、次の世代にも受け継がれていく。

そういった境遇のせいとはいえ、淫乱の度合いが常道を逸してしまったなら、それはダーティヒロインというしかないだろう。

名門貴族が断絶する仕組みとは？

政略結婚によって領土を拡大した名門貴族は、領土の流失を恐れて同族内での結婚を繰り返し、継承者が断絶してしまう。

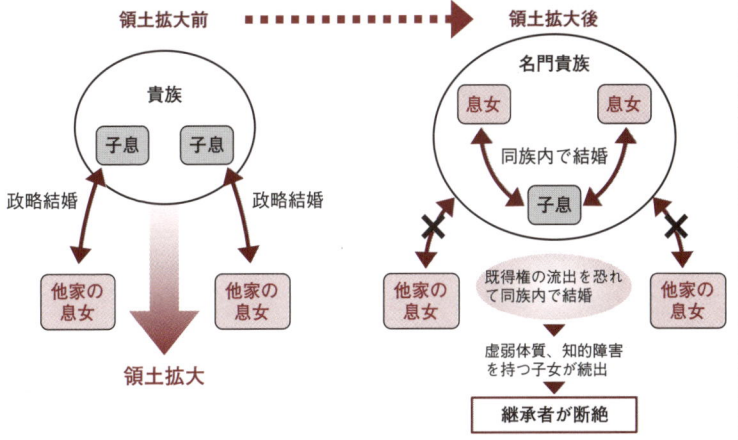

なぜ女は多くの兄弟と関係を持ったのか？

多くの兄弟と同時に性的関係を持った女がいたとすれば、淫乱女と卑下されてもしかたない。理由は親からもらえなかった愛を兄弟からもらおうとしたからだ。

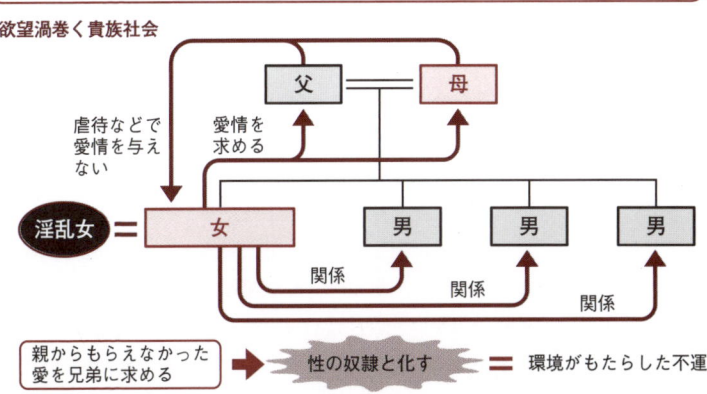

ワンポイント雑学

日本では、傍系の血族で3親等以内の者との結婚が禁止されている。いとこや、姪・甥の子供とは可能。

No.014
ルクレツィア・ボルジア

エピソード・淫逸な血

夫のある身でありながら、従僕たちとの不倫に走ったルクレツィア。一説ではふたりの兄弟とも関係を持ったとされているが、父や兄の命じるまま何度も政略結婚に応じざるを得なかった不運な女性でもあった。

●侍従たちと次々に不倫関係を持った女

　ルクレツィア・ボルジア（1480〜1519）は、ローマきっての名家**ボルジア家**の淫逸な血を受け継いでしまった不運な女性である。父の**ロドリゴ・ボルジア**は、ローマ教皇**アレクサンドル6世**となった聖職者でありながら、陰では放蕩で悪の限りを尽くした男で、本来なら妻帯を許されない身にもかかわらず、娼婦**ヴァノッツァ**を寵愛して生まれたのがルクレツィアだった。

　父の性格は彼女にも受け継がれたようで、ルクレツィアは夫のある身でありながら、従僕の**ジャコミーノ**や教皇の侍従**ペドロ・カルデス**とも肉体関係があり、子供まで生んでいる。一説によれば、ルクレツィアがジャコミーノと自室で戯れていたところに、毒殺魔として恐れられた兄の**チェーザレ**が入ってきて、気に入らぬルクレツィアの夫**ジョバンニ**の殺害を命じたという。このときカーテンの陰に隠れていたジャコミーノが、ジョバンニの部屋に走って命が狙われていると伝えたことで、ジョバンニはローマから逃走して生き長らえることができたそうだ。

　一方のペドロはルクレツィアを孕ませたことでチェーザレの怒りを買い、無惨にも殺害されている。表向きの理由はボルジア家の名誉を汚したからというものであったが、実は妹と肉体関係のあった兄が、嫉妬に狂って殺したのだと噂された。のちに弟の**ホアン**がテレベ川に屍体となって浮かぶ事件が起きるが、この犯人も兄のチェーザレで、妹を巡っての争いが原因になったと喧伝された。

　その後、ルクレツィアは兄に命じられるまま、またもや政略結婚を押しつけられている。しかし、意に染まない結婚を押しつけられた反動からか、たびたびローマ市中に繰り出して男を求め歩いたとまで、まことしやかに語られた。それほど、彼女の淫乱さは世に知られていたのである。

淫逸なルクレツィアとかかわった男たち

聖職者でありながら淫逸だった父は、娼婦ヴァノッツァを寵愛してルクレツィアが生まれる。ルクレツィアは父の淫蕩さを受け継いでいた。

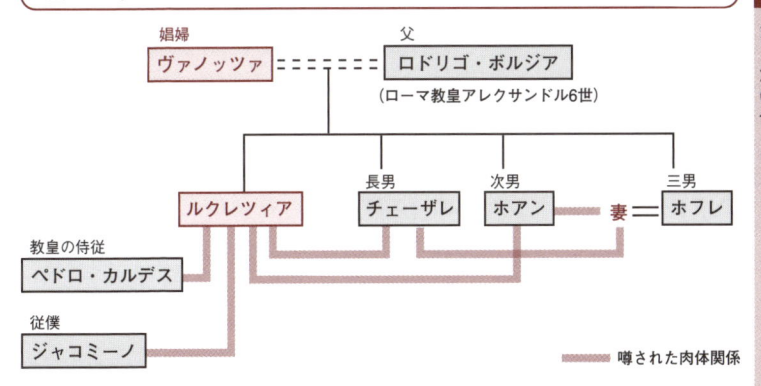

```
娼婦                                    父
ヴァノッツァ ----------- ロドリゴ・ボルジア
                            (ローマ教皇アレクサンドル6世)
         ┌──────┬──────┬──────┐
                  長男     次男    三男
ルクレツィア  チェーザレ  ホアン  妻=ホフレ

教皇の侍従
ペドロ・カルデス

従僕
ジャコミーノ
```

■ 噂された肉体関係

兄のチェーザレが命を狙った相手とは？

ルクレツィアが関係を持ったジョバンニもジャコミーノもペドロ・カルデスも弟のホアンも、兄のチェーザレによって命を狙われている。

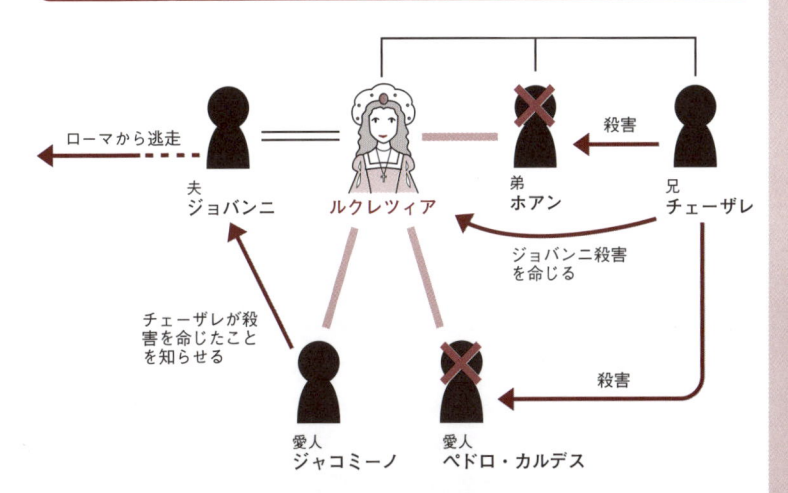

- 夫 ジョバンニ ← ローマから逃走
- ルクレツィア
- 弟 ホアン ← 殺害 ← 兄 チェーザレ
- 愛人 ジャコミーノ（チェーザレが殺害を命じたことを知らせる）
- 愛人 ペドロ・カルデス ← 殺害
- チェーザレ → ジョバンニ殺害を命じる

ワンポイント雑学

カトリック教会では離婚は認められていないが、婚姻自体を無効とすること（性的な交渉がなかったなどの理由による）はあり得る。ルクレツィアが次々と結婚を繰り返したのも、この抜け穴を利用したものだった。

No.015
虐待

両親から愛情を受け取ることができず、父親に性的虐待まで受けた娘が犯した父殺しは、本人を罪人として非難する以上に、彼女をそうさせてしまった環境を非難すべきであろう。

●娘を破滅に導いた父からの性的虐待

　生まれ育った環境や社会的背景によって、女性が望まずに悪の世界に踏み込んでしまったケースも多々ある。たとえば、**性的虐待**を受け続けていた父親を殺してしまった女性もこの範疇に入る。

　近親姦は、父が娘に対し拒否できない状況を作って無理強いしたものであり、親が子に加える虐待にほかならない。この性的虐待が頻繁に加えられると、娘は逃れたい一心で父に殺意を抱き、実行してしまう。この場合、父殺しの加害者というより、**親のDV**が必然的に作り出した不幸な娘である。

　現代の日本なら、すでに「親殺し(正確には直系専属)を特に重い罪にする」**尊属殺人罪**は廃止されているから、情状を酌量すれば罪が軽くなるだろうが、中世の封建社会などにおいては、こうした酌量が認められるはずもなく、断罪されてしまうことが多かったようである。

　一説によると、父娘の近親姦は、**伝統的な家父長制**の傾向の強い家庭ほど起こりやすいという。特に父親が暴君とも思えるほど家庭内で絶対的な支配力を有する家庭ほど多く発生している。父親の意向に逆らうことは、無力な少女には死の恐怖すら伴うわけで、言いなりになるしかなかったのである。こうして父に弄ばれた娘は、不幸な生い立ちを起因として自己崩壊を招き、破滅的な人生に進んでしまう。このとき優しく包み込んでくれる母親がいれば、自己崩壊は免れたかもしれないが、母親が早世したり離婚したりして家庭が崩壊しているような**機能不全家庭**であれば、娘は親からの愛情を一切受け取ることができない。この**愛情飢餓状態**が次第に怒りから憎しみを伴うものとなり、他者を傷つける無慈悲な性格を形成してしまうのだ。結果だけ見れば親殺しという大罪を犯した悪女であるが、この場合は本人の良し悪しよりも、彼女をこの悪の世界に踏み込ませた性的虐待を非難するしかあるまい。

近親姦が起きやすい家庭の構造

伝統的な家父長制の傾向の強い家庭ほど、父娘の近親姦が起こりやすい。娘は父に逆らえないからである。

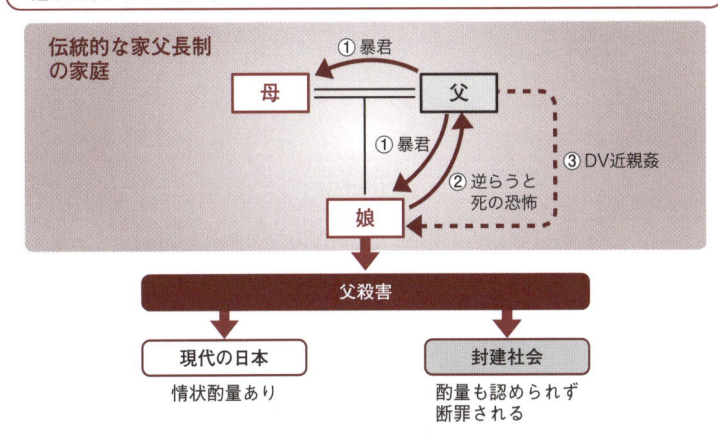

伝統的な家父長制の家庭

- 母 ← ①暴君 ― 父
- 母 ― 娘
- 父 → 娘：①暴君
- 娘 → 父：②逆らうと死の恐怖
- 父 ⇢ 娘：③DV近親姦

↓ 父殺害

- **現代の日本**：情状酌量あり
- **封建社会**：酌量も認められず断罪される

機能不全家庭に育った娘の心理の移り変わり

父が独裁的で、母が早世あるいは離婚して不在となり愛情飢餓状態に陥ると、娘は自己崩壊を起こして父への殺意を抱いてしまう。

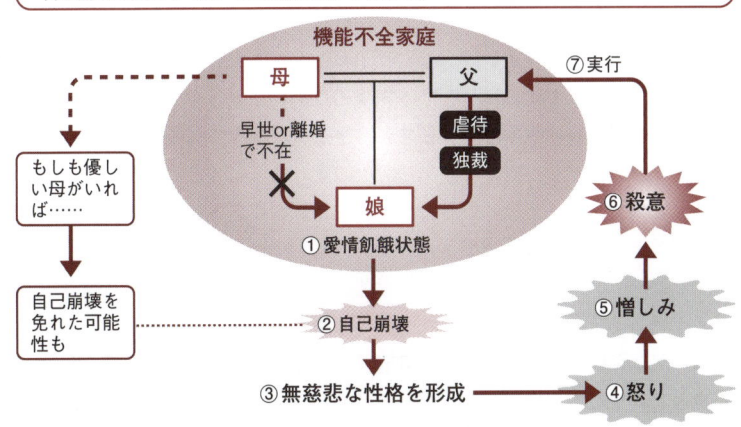

機能不全家庭

- 母（早世or離婚で不在）××→ 娘
- 父（虐待・独裁）→ 娘
- 娘：①愛情飢餓状態
- ②自己崩壊
- ③無慈悲な性格を形成 → ④怒り → ⑤憎しみ → ⑥殺意 → ⑦実行（→父）

もしも優しい母がいれば……→ 自己崩壊を免れた可能性も

ワンポイント雑学

日本でも、昭和48年（1973）に判決が下された尊属殺法定刑違憲事件までは尊属殺法定刑が規定されていたため、どんな状況でも親を殺した場合は実刑判決を受けた。

No.016
ベアトリーチェ・チェンチ

エピソード・虐待

父からの性的虐待がきっかけで、親殺しの悪道へ堕ちてしまった中世ローマの名門貴族ベアトリーチェ・チェンチ。父親に監禁されて、繰り返し虐待される地獄の生活から抜け出すには、父を殺すしか方法がなかった……。

●父を殺すことだけが地獄からの脱出方法

1599年9月11日、父殺しの罪で、ひとりの可憐な女性が**断頭台の露**と消えた。名は**ベアトリーチェ・チェンチ**（1577〜1599）。ローマ屈指の名門貴族であるチェンチ家の当主**フランチェスコ**と母**エルシア**とのあいだに生まれた美しい女性である。

7歳のときに母を亡くしたあと8年間を寄宿舎で過ごし、15歳で父と後妻**ルクレッツィア**の住む**ラ・ペトレッラ城**へと戻ってくるが、それからの数年間はベアトリーチェにとって地獄のような日々であった。父が凶暴な性格で、女性を次々と寝室に連れ込むという放蕩者だったことに加え、ベアトリーチェ自身が父の毒牙にかかって処女を奪われてしまう。その後もたびたび娘を監禁しては虐待を繰り返す日々。この地獄のような世界からなんとか逃れたいと願うベアトリーチェは、ついに父殺しを決断する。かつての可憐な少女は、ここを境に悪魔に魂を売り、復讐のために生きる鬼と化した。

彼女に恋情を抱く執事**オリンピオ**に身を委ねて味方に引き入れたのを皮切りに、元御者**マルツィオ**、兄の**ジャコモ**、さらには夫の悪弊を憎んでいた義母のルクレッツィアにも助力を求めて、綿密な殺害計画を練っていく。

決行の日は1598年9月8日、ベアトリーチェ21歳のときである。まず、ベアトリーチェが阿片入りのワインを父に飲ませて眠らせたあと、オリンピオとマルツィオがハンマーとマカロニの麺棒でめった打ちにして殺害。遺体をベランダから突き落として、事故で死んだように見せかける完全犯罪を目論んだ。しかし、兄のジャコモがベアトリーチェに執拗に関係を迫る執事オリンピオを殺害したことをきっかけに、犯行がばれてしまう。ベアトリーチェは捕まり、後ろ手に縛り上げられて吊るされるという過酷な拷問に耐えきれず、ついには犯行を自供して、死刑判決を受けてしまうのである。

父フランチェスコの殺害に加わった人々

処女を奪って倫辱を加え続ける父にベアトリーチェは耐えきれず、父の殺害を決意する。そして、兄や後妻を取り込んで殺害計画を練っていく。

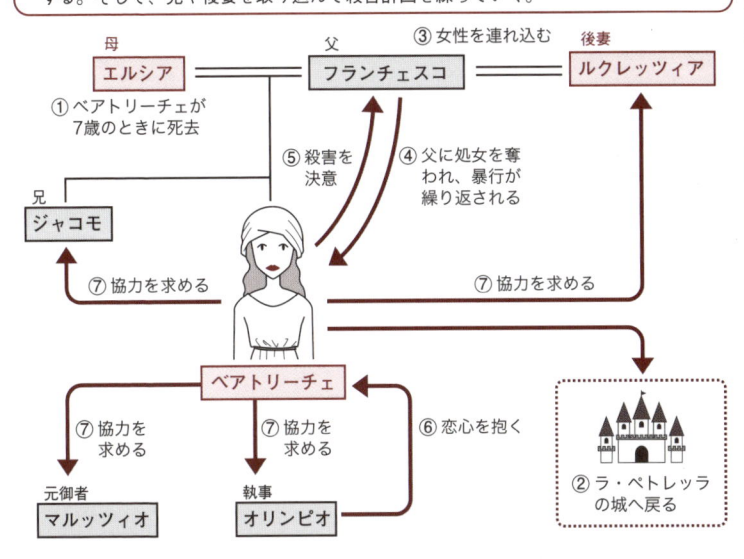

- 母 エルシア
- 父 フランチェスコ
- 後妻 ルクレッツィア
- 兄 ジャコモ
- ベアトリーチェ
- 元御者 マルッツィオ
- 執事 オリンピオ

① ベアトリーチェが7歳のときに死去
② ラ・ペトレッラの城へ戻る
③ 女性を連れ込む
④ 父に処女を奪われ、暴行が繰り返される
⑤ 殺害を決意
⑥ 恋心を抱く
⑦ 協力を求める

ベアトリーチェの父殺害の手口

父を阿片入りのワインで眠らせたあと、オリンピオとマルッツィオがめった打ちにして殺害。遺体をベランダから突き落として事故を装うも、犯行がばれてしまう。

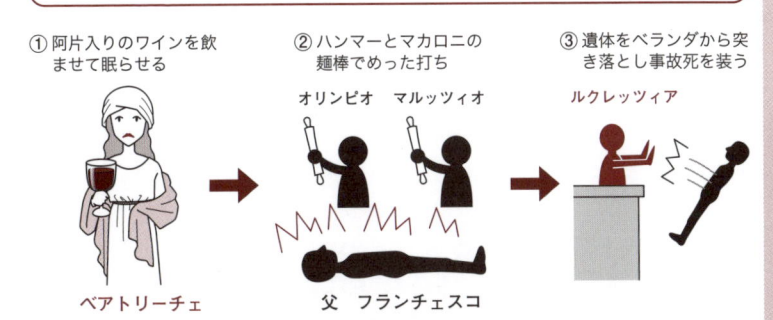

① 阿片入りのワインを飲ませて眠らせる
　ベアトリーチェ

② ハンマーとマカロニの麺棒でめった打ち
　オリンピオ　マルッツィオ
　父　フランチェスコ

③ 遺体をベランダから突き落とし事故死を装う
　ルクレッツィア

ワンポイント雑学

ベアトリーチェとクレッツィアはサンタンジェロ城橋の刑場にて斬首、ジャコモは四つ裂きの刑に処せられている。ベアトリーチェの遺体は、サン・ピエトロ・イン・モントリオ教会に埋葬されている。

No.016 第2章 ● 作られたダーティヒロイン

No.017
諜報

お金に釣られてスパイ活動の協力者となった女は、実益に加えて、スリルと快感に溺れて抜け出すこともできず、泥沼のような深みにはまり込んでいく。諜報は、女にとって甘い汁であり、危険な罠なのである。

●落とし穴にはまったダーティヒロイン

スパイといえば、単独で敵対勢力下にある国や組織に潜入し、**機密情報**を入手するといった諜報部員をイメージしがちである。しかし、実際にはこのような非合法な人員の活動は、大きな危険を伴うだけでなく経費の面でも負担が大きい。それよりも既存の職業人を懐柔して、**協力者**(エージェント)に仕立て上げたほうがいい。協力者たちから入手した情報を、**機関員**(インテリジェントオフィサー、主として大使館つきの外交官や駐在武官)が分析するほうが、実情に見合っているわけである。

エージェントは当地で生活する自国民のなかから選ぶことが多いが、なかでも高級官僚や軍人、政財界の大物からトップクラスの機密情報を得るのに最も適していると目をつけられやすいのが、彼らと関係を持つことの多い**高級娼婦**たちである。色香で男たちを惑わして懐柔し、ときには性的関係をダシに脅迫に及んで、必要とする情報を得ることもできるからだ。

雇うほうから見れば彼女たちがお金を稼ごうとしていることは好都合で、金さえ積めば、エージェントに誘い込むのはさほど難しいことではない。こうして女は金に目がくらんで、自らの性を武器に機密情報を得て敵対勢力側に漏らしていく。よこしまな動機から始まるその行動は、スリルを帯びているだけに、達成されたときには快感すら伴っていたはずである。

一度**諜報活動**に手を貸した女は、実益と快感に溺れてさらなる深みにはまり、悪行を続けざるを得なくなる。ミイラ取りがミイラになるように、女は自らが落とし穴にはまり込んで身動きが取れなくなってしまうのだ。もしそこから抜け出そうとすれば、あくどく利用され尽くして捨てられるか、最悪は消されてしまうだろう。お金に目がくらんで、短絡的にエージェントに名を連ねてしまった女。ダーティヒロインとしての資格は十分である。

敵対国内における機関員と協力者の関係とは？

敵対国の機密情報を得るには、敵対国内で生活する自国民を懐柔して情報を得るほうが効率がいい。

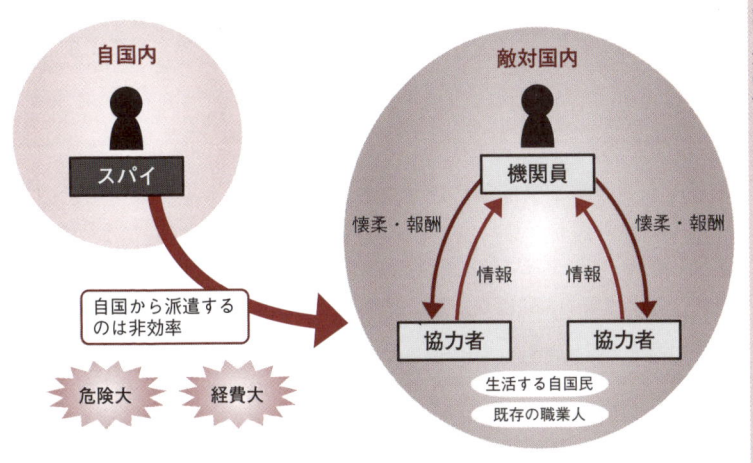

自国内
スパイ

自国から派遣するのは非効率

危険大　経費大

敵対国内
機関員
懐柔・報酬 / 情報
協力者　協力者
生活する自国民
既存の職業人

高級娼婦が協力者となったあとは……？

金で容易に釣られて協力者となった高級娼婦も、不用となれば見捨てられ、身を持ち崩していくことになる。

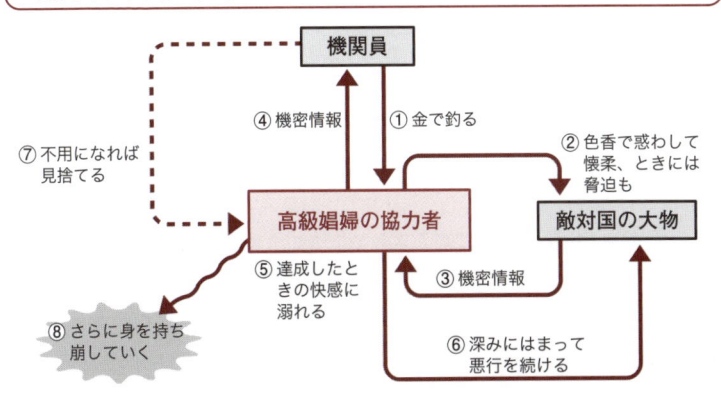

機関員
④ 機密情報　① 金で釣る
⑦ 不用になれば見捨てる
② 色香で惑わして懐柔、ときには脅迫も
高級娼婦の協力者
敵対国の大物
⑤ 達成したときの快感に溺れる
③ 機密情報
⑧ さらに身を持ち崩していく
⑥ 深みにはまって悪行を続ける

ワンポイント雑学

スパイものの映画や小説などでは、銃撃戦など派手なアクションシーンが多いが、現実のスパイは地域に溶け込む地味な活動が多い。

No.018
マタ・ハリ

エピソード・諜報

ジャワ出身の踊り子という触れ込みで、たちまち男たちを魅了した妖艶なダンサー、マタ・ハリ。高級娼婦として、ドイツとフランスの要人を同時に虜にしたことで、スパイに仕立て上げられて処刑されてしまう。

●ドイツとフランスを股にかけたエージェント

　1917年10月15日未明、パリ郊外**ヴァンセンヌの処刑場**で、ひとりの女性が銃殺された。罪名はスパイ罪、敵方であるドイツに機密を漏らしたという罪である。12人の銃殺隊が一斉に引き金を引くや、美女は一瞬にして41歳の短い生涯を閉じてしまう。罪人の名は、**マルガレータ・ヘールトロイダ・ツェレ**(1876～1917)、通称**マタ・ハリ**の名で知られる異色のダンサーである。

　オランダの裕福な実業家の娘として生まれたものの、母親に死に別れ、父親と生き別れた彼女は、18歳のときにジャワ占領軍司令官と結婚して東インド諸島で暮らしている。このころ夫は不在がちで、寂しさを紛らわせるために習い始めたダンスが、彼女の人生に大きな転機を与えようとは、このときはまだ思ってもみなかったであろう。

　退屈な夫と離婚してパリに出た彼女は、ジャワ出身の踊り子という触れ込みで活動を開始するや、そのオリエンタルな風貌と官能的な肉体美で、男たちを虜にする。彼女は**高級娼婦**として、より裕福なパトロンを求めて男から男へと渡り歩くのである。この顧客のなかにドイツやフランスの政治家や軍人が数多く含まれていたことから、2国間を股にかける**2重スパイ**の疑いを持たれてしまう。マドリード在住のドイツ海軍武官がドイツ公使館に宛てて打った「**H21をフランスに潜入させる**」という暗号電文をフランス軍の無線傍受機がとらえ、H21がマタ・ハリであると決めつけてしまうのである。

　彼女がスパイであったかどうか、決定的な証拠はない。それにもかかわらず早々に判決が下され処刑されたのは、それが事実でなかったからだともいう。戦いに明け暮れ、倦み疲れて今にも暴動が起きかねない状況のなか、国民の目をそらすためにスケープゴートにされたという見方もできる。いわば時代が彼女をダーティヒロインに仕立てたともいえる出来事であった。

マタ・ハリの人物像

> マタ・ハリは官能的な肉体美で一躍人気ダンサーとなる。同時に高級娼婦として多くの男たちと関係を持っていくのである。

死去 …… 母 — 父 …… 生き別れ

官能的な肉体美
オリエンタルな風貌

本名	マルガレータ・ヘールトロイダ・ツェレ
通称	マタ・ハリ
職業	ダンサー兼高級娼婦
出身地	オランダ
自称出身地	ジャワ
疑惑	ドイツとフランスの2重スパイ
スパイ名	H21

マタ・ハリがスパイとして処刑されるまでの経緯

> オランダからフランスへやってきたマタ・ハリは、ここでフランス要人とドイツ要人をパトロンにする。そして2重スパイと見なされて殺されてしまうのである。

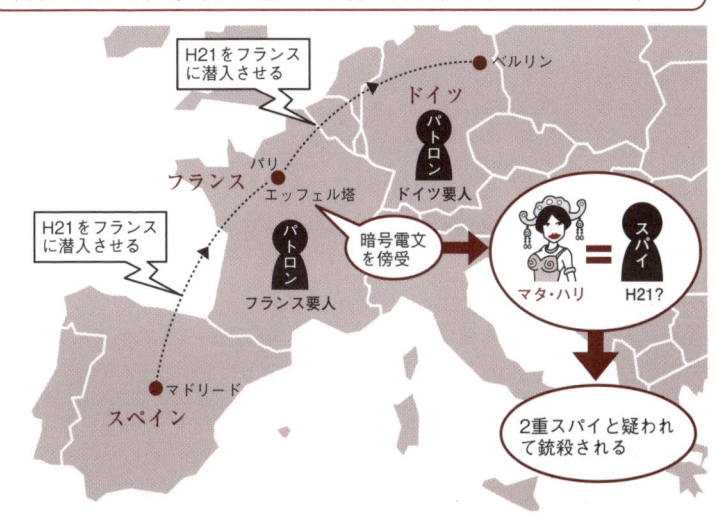

- H21をフランスに潜入させる
- ベルリン／ドイツ／パトロン／ドイツ要人
- パリ／エッフェル塔／フランス
- 暗号電文を傍受
- パトロン／フランス要人
- H21をフランスに潜入させる
- マドリード／スペイン
- マタ・ハリ ＝ スパイ H21?
- 2重スパイと疑われて銃殺される

ワンポイント雑学

マタ・ハリは死刑執行の際、目隠しされることを拒絶し、泰然自若としていたといわれる。また、全裸で銃殺されたとか、銃殺隊が彼女の美貌に惑わされないように目隠しをされたなど、さまざまな逸話が残されている。

第2章 ● 作られたダーティヒロイン

No.019
高級娼婦

あまりにも魅惑的過ぎるがゆえに、男を惑わせて破滅の人生を歩ませてしまう女がいる。そして、その女が男を虜にできる自らの妖艶さにひとり悦に入っていたとすれば、当然ダーティヒロインと呼ぶべきであろう。

●男を破滅に追いやって悦に入る女

　娼婦が一般女性にとって憧れの職業であったといえば、まさかと思われるに違いない。しかし、中世ヨーロッパにおいて、これは紛れもない事実である。もちろん、ただの娼婦ではない。貴族や政治家など、上流階級や富豪を相手にする**高級娼婦**のことである。

　当時、上流階級の人々のあいだでは、自らの邸宅に貴族や政治家、文化人などを招いて、**サロン**と呼ばれる私的なパーティを催すことがはやっていた。集うのは社会的地位の高い人々が多かったが、なかには社会的地位はないものの、ウイットに富んだ会話がウリの見目麗しい女性たちもいたようである。彼女らは貴族たちに気に入られて、高価な贈り物などをもらってお金持ちになっていく。これを職業としたのが高級娼婦なのである。

　その後彼女たちは、歌手や女優たちと同様、世間にその名を知られる存在となり、スターとしての地位を獲得していく。男たちはこぞって名立たる美貌の女を我がものにしようと競って奔走する。女たちもまた、歌や踊りに磨きをかけて知名度を高め、より有望なパトロンをつかもうと奮闘するのだ。こうして憧れの目を向けられるようになった女は引く手あまたとなり、次第に男に媚びる必要もなくなる。男に選ばれる女から、男を選ぶ女になるのだ。

　こうした状況下では、女の虜になって破滅の人生を歩む男もいた。なかには女を奪い合って決闘に挑み、命を落とす男までいたという。

　ただ、女が自らの金銭欲などのために娼婦の道を選んだとしても、それだけで悪女と呼ぶには無理がある。憧れの職業として、生きるためにその道を選んだだけかもしれないからである。このパターンの場合は、女が男を狂わせた自らの妖艶さに満足して、ひとりほくそ笑んで初めて、その女をダーティヒロインと呼ぶべきであろう。

見目麗しい女性がスターになるまでの足取り

美しく知性に優れた女性たちは、上流階級の男たちに気に入られ、高価な贈り物をもらってお金持ちになり、人々から憧れの目を向けられるのである。

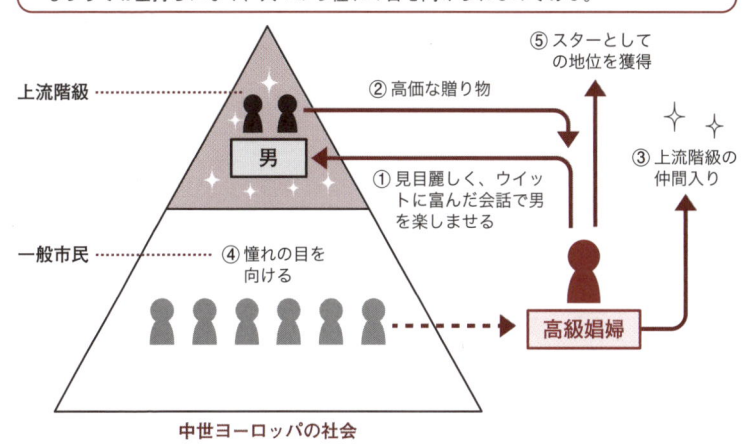

上流階級 ……
一般市民 ……

- ① 見目麗しく、ウイットに富んだ会話で男を楽しませる
- ② 高価な贈り物
- ③ 上流階級の仲間入り
- ④ 憧れの目を向ける
- ⑤ スターとしての地位を獲得

中世ヨーロッパの社会

人気の高級娼婦を巡る男たちの攻防の果て

歌や踊りに磨きをかけて知名度を上げた女は、より有望なパトロンを選んで大金を手にする。ときには男を破滅させることもあった。

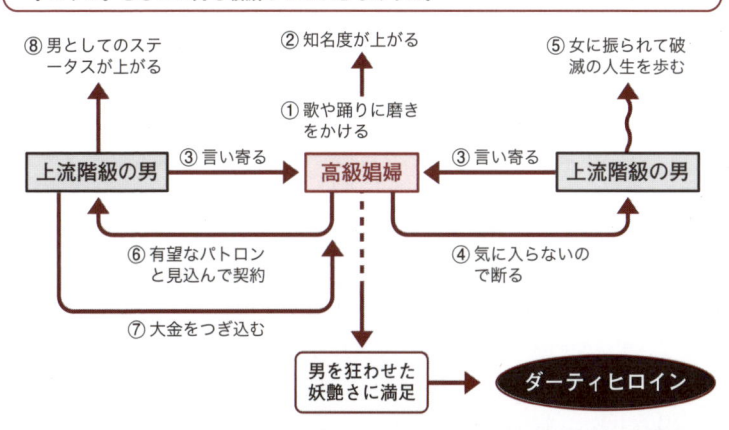

- ① 歌や踊りに磨きをかける
- ② 知名度が上がる
- ③ 言い寄る
- ④ 気に入らないので断る
- ⑤ 女に振られて破滅の人生を歩む
- ⑥ 有望なパトロンと見込んで契約
- ⑦ 大金をつぎ込む
- ⑧ 男としてのステータスが上がる

男を狂わせた妖艶さに満足 → ダーティヒロイン

ワンポイント雑学
江戸時代の高級娼婦の代表格ともいえる花魁も、風流を解するだけでなく高い教養までもが求められた。

No.019 第2章●作られたダーティヒロイン

No.020
ラ・ベル・オテロ

エピソード・高級娼婦

引き締まったウエストに豊満なバストでヨーロッパ中の王侯貴族を虜にした高級娼婦ラ・ベル・オテロ。ひとつの時代で、高級娼婦として輝き続けた彼女の生は、多くの男の人生を狂わせた。

●彼女の魅力に取り憑かれて命を落とした男も

近世ヨーロッパにおいて最も多くの男を虜にした女性といえば、**ラ・ベル・オテロ**(1868～1965)の名をあげるべきだろう。フランス地中海沿岸の高級リゾート地**コート・ダジュール**を拠点に、ヨーロッパ中の王侯貴族や大富豪から大金を貢がせていた高級娼婦である。ラテン系のエキゾチックな顔立ちに、キュッと引き締まったウエストと豊満な乳房が、男心をくすぐってやまない妖艶さだった。母はスペイン生まれのジプシーの踊り子で、父はギリシア人の船員だったという。父が母の愛人との決闘に敗れて命を落としてしまったため、彼女は寄宿舎学校に入れられる。ここで知り合った少年と駆け落ちし、そのあとリスボンを経てパリの**シルクデテ劇場**でアンダルシア生まれのジプシーとして踊り始めるや、人気の踊り子として注目を集める。

彼女に目をつけて愛人としたのが、王侯貴族や富豪たちであった。ところが彼女は激しい性格の持ち主で、男に媚を売ることもなく、逆に嫉妬深く、男がほかの女性に目がいったというだけでも怒り狂ったという。

そんな彼女に袖にされて自殺した男が6人、あるときは彼女を奪い合って決闘を挑んだ男までいたという。一説には、ヨーロッパ中の王侯貴族の半数近くが彼女と関係を持ったといわれるほどで、ロシア皇帝**ピヨトル大公**、**ニコラス大公**、モナコの**アルベール1世**、イギリスの**エドワード7世**などのほか、作家**ガブリエル・ダンナンジオ**なども彼女の虜になっている。

こうして多くの男に貢がせ続けた彼女も、41歳で隠退してニースに別荘を購入して住み、96歳の長寿を全うしている。彼女が貯めた資産は推定**2500万ドル**と騒がれたものだったが、実際にはすべての財産をカジノで使い果たし、資産といえるようなものはなにも残っていなかった。晩年は、わずかな年金だけが頼りの慎ましい暮らしぶりであったといわれている。

ラ・ベル・オテロに魅せられた男たち

ラ・ベル・オテロは妖艶な顔立ちと豊満な肉体を武器に、ヨーロッパ中の王侯貴族や大富豪を虜にして、男たちを不幸に陥れていくのである。

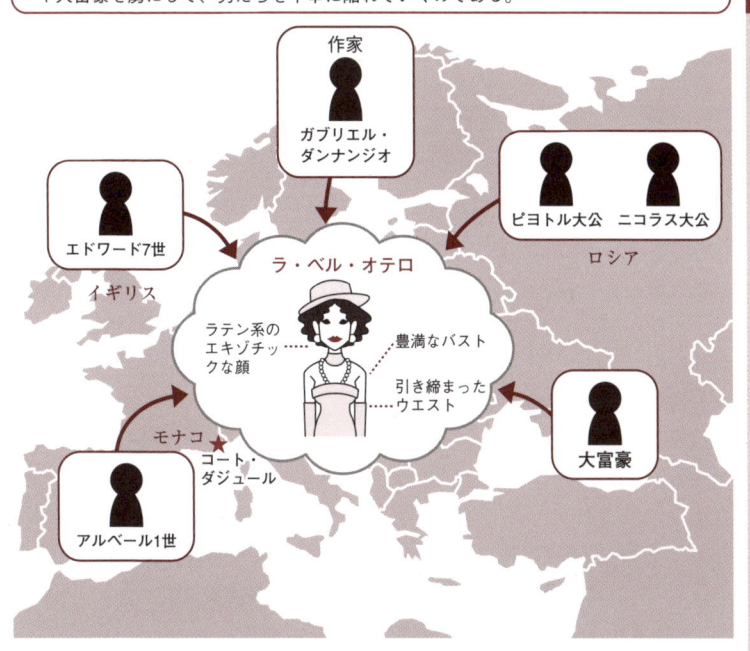

- 作家 ガブリエル・ダンナンジオ
- エドワード7世（イギリス）
- ピヨトル大公　ニコラス大公（ロシア）
- 大富豪
- アルベール1世（モナコ／コート・ダジュール）

ラ・ベル・オテロ
- ラテン系のエキゾチックな顔
- 豊満なバスト
- 引き締まったウエスト

ラ・ベル・オテロが稼いだお金の行方は？

41歳で隠退後、ニースに別荘を購入し、96歳で死去したラ・ベル・オテロ。推定資産は2500万ドルと見られていたが、実はすべて使い果たしていた。

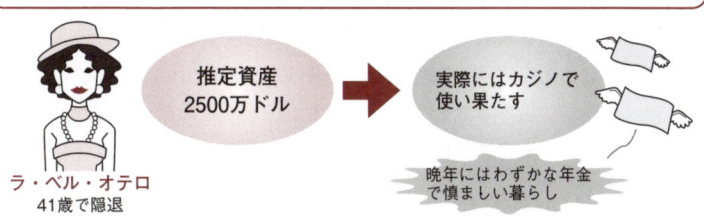

ラ・ベル・オテロ
41歳で隠退

推定資産 2500万ドル → 実際にはカジノで使い果たす

晩年にはわずかな年金で慎ましい暮らし

ワンポイント雑学

1912年に建てられた、カンヌのビーチそばにある5つ星ホテル、インターコンチネンタル・カールトン・カンヌのふたつの丸屋根の塔は、ラ・ベル・オテロの乳房を模したものともいわれる。

No.021
肉欲の争い

過酷な状況に追い込まれた男たちのなかに女がひとりいたとすれば、女を巡っての争奪戦が始まったとしても無理はない。しかし、男たちが凶器を持って殺し合いを始めたら、中心にいる女の立場は悪化していく……。

●サバイバル生活に欠かせない規律を破らせる女

　もしも絶海の孤島などでサバイバル生活を余儀なくされたとしたら、まずは最低限必要な**水**と**食糧**の確保に全力をあげるべきであろう。雨水を溜めたり、鳥や魚を獲ったりするのに必要な道具作りをはじめ、知恵と工夫と根気が生存のカギを握ることは、容易に想像がつきそうである。

　しかし、この生活が長期にわたる場合は、それらに加えて**精神面でのケア**が重要な問題となってくる。特に仲間がいる場合は、人間関係を良好に保つための工夫が大切である。常に冷静さを保ち、状況判断力に長けたリーダーを選んで、規律正しい生活を心がけるとともに、恐怖感や不安感を和らげるための娯楽的要素を提供することも重要だ。なによりも避けたいのは、皆が理性を失って**欲望の赴くまま勝手気ままに行動を起こすこと**である。一旦仲違いが始まると、熾烈な戦いの場となりかねないからだ。

　その最も避けたい状況に陥りやすいのが、大勢の男ばかりのなかに、たったひとり女が加わった場合である。普段は貞淑な女性であったとしても、男の目は絶えずこの女ひとりに注がれる。男たちの熱い視線を浴び続けるうちに、女は次第に自分が特別な存在であることを自覚し始めて、女としての性にも目覚めてしまうからである。この女にとって必要なのは、**自分を生き延びさせてくれる強くて逞しい男**である。野獣と化した男に心が惹かれてしまうのだ。こうして男の本性をむき出しにすることを求められた男たちが熾烈な戦いを始めるのは自然の成り行きで、女に責任があったわけではない。

　ただし、男たちが凶器を持って殺し合いを始めたら、女はこれを押しとどめる配慮が必要だ。これを怠るばかりか煽るようであれば、女は**女王蜂**である。しかし、単に自己防衛や不安からなにもできず男たちの戦いを見ているのなら、悪女でなくダーティヒロインといったほうがしっくりくるだろう。

サバイバル生活に必要なものとは？

サバイバル生活に必要なものは、水と食糧である。しかし、長期に及ぶ場合は精神面でのケアも必要となる。

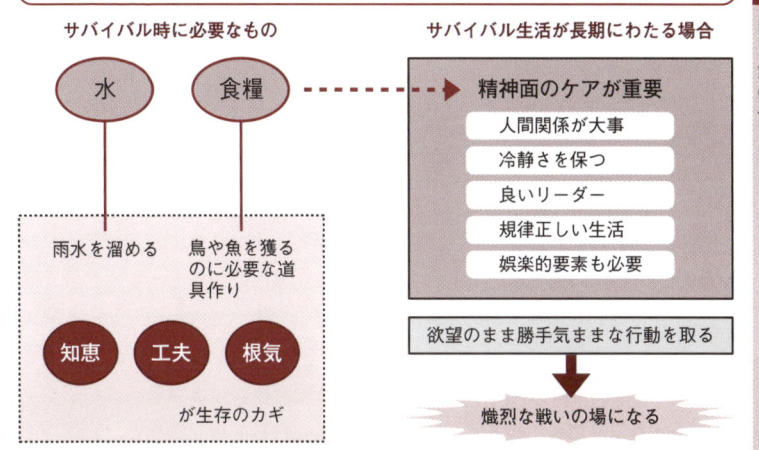

サバイバル時に必要なもの

- 水
- 食糧

雨水を溜める / 鳥や魚を獲るのに必要な道具作り

- 知恵
- 工夫
- 根気

が生存のカギ

サバイバル生活が長期にわたる場合

精神面のケアが重要
- 人間関係が大事
- 冷静さを保つ
- 良いリーダー
- 規律正しい生活
- 娯楽的要素も必要

欲望のまま勝手気ままな行動を取る
↓
熾烈な戦いの場になる

大勢の男たちのなかに女がひとりだけ交じると……？

サバイバル生活において、大勢の男たちのなかに女がひとり交じるのは危険である。女が強い男を求めることで熾烈な戦いが始まるからである。

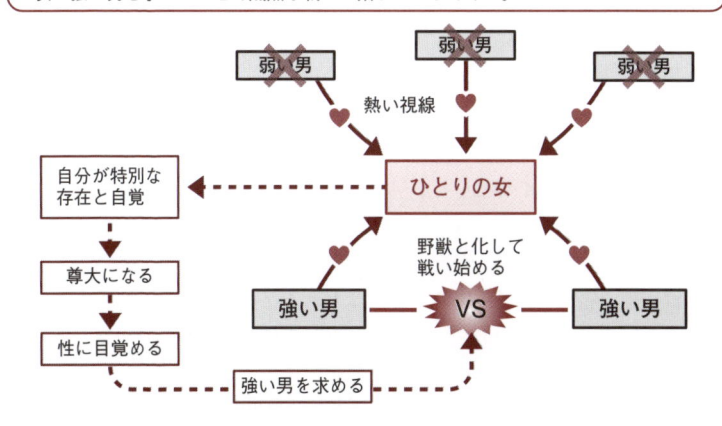

- 弱い男 ✕
- 弱い男 ✕（熱い視線 ♥）
- 弱い男 ✕

ひとりの女
→ 自分が特別な存在と自覚 → 尊大になる → 性に目覚める → 強い男を求める

強い男 VS 強い男（野獣と化して戦い始める）

ワンポイント雑学

無人島での極限生活をテーマにした映画には『東京島』や『アンデス地獄の彷徨』などがある。

No.021 第2章 ●作られたダーティヒロイン

No.022
比嘉和子（ひかかずこ）
エピソード・肉欲の争い

北マリアナ諸島の孤島に取り残されたたったひとりの女性を巡って、男同士の熾烈な殺し合い。13人もの男たちが犠牲になった事件は、ひとりの女性が悪いのか？　戦争が起こした悲劇なのか？

●ひとりの女性を巡って男たちが殺し合う

　太平洋戦争末期の昭和19年(1944)から6年間、北マリアナ諸島の**アナタハン島**で、ひとりの女性を巡り男たちが殺し合う事件が起きた。女性とは、コプラ栽培会社勤務の夫と島で暮らす**比嘉和子**(1924〜1974)。当時まだ20歳の、肉づきのいい男好きのする女性だった。夫が**バカン島**に住む姉の様子を見に島を離れた直後に米軍の空爆を受け、孤立無援になった島には和子と上司・**菊一郎**のふたりが残された。そこへ米軍に攻撃されて沈没した日本の漁船から乗組員31人が島に泳ぎ着き、**女ひとりと男32人の共同生活**が始まる。

　食糧は底を尽き、椰子やバナナを食べ尽くすと、魚や鳥、果てはトカゲまで狩って飢えをしのぐ毎日。着るものには当然無頓着になり、和子は上半身裸で腰蓑をまとうだけになって、女日照りが続く男たちは、このあと和子を巡って熾烈な争奪戦を始める。きっかけは、山中に墜落した米軍のB29の残骸からピストルを2丁(3丁あったがひとつは使えなかった)入手したこと。武器を手に入れたことで、それを所有したAが和子を手に入れ(結婚)、Bを撃ち殺すと、今度はCが和子を手に入れ、Aを撃ち殺すという惨劇が始まる。ほかにも溺死による不審死など、結局は13人もの男が亡くなっている。

　そんな状況が続くなか、今度は自分に危害が及ぶことを恐れた和子がひとり海岸沿いを逃げ惑っていたとき、たまたま近くを就航していた米軍の**ミス・スージー号**に発見されて保護され、事件の全貌が明らかになるのである。

　当初、13人の男たちは事故で死んだとされ、彼女も悲劇のヒロインとしてもてはやされ**アナタハンブーム**まで巻き起こした。しかし、実は彼女を巡っての殺人事件だと解明されると、和子は32人もの男を手玉に取った**女王蜂**と揶揄されるようになる。こうして悪女の烙印を押された和子だが、これは戦争が起こした悲劇、つまり歴史に作られたダーティヒロインといえるだろう。

33人が島に取り残されるまでの経緯

和子と夫の上司(菊一郎)に加え、沈没した漁船の乗組員31人が上陸。女ひとりと男32人の共同生活が始まる。

- ① 姉の様子を見にいこうと夫が島を離れる
- バカン島
- アナタハン島
- 150km
- サイパン
- コブラ栽培の会社
- 菊一郎　和子
- アナタハン島
- 米軍
- ② 空爆がひどくなる
- ③ 日本の漁船が沈没
- ④ 乗組員31人が上陸
- ⑤ 女ひとりと男32人の共同生活が始まる

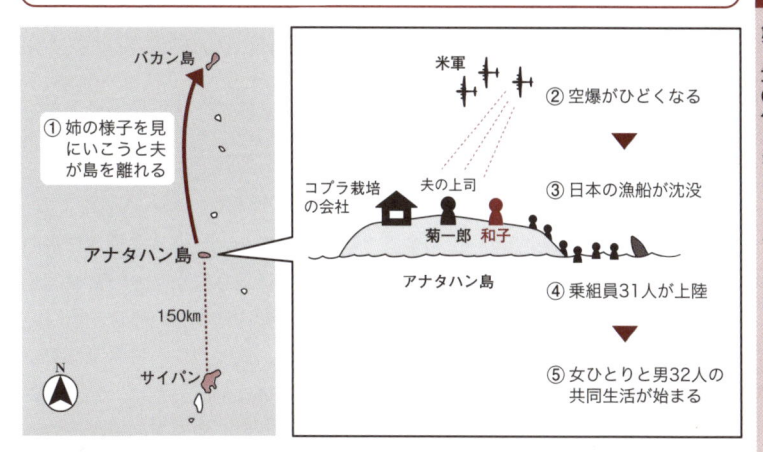

女ひとりと男32人のおぞましい共同生活と帰国後の様子

アナタハン島では、バナナや椰子を食べ尽くし、トカゲやネズミまで食べるという耐乏生活を送る。やがてピストルが手に入ると、和子を巡って男たちが戦い始める。

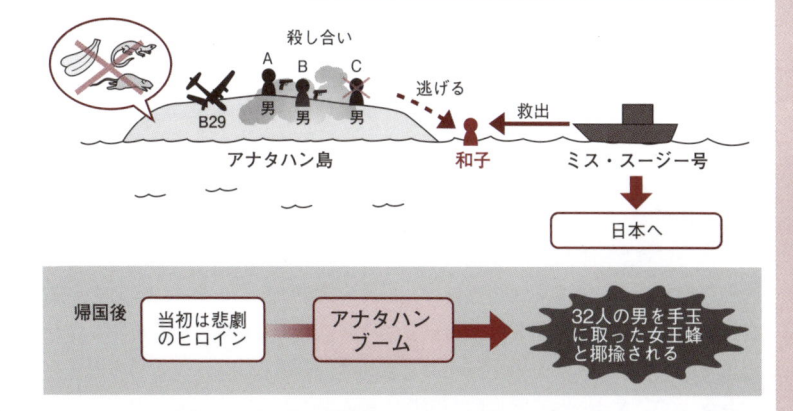

- 殺し合い　A B C　男 男 男
- B29
- 逃げる
- アナタハン島
- 和子
- 救出
- ミス・スージー号
- 日本へ

帰国後: 当初は悲劇のヒロイン → アナタハンブーム → 32人の男を手玉に取った女王蜂と揶揄される

ワンポイント雑学

昭和28年(1953)には、和子が主演した実録映画『アナタハン島の眞相はこれだ』(吉田とし子監督、新大都映画)や、『アナタハン』(ジョセフ・フォン・スタンバーグ監督、主演・根岸明美、配給・東宝)が公開された。

No.023
異常性欲

女性が多淫症で、サディズムの性癖もある場合、男の一物に異常なまでの執着心を持つことがある。異常性欲がなせる業とはいえ、その衝撃的な行動はダーティなイメージから逃れられないものである。

●多淫症と加虐性欲の果て

　世の中には「**男なしでは一日も生きていけない……**」という女性も結構いるようである。こういう女性のなかには、欲求が満たされないとヒステリーを起こしてしまうだけでなく、苦痛まで感じて日常生活に支障をきたす場合もあるという。そもそも女性が**多淫症**になるのは、成長期における**ホルモンの分泌異常**によることが多いといわれるが、実はそれだけでなく、**幼少時に受けた心の傷**が遠因となっているケースがあるようだ。親からの虐待や陰湿ないじめなどのほか、突如大きな不幸に見舞われて痛手を被り、心の均衡が崩れて常に不安定な状態が続く。この不安感を解消しようと他者への依存度が高まり、常に誰かと身体をくっつけていないと気が休まらなくなるのだ。

　この多淫症というもともとの素養に加えて、相手に精神的あるいは肉体的に苦痛を与えることに性的快感を覚えるという**サディズム(加虐性欲)**が加わってしまうと、**異常性愛者**となる。さらに加虐性が度を越えて他者に危害を及ぼそうとし始めると、悪女の烙印を押されることになる。

　また、多淫症の女性の特徴のひとつとして、**男性器に対する異常な執着心**をあげることができる。これは**フロイト**のいう**エディプス期**(5～6歳)における性衝動で、男性器を持っていないことに対する劣等感と、その反動としての強い憧れ(**ペニス羨望**)が、大人になっても潜在意識として強く残ったものと思われる。このタイプの女性は、男を思い出すとき、真っ先に男の一物を思い描いていとおしむ。それは自分だけのもので、誰にも触らせたくないと強く願うのである。その願望が強過ぎれば、自制心を失って、男の一物を切り取ってしまうという猟奇的な事件を起こすこともあり得るのだ。

　問題は殺意の有無である。もし故意でなければ重罪を科すこともできず、悪女というよりはダーティヒロインと呼ぶのがふさわしいだろう。

異常性愛者誕生の流れ

親からの虐待やいじめ、大きな不幸などが原因となって、心の均衡が崩れて不安定になる。

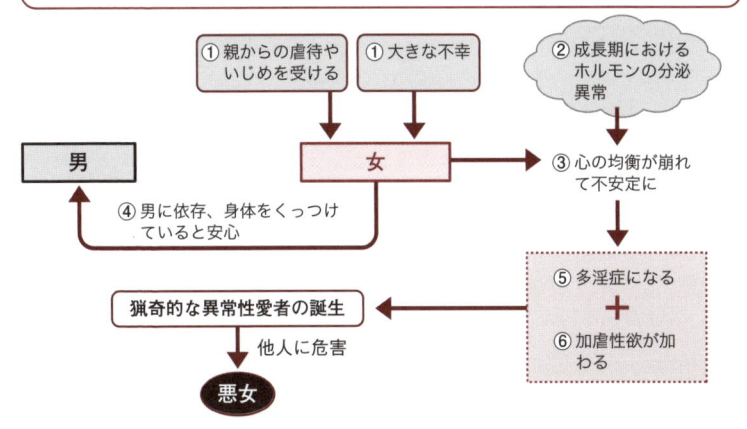

- ① 親からの虐待やいじめを受ける
- ① 大きな不幸
- ② 成長期におけるホルモンの分泌異常

↓

女 → ③ 心の均衡が崩れて不安定に

④ 男に依存、身体をくっつけていると安心 → 男

⑤ 多淫症になる
＋
⑥ 加虐性欲が加わる

→ 猟奇的な異常性愛者の誕生 → 他人に危害 → 悪女

女性が男の一物を切り取るのはなぜ？

エディプス期（5〜6歳）の女児は男性器に対して強い憧れを抱く。その思いが大人になっても潜在意識として残るため、自制心を失うと切り取りたくなる。

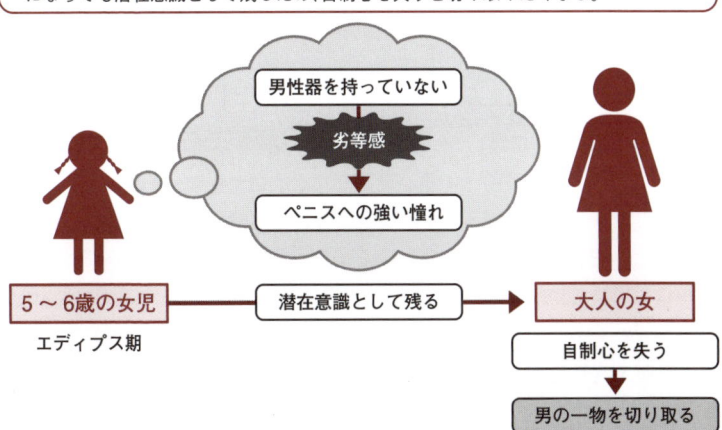

- 男性器を持っていない
- 劣等感
- ペニスへの強い憧れ

5〜6歳の女児（エディプス期） — 潜在意識として残る → 大人の女 → 自制心を失う → 男の一物を切り取る

ワンポイント雑学

フロイトが名づけたエディプスは、ギリシア神話に登場する、実の父親を殺して実の母親と結婚したオイディプースが語源となっている。

第2章 ● 作られたダーティヒロイン No.023

No.024
阿部定

エピソード・異常性欲

めくるめく情事の果てに、男の首を誤って絞めて殺してしまったお定は、その後、誰にも触らせたくないとの思いが募って、男の一物を牛刀で切り取ってしまうという、世にも淫媚な事件を起こしたのであった。

●愛しい男の一物を牛刀でバッサリ！

「吉蔵さん、苦しくないかえ？」。**お定**(1905～？)は、いとおしい吉蔵の首に腰紐を2重に巻きつけ、絞めたり緩めたりしていた。「首を絞めながら情交すると気持ちがいい」と、吉蔵から求められての行為である。いわれるまま両手に力を込めて紐を引き続けていたそのとき、吉蔵は手をブルッと震わせ死んでしまう。お定はこのとき、なぜか「ほっとした」気分だったという。死ぬほどいとおしいと思った男の死、これで「永遠に自分のものにできる」と実感したのかもしれない。そしてこのあと、世間の注目を集める淫媚な行為が始まる。お定は「誰にも触られたくない」との一念で、いとおしい吉蔵の一物を切り取ってしまう。さらに吉蔵が身につけていた血まみれの褌を脱がせ、切り取った一物とともに腹に巻いて現場をあとにするのである。

事件が起きたのは、昭和11年(1936)5月18日、二・二六事件の3か月後、次第に戦時色が濃くなり始めたころのことである。殺されたのは割烹吉田屋の主人・**石田吉蔵**(42歳)、手にかけたのは**阿部定**(30歳)、吉田屋の住み込みの仲居である。不倫関係に陥ったふたりが家出したのは1か月前。逃避行の末にたどり着いたのが、事件の現場となった荒川区尾久の待合旅館・満佐喜だった。犯行後にお定は、新宿から上野、新橋、浅草へと逃走を続け、2日後に品川駅前旅館に潜伏していたところを、内偵にあたっていた刑事が踏み込んでいる。このとき、お定は刑事に向かって「**私がお尋ね者のお定ですよ**」と臆することなくいいのけたという。

逮捕後の精神鑑定の結果、お定は**残忍性淫乱症**(サディズム)及び**節片淫乱症**(フェチズム)と診断された。6年の刑期を終えて出所したお定は、自らの行状を舞台で演じたり、バーのホステスや旅館の仲居などの職を転々としたあと、ぷっつりと消息を絶った。その後の行方は不明のままである。

お定の奇怪な事件、犯行の様子

石田吉蔵に首ったけとなったお定は、満佐喜での情事の際、吉蔵の首を絞めて殺し、一物を切り取ってしまうのである。

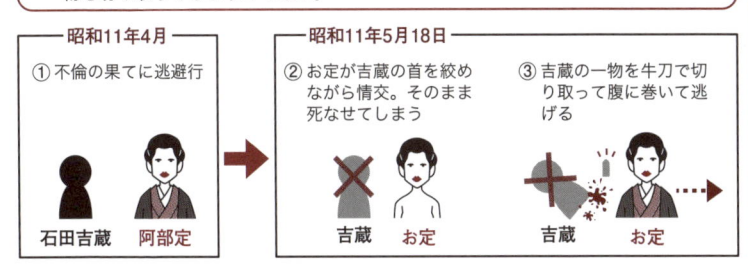

― 昭和11年4月 ―
① 不倫の果てに逃避行

石田吉蔵　阿部定

― 昭和11年5月18日 ―
② お定が吉蔵の首を絞めながら情交。そのまま死なせてしまう

吉蔵　お定

③ 吉蔵の一物を牛刀で切り取って腹に巻いて逃げる

吉蔵　お定

逃走の経路と逮捕時の様子、そしてその後

犯行後、お定は新宿から浅草へと逃走を続けるが、品川にたどり着いたところで、刑事に踏み込まれてしまう。

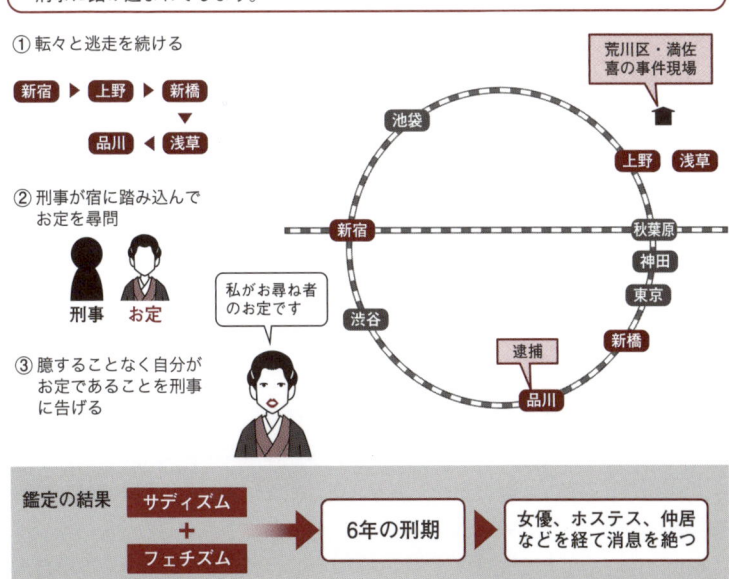

① 転々と逃走を続ける

新宿 ▶ 上野 ▶ 新橋 ▼ 品川 ◀ 浅草

荒川区・満佐喜の事件現場

池袋　上野　浅草　新宿　秋葉原　神田　東京　渋谷　新橋　逮捕　品川

② 刑事が宿に踏み込んでお定を尋問

刑事　お定

私がお尋ね者のお定です

③ 臆することなく自分がお定であることを刑事に告げる

鑑定の結果　サディズム ＋ フェチズム　→　6年の刑期　→　女優、ホステス、仲居などを経て消息を絶つ

ワンポイント雑学

昭和51年(1976)に公開(カンヌ国際映画祭でも上映)された大島渚監督の『愛のコリーダ』は阿部定事件がモデル。吉蔵がお定の局部にゆで卵を入れるシーンなどが話題となった。

No.025 自殺未遂

自由奔放に生きてきた女性が、なにかの転機を迎えて、精神に異常をきたしてしまう。女性はたびたび自殺未遂を犯すなど、周囲をハラハラさせる行為を繰り返し、次第に汚れていってしまう。

●贅沢三昧から借金まみれに転落

かつて一世を風靡したスターが、日の目を見なくなっても贅沢がやめられず、気がついたときには借金まみれになって転落していくというのは、巷にゴマンと転がっていそうな話である。当初の輝きが大きければ大きいほど、転落後の人生がより儚げに見えてくるようである。

仮に、若かりしころの性格は快活で利発、周囲の目などおかまいなしに、奔放に生きてきたという女性がいたとしよう。おまけにとびきりの美女で、理想の男性と結婚したとなれば、富も名声も男も手に入れて、有頂天になっても無理のない話である。

ところが世の中、幸運なことばかりが続くとは限らない。転機が訪れて、富と名声を一気に失ってしまうこともあり得る。賢明な女性であれば、すぐに身の丈に合った生活に切り替えたであろうが、自制心が乏しく気ままに生きてきた女にとっては、この転換を受け入れることができず、相も変わらず贅沢三昧を繰り返したあげく、転落してしまうのである。

こうなると冷静さを欠いた女は、かつての快活さを失い、不安感や恐怖感に苛まれ、ヒステリー状態に陥っていく。すべての責任を夫に転嫁して責め立てるようになることもある。**被害妄想**は日に日に拡大し、夫に当てつけるように**自殺未遂**を繰り返すようになると、事態はもはや深刻である。周囲をハラハラさせるような**奇行**が繰り返されれば、これはもう完全な病で、**統合失調症**（精神分裂症といわれていた）と呼ばれる精神疾患に陥るケースも少なくない。かつてなんでも思い通りにできると自由奔放に生きてきた女の傲慢さが、自制する力を奪って病を引き込んでしまった不幸である。

環境に踊らされ、自らを見失った女。たとえ病であってもその原因を作ったのは奔放な自分で、ダーティヒロインとしての汚名はぬぐえないだろう。

転落人生をグラフにしてみると……

若いころ快活で自由奔放に生きてきた女が、転機を迎えて転落人生を歩み始めると、幸福の度合いは急降下してしまう。

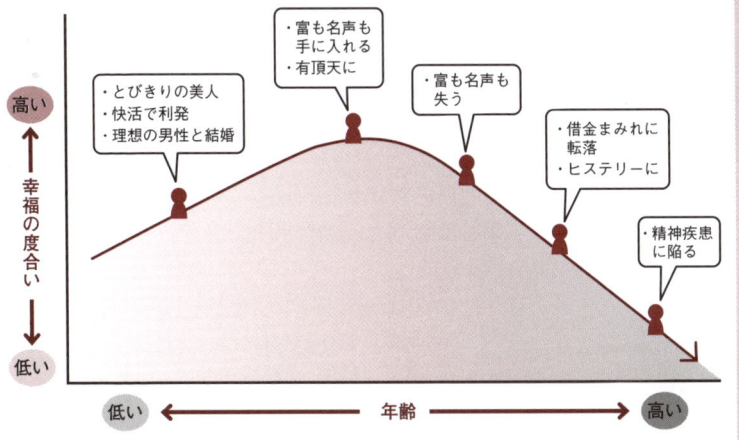

幸福の度合い 高い←→低い

- とびきりの美人
- 快活で利発
- 理想の男性と結婚

- 富も名声も手に入れる
- 有頂天に

- 富も名声も失う

- 借金まみれに転落
- ヒステリーに

- 精神疾患に陥る

年齢 低い←→高い

不幸な転落人生を歩んだ妻の行動

転落人生を歩み始めた妻は、その責任を夫に転嫁して責め、自殺未遂や奇行を繰り返して、病に陥ってしまうこともある。

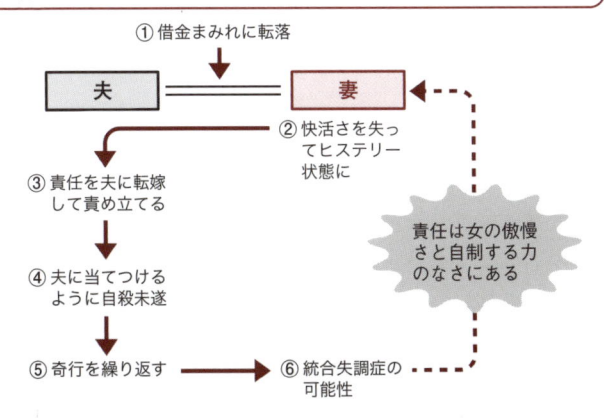

① 借金まみれに転落

夫 === 妻

② 快活さを失ってヒステリー状態に

③ 責任を夫に転嫁して責め立てる

④ 夫に当てつけるように自殺未遂

⑤ 奇行を繰り返す

⑥ 統合失調症の可能性

責任は女の傲慢さと自制する力のなさにある

No.025 第2章 ●作られたダーティヒロイン

ワンポイント雑学

日本での自殺の原因は1位が健康問題で、ほかに経済・生活問題、家庭問題、勤務問題、男女問題、学校問題などがある。

No.026
ゼルダ・フィッツジェラルド

エピソード・自殺未遂

作家スコット・フィッツジェラルドの妻ゼルダは、1920年代の古き良きアメリカを謳歌した女性だ。フラッパーとして気ままに生きたが、次第に自殺未遂を繰り返すなど、精神的に不安定な状況に追い込まれていった。

●享楽的な生き方を変えられなかった女性

　第一次世界大戦の工業特需によって空前の好景気に湧いた1920年代のアメリカ。女性たちは自由を謳歌し、丈の短いワンピースドレスをまとって、明け方まで男友達と遊び歩くのが流行となっていた時代である。**フラッパー**（おてんば娘）と呼ばれたこの自由奔放な女性たちの象徴的な存在だったのが、**ゼルダ・フィッツジェラルド**（1900～1948）である。アメリカ南部一といわれた美女で、『**楽園のこちら側**』や『**華麗なるギャツビー**』などを著した作家**スコット・フィッツジェラルド**の妻として注目を浴び、連夜のごとく酒にダンスにと遊び歩いて、享楽的な日々を過ごした。

　しかし、1929年のウォール街における株価暴落を契機に起きた**世界恐慌**に歩調を合わせるかのように、彼女の命運にも暗雲が立ち込め始める。夫の本が売れず印税が激減したが、気ままなゼルダは夜遊び癖が収まらず、華やかな衣装を買い込んで借金が膨らみ、スコットは編集者に原稿料の前借りまでせざるを得ない状況に追い込まれている。それでも享楽的な生き方を変えられなかったゼルダは、夫の苦境を尻目に、フランス人パイロットとの不倫に走ったあげく、大量の睡眠薬を飲むという**自殺未遂事件**を起こしている。また、夫が知り合いの女優と親しげに話しているのを目にしたゼルダは、嫉妬に駆られてカフェのテラスから階下へ飛び降りて、ハラハラさせたこともあった。のちにゼルダは**統合失調症**と診断され、長い闘病生活を余儀なくされる。何度か入退院を繰り返すものの、ついに回復することはなかった。

　スコットは妻を見捨てて新しい恋人のもとに走ったが、幸せは続かず、44歳のときに心臓発作を起こして死去。ゼルダもその8年後に病院内で起きた火災に巻き込まれて**焼死**している。1920年代の狂騒時代を存分に満喫しきった女性の、あまりにも寂しい人生の結末であった。

フラッパーの象徴・ゼルダとは？

1920年代、ゼルダはフラッパーと呼ばれたおてんば娘の象徴的な存在であった。人気作家の妻であるという奢りもあって、彼女は心の赴くまま遊び歩くのである。

1920年代のアメリカ …… 空前の好景気に湧く

夫は注目の作家

スコット・フィッツジェラルド

連夜のごとく酒にダンスにと遊び歩く

ゼルダ・フィッツジェラルド

フラッパー
- ……自由を謳歌
- ……アメリカ南部一の美女
- ……丈の短いワンピースドレス

世界恐慌以後のゼルダ、その陰りゆく人生とは？

夫の収入が激減したにもかかわらず、ゼルダの放蕩はやまなかった。その結果、借金が膨らんで、最後には精神まで病んでしまうのである。

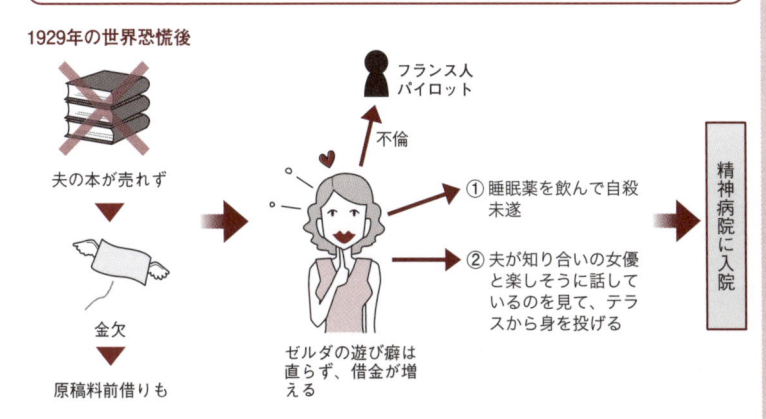

1929年の世界恐慌後

夫の本が売れず
↓
金欠
↓
原稿料前借りも

→ ゼルダの遊び癖は直らず、借金が増える

- 不倫 → フランス人パイロット
- ①睡眠薬を飲んで自殺未遂
- ②夫が知り合いの女優と楽しそうに話しているのを見て、テラスから身を投げる

→ 精神病院に入院

ワンポイント雑学

統合失調症とは、鬱状態になったり妄想に苛まれたりと感情が不安定になるのが特徴的で、ときにはパニック障害を起こすこともある。

第2章●作られたダーティヒロイン

No.027
年下男

年上女が年下男に惹かれるのは、若返りと母性本能に加えて、強い性衝動によるものであるという。しかしこうしたパターンでは、女は男に見捨てられまいと焦り、危険な行動に走る危険性が高い。

●年下男に惹かれる中年女性の危険度

女性が**30代**や**40代**になると、なぜか**年下男**に興味が湧き始めるものらしい。自分より年上といえば男も中年の域に達してしまうから、興味の対象でなくなるのも当然といえなくもないが、それとは別に、年下男に惹かれるきちんとした理由があるらしい。

ひとつは、衰え始めた自らの容姿にコンプレックスを感じ、その反動から若い男とつき合うことで若返りを図ろうとするものである。実際、気分も高揚して血色がよくなり、お洒落にも気を遣うようになるから、効果もそれなりにあるだろう。さらに、気難しくなり始めた中年男より若い男のほうが気楽に接することができるという面もある。大人の女性としての余裕が年下男を安心させ、母性本能をほどよくくすぐってくれるというメリットも大きい。

これらに加えて、なによりも心惹かれるのが、若い男のはちきれんばかりの**性欲の強**さである。未婚女性はもちろん、夫がいても性的に満足していなければ、精力がありあまった男に心がときめくのは無理もない話であろう。

ところが、この年齢に差しかかった女性が性衝動にのめり込むのは要注意である。年齢の面ではもはやあとがないという焦りと、容姿の面では若い男に対する引け目にとらわれて、男の気を惹こうと一途になり、我を忘れて危険な行動に走ってしまいかねないからだ。いずれは男が自分を捨て、若い女性に惹かれて、奪い取られてしまうに違いないとの焦りが女を急き立て、善悪の判断力を失わせてしまうのである。

女が年下の恋人との暮らしを夢見るだけならいいが、その夢を見続けようとして盗みを行ったり、人を殺めたりすれば、女はかばいようのない悪女に転落する。そして、そこから改心することなく悪事を繰り返せば、やがては取り返しのつかないことになってしまうだろう。

30代や40代の女性が年下男に興味が湧くのはなぜ？

30代や40代の女性にとって、年下男は自らの若返りが期待できるのと同時に、はちきれんばかりの性欲の強さが魅力的である。

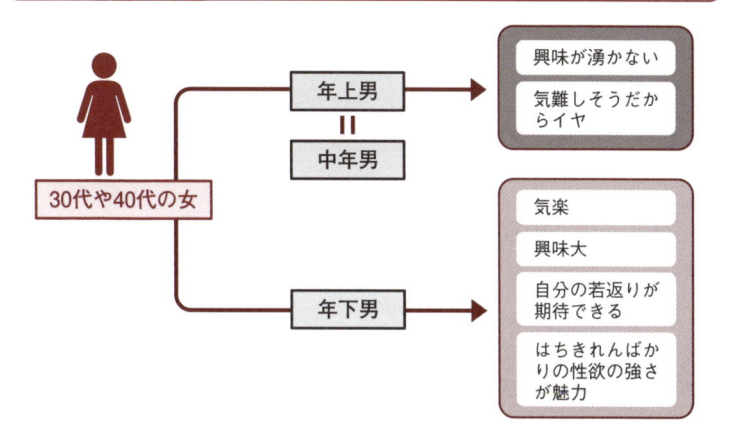

```
30代や40代の女 ──→ 年上男 = 中年男 ──→ 興味が湧かない / 気難しそうだからイヤ
              ──→ 年下男 ──→ 気楽 / 興味大 / 自分の若返りが期待できる / はちきれんばかりの性欲の強さが魅力
```

30代や40代の女性が嫉妬に狂うとき？

自分よりも若い女性に男を奪われてしまうのでは？　と不安になった30代や40代の女性は、男を監視して干渉、さらには自由を奪って殺害にまで及ぶこともある。

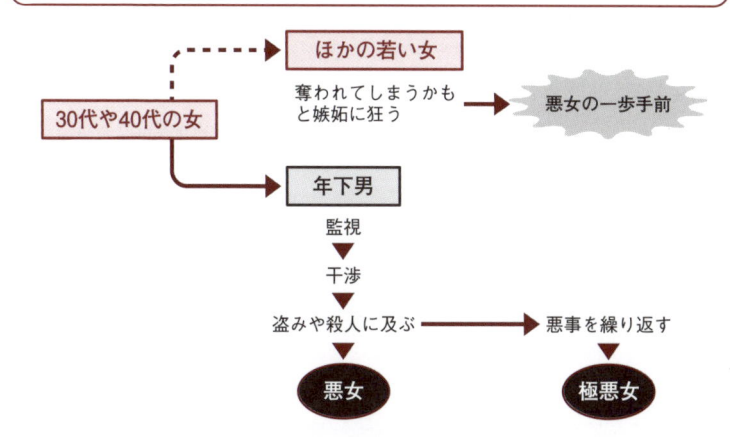

```
30代や40代の女 ──→ ほかの若い女
             奪われてしまうかもと嫉妬に狂う → 悪女の一歩手前
             ──→ 年下男
                  ↓ 監視
                  ↓ 干渉
                  盗みや殺人に及ぶ ──→ 悪事を繰り返す
                  → 悪女         → 極悪女
```

ワンポイント雑学

昭和22年（1947）に廃止された日本の姦通罪は妻の不倫が対象で、妻とその相手の男だけに成立し、夫の不倫は姦通罪にならなかった。

No.028
夜嵐お絹

エピソード・年下男

妾という立場にありながら、年下の役者に入れ込んで恋仲となり、子まで孕んでしまったお絹。主人にとがめられた彼女は、恋人との暮らしを夢見て、主人を毒殺してしまう。

●年下の恋人との逢瀬をとがめられて主人を毒殺

　明治5年(1872)5月20日、**小塚原刑場**で**夜嵐お絹**こと**原田きぬ**(1844～1872)が処刑された。罪状は、**不義密通のうえの主人殺し**である。妾の身分ながら役者買いにのめり込んだあげく、主人の**小林金平**に殺鼠剤を飲ませて殺害した。このときお絹の首を切ったのは、首斬り浅右衛門として恐れられた8代目・山田浅右衛門で、彼の談話からお絹最期の情景が伝えられている。それによれば、半紙で顔を覆われ荒むしろの上に座らされたお絹は、自らの死を前にしながらも、連座して獄に繋がれた美男の役者で、お絹の恋人だった**嵐璃鶴**の安否を気遣っていたというから、哀れとしかいいようがない。

　お絹が生まれたのは、最下級とはいえ三両一人扶持の武士(漁師の説も)の家だった。しかし、お絹が16歳のとき両親と死別。叔父に引き取られたが、貧しさゆえに江戸に出て**芸妓**となったようである。このとき小梅村の金貸業・小林金平に引かされて妾となり、猿若町で借家をあてがわれている。妾の気ままな暮らしぶりのなかで出会ったのが、売れっ子だった璃鶴である。

　当時24、25歳の美男子で、3歳年上のお絹にはまばゆいばかりの美貌で、瞬く間にのぼせ上がったお絹はやがて逢瀬を重ねるようになり、ついには子まで宿す仲となった。これを金平にとがめられたことに逆上したお絹は、主人殺しを決意。その手段として使ったのが、**石見銀山ねずみ取り**という名の殺鼠剤であった。これを道明寺粉に混ぜて金平に食べさせたところ、1週間あまり体調を崩したのちに悶死。当初は病死として処理されたものの、怪しげな評判が立って当局に目をつけられ、半年後に璃鶴ともども逮捕される。

　死に臨んで辞世の句は詠まなかったが、実録草双紙『**夜嵐阿衣花廼仇夢**』の作者・**岡本勘造**が、自著にお絹辞世の句として「**夜嵐にさめて跡なし花の夢**」と詠んだことから、夜嵐のあだ名がつけられたという。

お絹が主人殺しに及ぶまでの経緯とは？

お絹は両親と死別したのち、小林金平の妾となる。その後、売れっ子役者の璃鶴に首ったけになると、ついには主人殺しを強行してしまうのである。

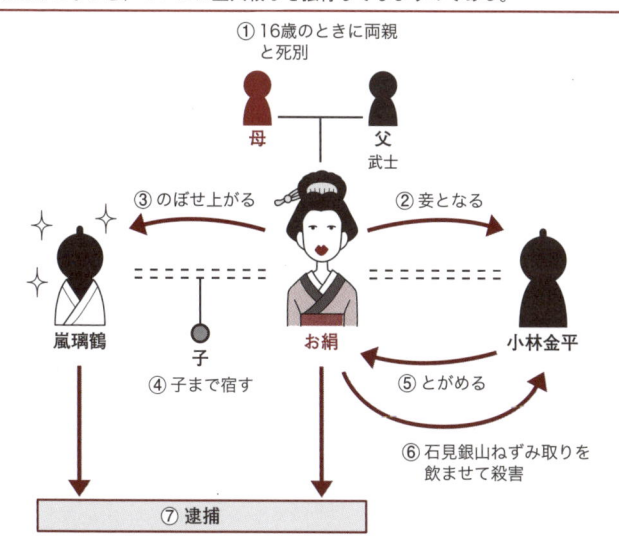

① 16歳のときに両親と死別
母 / 父（武士）

② 妾となる
③ のぼせ上がる
④ 子まで宿す
⑤ とがめる
⑥ 石見銀山ねずみ取りを飲ませて殺害
⑦ 逮捕

嵐璃鶴 / お絹 / 小林金平

お絹が首を切られる直前まで気にしていたことは？

小塚原刑場にて首を切られる直前まで、お絹は恋人・璃鶴の安否を気にしていたという。

― 小塚原刑場にて ―

罪状
不義密通のうえ
主人殺し

お絹「璃鶴はんは大丈夫でしょうか？」

8代目・山田浅右衛門
（首斬り浅右衛門）

ワンポイント雑学

大正2年（1913）に映画『夜嵐おきぬ』が公開されて以降、昭和2年（1927）には山下秀一監督の『夜嵐お絹』、昭和32年（1957）に並木鏡太郎監督の『妖婦 夜嵐お絹と天人お玉』などが公開されている。

No.029

嘘

身振り手振りを交えて大袈裟に嘘をつく女性は、演技性パーソナリティ障害に陥っている可能性がある。嘘がばれると、病と称したり泣き叫んだりと、ありったけの手練手管を用いて言い逃れようとあがくのである。

●不幸な生い立ちが招いた嘘つきの衝動

　人は嘘をつくと、**まばたきの回数が多くなり、身振り手振りが大袈裟**になるのと同時に、**無意識のうちに口や頬に手を当てる**そうである。嘘がばれそうになると、**自然に声のトーンが上がって早口で言い訳**を始める。そして**大声で怒鳴ったりふてくされたりする**ようになれば、ほぼ間違いなく嘘をついていると見なしてもいいらしい。

　もちろん、誰でも多かれ少なかれ嘘をつくことはあるが、これが常軌を逸してたび重なるようになれば、なんらかの人格障害に陥っていると見たほうがいいだろう。また、虚栄心が強く我がままな性格の人がかかりやすいといわれる人格障害に**演技性パーソナリティ障害**があるが、この障害は9割が女性で、たとえば嘘がばれそうになり、矛盾を衝かれて説明できなくなると、シラを切ったり泣いたり、ときには病と称して苦しみ始めたりするという。

　この、芝居がかった話を身振り手振りを交えて大袈裟に語る行為は、演技性パーソナリティ障害特有の症状といわれる。その要因には、幼少のころの成育環境になんらかの問題があったことが指摘されている。虐待や厳し過ぎるしつけ、過干渉、放任などによって正常な愛情が受け取れない状態が続くと、いつも愛されていたいとの願いが強く働き過ぎて、見捨てられることに強度の不安を抱き、ときには嘘で身を固めた自分を演じて皆の注目を集めようとする。この思惑がうまくいかなくなると、ヒステリーを起こしたり、泣き叫んだりするしか打つ手が見つからないのだ。嘘がばれて言い逃れできなくなると、最後には病と偽って自己防衛のための逃避行動を起こすのである。このパターンの女は、とかく周囲を困惑させることが多いので悪女の烙印を押されてしまうことが多いが、これもまた、生い立ちや環境が生み出したダーティヒロインともいえるのである。

人が嘘をつくときの動作

人が嘘をつくと、まばたきの回数が多くなり、身振り手振りが大袈裟になる。嘘がばれそうになると、声のトーンが上がり早口で言い訳したりするようになる。

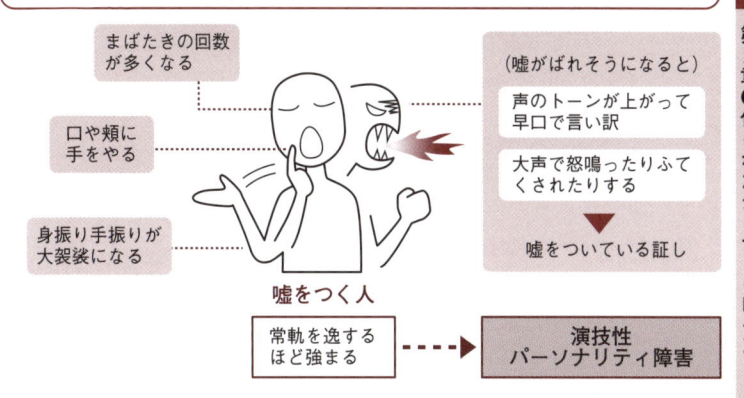

- まばたきの回数が多くなる
- 口や頬に手をやる
- 身振り手振りが大袈裟になる

嘘をつく人

（嘘がばれそうになると）
- 声のトーンが上がって早口で言い訳
- 大声で怒鳴ったりふてくされたりする

→ 嘘をついている証し

常軌を逸するほど強まる ---→ **演技性パーソナリティ障害**

演技性パーソナリティ障害の精神構造

親から愛情を受け取れなかった子供は、見捨てられることの不安などから、嘘で固めた自分を演じるようになる。これがうまくいかないとヒステリーを起こす。

正常な愛情を受け取れない状態

- 母：過干渉／厳し過ぎるしつけ など
- 父：虐待／放任 など
- 子

愛されたいという欲求／見捨てられることへの恐怖、不安

嘘で固めた自分を演じて注目を集める → うまくいかないとヒステリーを起こす → 嘘がばれそうになると病と偽る ＝ 自己防衛のための逃避行動 → 周囲を困惑させる → **ダーティヒロイン**

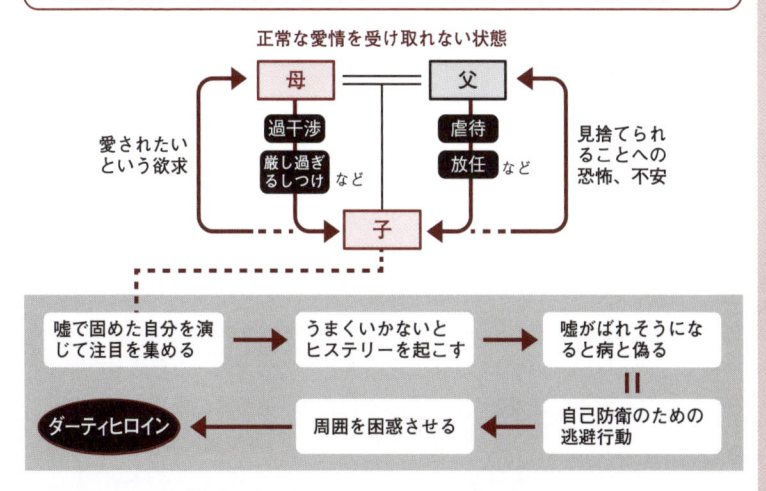

ワンポイント雑学

「旧約聖書」に登場するカインが弟のアベルを殺したとき、弟の行方を問われて「知らない」と答えたことが、人間が初めてついた嘘ともいわれる。

No.030
高橋お伝

エピソード・嘘

金の工面を断った男を殺害したあと、ありもしない嘘をでっち上げて捜査を攪乱した毒婦お伝。彼女は法廷においても嘘をつき通して裁判を長引かせ、悪い意味での株を上げていった。

●嘘が見破られると泣きわめくという計算高さ

明治時代の初めごろは、**毒婦ものの草双紙**がよく売れたという。**鳥追いお松**や**夜嵐お絹**(P.64)も人気が高かったが、なかでも一番よく売れたのが**高橋お伝**(1850〜1879)だった。上州きっての女賊として恐れられながらも、あだっぽい男好きのする容貌に心を躍らせた物好きな男が多かったのだろう。

高橋お伝こと本名**でん**は、上州上野国の**沼田藩家老**が奉公人の女に生ませた私生児であった。19歳のときに従兄弟の**高橋波之助**と結婚するが、ほどなくして、夫が当時不治の病と恐れられたハンセン病を患い、名医**ヘボン**を頼って横浜へ移り住む。お伝は治療費を稼ぐために女中奉公に出るものの、治療費がかさんで娼妓にまで身をやつしている。しかし、彼女の献身的な介護も空しく、夫は病が癒えることもなく息を引き取ってしまうのである。

その後、**小川市太郎**というやくざ者と暮らし始めるが、彼は働くこともなく、酒と賭博に明け暮れるばかりであった。金に困ったお伝は、娼妓時代の客である**後藤吉蔵**に金の工面を申し出るが、吉蔵はお伝の身体を弄ぶだけで、「貸す金なんぞあるものか」とばかりに袖を振る。激怒したお伝は、用意していた小刀で吉蔵の喉元をかっ切って殺害。逃げるにあたって偽装工作を企て、「吉蔵に殺された姉の恨みを晴らした……」と、ありもしない嘘の書き置きを残して捜査を攪乱。しかし2週間後には逮捕されてしまう。

そして、法廷においても嘘を並べ、不利なことには知らぬ存ぜぬで押し通し、言い逃れできなくなると急に病と称したり泣きわめいたりして、裁判をたびたび中断させた。結局、裁判は3年にも及んだが、死刑の判決を受け、**市ヶ谷監獄裏の刑場**で首を刎ねられるのである。

実際は、草双紙に書かれたような根っからの悪党ではなかったものの、嘘を重ねたそのしぶとさが、悪いイメージを高めたようである。

高橋お伝を取り巻く人物相関図

お伝は夫の治療費を稼ぐために娼妓となる。そして夫が死ぬと、やくざの小川市太郎と暮らし始めるのである。

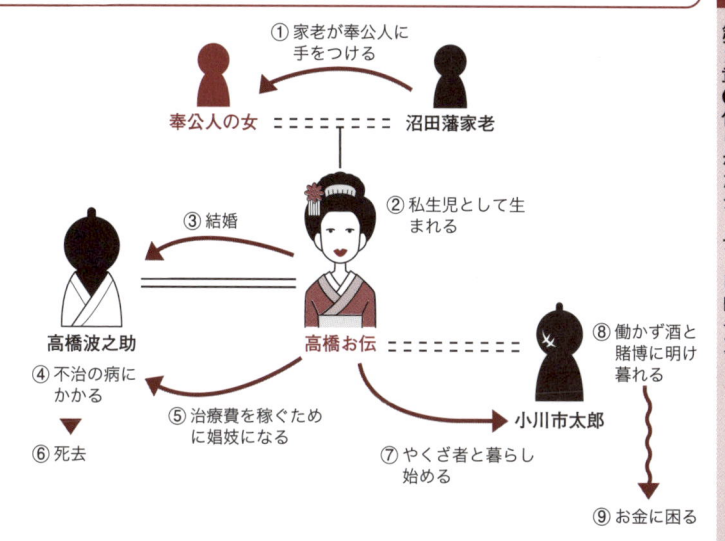

- 沼田藩家老 → 奉公人の女　① 家老が奉公人に手をつける
- ② 私生児として生まれる → 高橋お伝
- 高橋お伝 ③ 結婚 → 高橋波之助
- ④ 高橋波之助 不治の病にかかる
- ⑤ 治療費を稼ぐために娼妓になる
- ⑥ 死去
- ⑦ 高橋お伝 やくざ者と暮らし始める → 小川市太郎
- ⑧ 小川市太郎 働かず酒と賭博に明け暮れる
- ⑨ お金に困る

吉蔵殺害の様子と嘘に明け暮れた人生の末路は？

お伝は吉蔵を殺し、嘘を記した書き置きを残して逃走。法廷でも嘘をあげつらって裁判を長引かせてしまうのである。

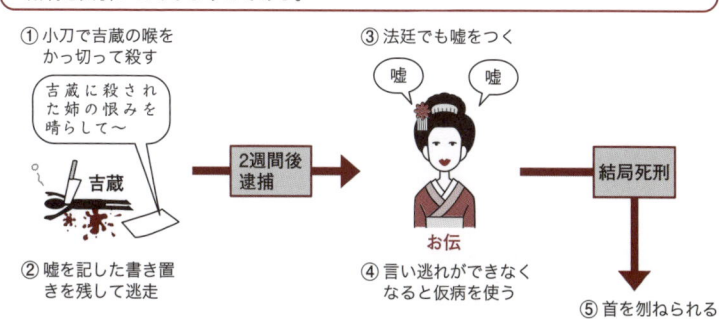

- ① 小刀で吉蔵の喉をかっ切って殺す（吉蔵に殺された姉の恨みを晴らして～）
- ② 嘘を記した書き置きを残して逃走
- 2週間後逮捕 →
- ③ 法廷でも嘘をつく　お伝
- ④ 言い逃れができなくなると仮病を使う
- 結局死刑 →
- ⑤ 首を刎ねられる

ワンポイント雑学

お伝は市ヶ谷監獄で処刑されたのち、警視庁第五病院で遺体が解剖されている。その際、彼女の性器がくり抜かれて東京大学法医学部に保管されたという。墓は小塚原回向院のほか、谷中霊園にもある。

第2章 ● 作られたダーティヒロイン

No.031
毒婦

不幸な生い立ちから身を持ち崩していった女たちは多い。その哀れな女たちのなかには、男に翻弄されて、さらに数奇な運命をたどっていく女も多かった。毒婦と恐れられる女も、愛する男の前ではなんとも健気であった。

●情念に駆られて働く悪行

『広辞苑』によると、**毒婦**とは「**腹黒く、悪事を働く女。奸婦**」とある。ちなみに**奸婦**の項を引くと「**悪知恵がはたらく女**」と記されている。なんとも救いようのない性悪女だと、まるで唾棄するかのような記され方である。

近世日本の歴史上において、この不名誉な称号を冠されたのは、嘘の上塗りを重ねた高橋お伝（P.68）や、見事な刺青（いれずみ）で知られた雷お新（P.126）をはじめ、夜嵐お絹（P.64）、雲霧のお辰（P.130）、蝮のお政（P.134）、鬼神のお松などが思い浮かぶ。いずれも、悪事をなして獄に繋がれたという強者どもであるから、毒婦や奸婦と卑下されても無理はない。

しかし、その顔ぶれを見てもわかるように、多くが不幸な生い立ちから遊女へと身を持ち崩した過去を背負っているというのが、なにかを暗示しているかのようで興味深い。しかも、手を染めた犯罪の多くが、一度は肌を重ねて情を交わした男に絡んだ犯行であることも見逃してはならない。見方を変えれば、**情念に衝き動かされたあげくのやむなき犯行**であると見ることもできるのである。いわば、男たちに翻弄されて数奇な運命を背負わされてしまったと見れば、彼女たち自身もまた被害者であり、愚かとはいえ寄る辺を失った不憫な女でもあった。悪事を働くにつれて、分厚くなってきた男勝りな面の皮も、精一杯虚勢を張っていなければ一瞬にして崩れ去ってしまいかねない心の張りを維持するための鎧であったとすれば、そこに健気な女心が読み取れて哀れをも感じてしまうのである。

なかには、大罪を犯し、捕らえられて流罪になりながらも、再び男たちに翻弄されて島抜けを働こうとする女までいた。哀れとはいえ、悪行を断ち切ることもできず、ずるずると深みにはまって面の皮を厚くしてしまった女。悪事を働いたとはいえ、なんとも儚い。

腹黒い毒婦の儚い過去とは?

救いようのない性悪女のように卑下された毒婦も、不幸な生い立ちから身を持ち崩していった、儚い過去を背負ってきた者たちが多かった。

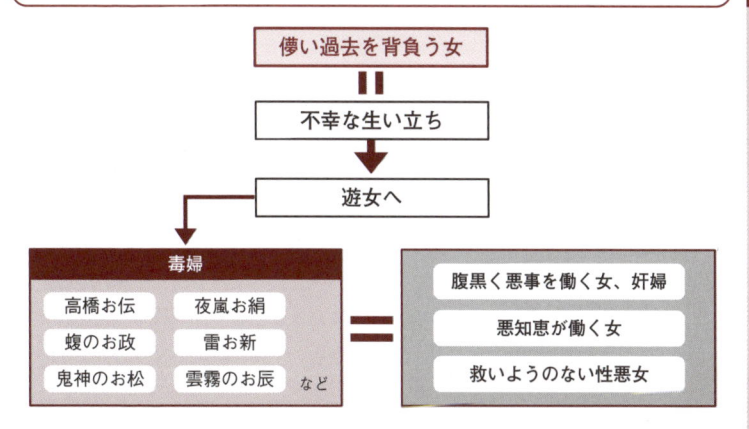

儚い過去を背負う女
‖
不幸な生い立ち
↓
遊女へ

毒婦
- 高橋お伝
- 夜嵐お絹
- 蝮のお政
- 雷お新
- 鬼神のお松
- 雲霧のお辰
など

＝
- 腹黒く悪事を働く女、奸婦
- 悪知恵が働く女
- 救いようのない性悪女

毒婦が犯罪に手を染めたのはなぜ?

毒婦とはいえ、犯行に手を染めるのは、情を交わした男にまつわるものが多かった。情念に衝き動かされた、やむなき犯行だったのである。

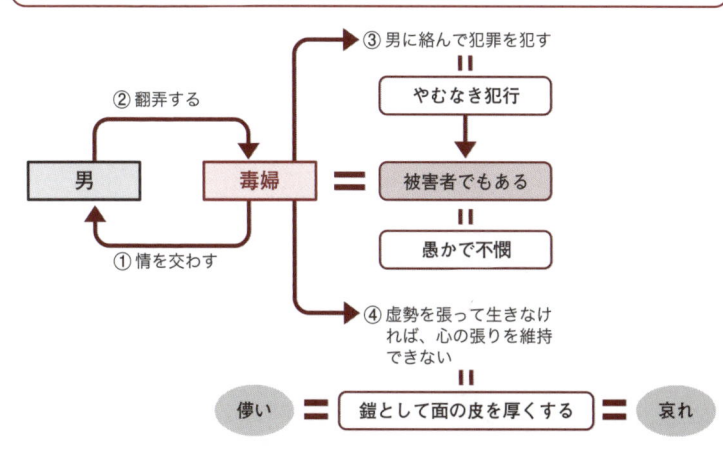

男 ⇄ 毒婦
① 情を交わす
② 翻弄する
③ 男に絡んで犯罪を犯す ‖ やむなき犯行 ‖ 被害者でもある ‖ 愚かで不憫
④ 虚勢を張って生きなければ、心の張りを維持できない

儚い ＝ 鎧として面の皮を厚くする ＝ 哀れ

ワンポイント雑学

江戸時代の流刑地には八丈島のほかに、三宅島、新島、隠岐島、壱岐島、佐渡島、奄美群島などがあった。

No.031 第2章●作られたダーティヒロイン

No.032

大阪屋花鳥

エピソード・毒婦

殺人犯の男を匿って逃避行し、捕らえられて島流しになるが、島の代官をたぶらかして島抜けしたという毒婦が大阪屋花鳥・お虎である。その生き様と眼光は、首斬り役人でさえビビるほどであったという。

●首斬り浅右衛門すら怯ませた悪女ぶり

　殺人犯を逃がすために放火し、その罪で八丈へ島流しになりながらも、島の代官をたらし込んで難なく島抜けしたという肝っ玉の太い女がいた。女牢で拷問にかけられたときも、口のなかに隠し金を潜ませ、獄卒に渡して手加減してもらったという。そんな不埒な女とは、吉原の娼妓・**大阪屋花鳥**（1814 ？～1842 ？）、実名**お虎**である。

　お虎は神田三河町で奉公人を斡旋する人宿を営んでいた**三五郎**のひとり娘であるが、父母とも早く亡くなったため吉原へと身を持ち崩した。器量良しで年も若いので一躍人気者となり、**御職女郎**という部屋持ちにまで出世する。

　そのころ出会ったのが、400石取りという貧乏旗本のどら息子・**梅津長門**で、武家の倅とはいえ、博打にうつつを抜かすゴロツキであった。放蕩がたたって金策に明け暮れるまでに落ちぶれ、利息の返済にも事欠くようになった長門は、大金を懐に吉原へ繰り出そうというお大尽を殺して金を奪ってしまう。その後長門がお虎のもとへ逃げ込むと、お虎は迷うことなく郭に火をつけて騒動を起こし、そのどさくさに紛れて長門とともに逃げるのである。しかし、結局お虎たちは御用となり、罪を問われて八丈へと流されてしまう。

　お虎は八丈への途上に立ち寄った三宅島で、その美貌を島の代官に見初められて妾となる。ここで偶然初恋の相手・**喜三郎**と出会うと、ふたりは代官を刺し殺して金を奪い、島抜けをして無事に江戸へと戻るのである。

　それでも、彼女の悪運はここまでだった。ふたりで一軒家を借りて隠れ住んだものの、ついに捕らえられ、首を刎ねられてしまうのである。花鳥の首を刎ねたのは、首斬り浅右衛門と恐れられた7代目・山田浅右衛門だった。その偉丈夫ですら、閃光煌めく刃をぎらっと睨みながら笑うお虎の不気味さにはぞっとしたという。

お虎がゴロツキの長門と出会うまで

父母に死に別れたお虎は、器量良しで若かったこともあって、吉原で人気の御職女郎へと出世していく。ここで出会ったのが、ゴロツキの梅津長門であった。

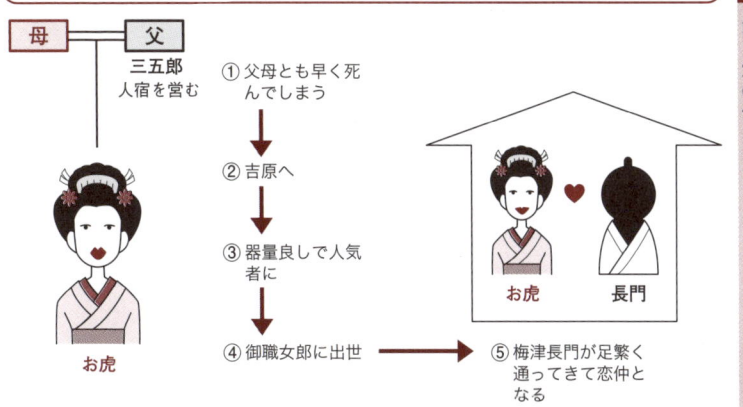

```
母 ─── 父
      三五郎
      人宿を営む
```

① 父母とも早く死んでしまう
↓
② 吉原へ
↓
③ 器量良しで人気者に
↓
④ 御職女郎に出世 → ⑤ 梅津長門が足繁く通ってきて恋仲となる

お虎　長門

火付から八丈島抜け、死刑までの経緯

殺人犯の梅津長門を匿ったお虎は、郭に火をつけて騒ぎを起こして逃走。八丈へ島流しになるも、島抜けに成功するのである。

① 人を殺した梅津長門が逃げてくる → ② お虎は郭に火をつけて騒ぎを起こす → ③ どさくさに紛れてふたりで逃げる → ④ お虎は捕まって島流しに

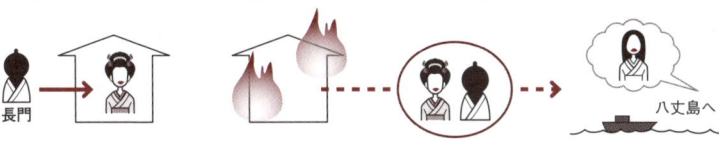

長門

八丈島へ
↓
⑧ 結局、捕まって首を刎ねられる ← ⑦ 江戸でふたりで暮らし始める ← ⑥ 代官を殺して男と島抜けする ← ⑤ 代官の妾となる

ワンポイント雑学

岡本綺堂は時代小説『半七捕物帳』に大阪屋花鳥を登場させている。牢名主として君臨しているとき、新入りの女芸人に夜伽をさせ、その翌日、その娘にうなぎ飯を食べさせたことが記されている。

No.032　第2章●作られたダーティヒロイン

No.033
欲求不満

異常性欲者の女が、愛のない年老いた男と結ばれたとすれば、不幸を招くことになるのは目に見えている。そんな女が堕ちていく道は、性欲のはけ口を求めて、男漁りを続ける淫乱婦の道となるだろう。

●愛の渇望が欲求不満の原因

あまりにも性的欲求が強過ぎる妻を持つというのは、夫にとってあまり幸せなことではなさそうである。それも、若い妻と年齢のかけ離れた高齢の夫との組み合わせとなると、なおさらである。

そもそも性衝動を増進させる働きのある男性ホルモンの一種**テストステロン**の分泌が一番多い時期は、**男性が19歳**に対して**女性は35歳**と、女性のピーク時のほうが16歳も高いのである。ということは、日本の平均結婚年齢（男30.5歳、女28.8歳）で見た場合、妻が結婚後も性欲がどんどん高まっていくのに反して、夫は結婚時点ですでにピークを過ぎているばかりか、以後は低下する一方なのである。その差は結婚後数年間、広がりこそすれ縮まることはない。

普通の夫婦でもこのように不均衡な状態に置かれているのに、妻が異常に性欲が強い場合はなおさら、老いた夫が妻の欲求を満たすことは難しい。

ちなみに、淫蕩な性格は、幼児期の生活環境や遺伝要因に加え、恐怖や不安、あるいは孤独といった精神状態が引き起こすともいわれている。安心感を得るため、あるいは愛情への渇望が、倒錯したかたちで性依存症を引き起こすわけで、このトラウマを解消しない限り、いくら男と頻繁に交わったとしても、満足感を得ることはできないのだ。

こうした女にとってのひとつの救いの道は、のめり込むほど思いを寄せることのできるほかの男の出現であるが、夫ある身ゆえに、今度は人間関係において、新たな不幸を招く危険性がある。

もちろん、夫とのあいだに「愛」という名の絆がしっかり結ばれていれば、まだ救いの手はあるかもしれないが、**名ばかりの夫婦**であったなら状況は絶望的だ。世間がこの女にダーティなレッテルを貼ることを否定はできない。

男女の性衝動の年齢別比較

性衝動を増進させるテストステロンの分泌量は、男は19歳、女は35歳のときにピークを迎える。とすれば、結婚後は女性のほうが性衝動が高いままとなる。

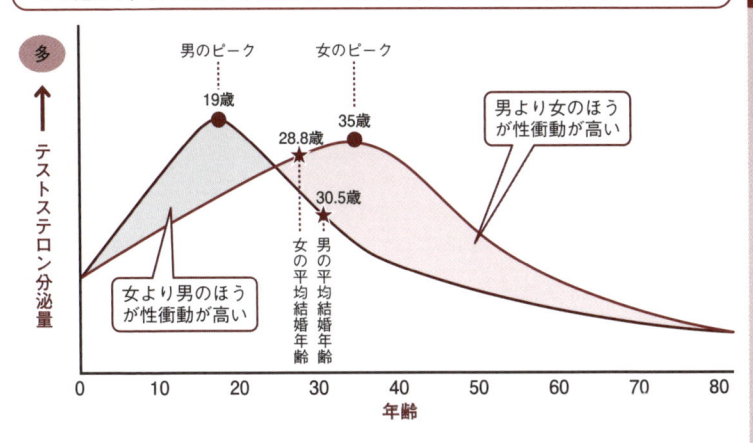

縦軸：テストステロン分泌量（多）
横軸：年齢（0〜80）

- 男のピーク：19歳
- 女のピーク：35歳
- 男の平均結婚年齢：30.5歳
- 女の平均結婚年齢：28.8歳
- 女より男のほうが性衝動が高い
- 男より女のほうが性衝動が高い

性依存症の妻が満足を得るには……？

愛情渇望によって性依存症となった妻は、夫から性的満足を得られず欲求不満が高まる。これを解消するには、思いを寄せる男の出現を待つしかない。

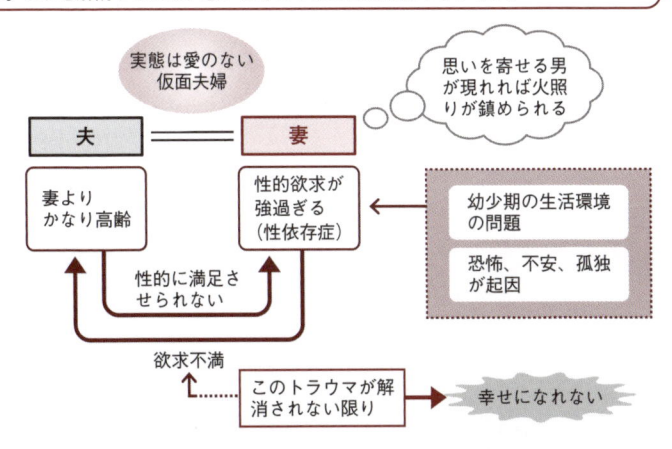

- 実態は愛のない仮面夫婦
- 夫 ＝ 妻
- 夫：妻よりかなり高齢、性的に満足させられない
- 妻：性的欲求が強過ぎる（性依存症）
- 思いを寄せる男が現れれば火照りが鎮められる
- 幼少期の生活環境の問題
- 恐怖、不安、孤独が起因
- 欲求不満 → このトラウマが解消されない限り → 幸せになれない

ワンポイント雑学

テストステロンは筋肉や骨格の成長にも関連し、筋肉トレーニングを行うことで分泌量を増やすことができるとの報告もある。

No.033 第2章●作られたダーティヒロイン

No.034
メッサリーナ

エピソード・欲求不満

ローマ皇帝の后でありながら、夫への欲求不満が募って、連夜のように男漁りに精を出したのがメッサリーナである。彼女は裏町の娼家に出入りして、1日に25人を相手にしたという。

●乳房を黄金色に塗り、性器を赤く染めて男漁り

　淫媚な生活に明け暮れていたといわれる古代ローマの上流社会。そのなかでも最も淫蕩な女といえば、やはりローマ皇帝**クラウディウス**の妃**メッサリーナ**(20〜48)の名をあげるべきだろう。ローマ初代皇帝**アウグストゥス**に繋がる名門に生まれた彼女は、気ままで性に奔放な女性であった。

　17歳のときに32歳も年長の貴族クラウディウスと結婚するが、彼は幼いころに小児麻痺を患ったせいか、足が不自由で口元も締まりがなかった。気性の激しい彼女は、臆面もなく夫を卑下したようである。おまけに49歳という年齢もあって、クラウディウスは彼女の貪欲なまでの性欲を満足させることはできなかった。

　クラウディウスはのちにローマの第3代皇帝**カリグラ**の跡を継いで第4代皇帝に就任するが、皇后となったメッサリーナは夫への欲求不満が募ってますます傲慢になり、淫蕩な生活を繰り返すようになる。連夜妖しげなパーティを催しては相手を物色し、気に入った男を別室に引き込んだ。そればかりか、夫が寝静まると宮殿を抜け出し、身分を隠して裏町の娼家に出入りして、多くの男たちを相手に性欲を満たしたという。**リュキスカ**という源氏名を掲げ、入口に男性器を象った飾り物をぶら下げた部屋のなかで、**乳房を黄金色に塗り、性器を赤く染める**という奇怪な姿で男を漁り、欲求不満を解消した。多いときは**1日に25人も相手**にしたというから、凄まじい精力である。

　しかし、この淫蕩な女も、執政官**シリウス**に熱を上げてからは一変、一切の男漁りをやめて、彼ひと筋に生き始める。シリウスを愛するあまり、夫を殺害して息子**ブリタニクス**を皇帝にし、自ら摂政として政権を手にして、シリウスとの気ままな愛欲の世界に浸ろうと目論むのである。しかし、この企みは皇帝の知るところとなり、彼女は愛人とともに刺し殺されてしまう。

夫だけでは満足できないメッサリーナが取った行動とは？

名門出身のメッサリーナは、32歳年長のクラウディウスと結婚するも、夫は貪欲なまでの彼女の性欲を満足させてくれることはなかった。

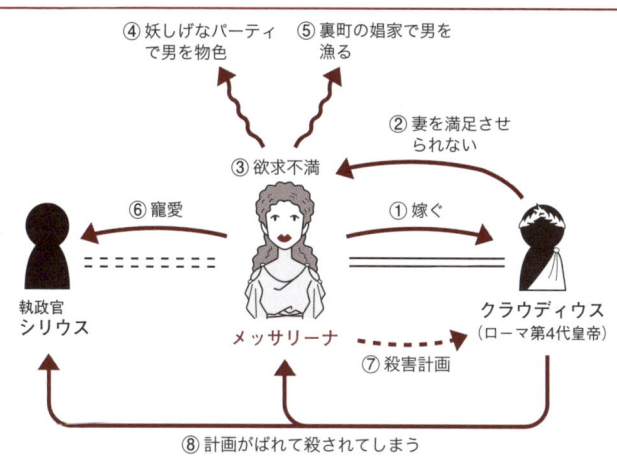

④ 妖しげなパーティで男を物色
⑤ 裏町の娼家で男を漁る
② 妻を満足させられない
③ 欲求不満
① 嫁ぐ
⑥ 寵愛
執政官シリウス
メッサリーナ
クラウディウス（ローマ第4代皇帝）
⑦ 殺害計画
⑧ 計画がばれて殺されてしまう

裏町の娼家でのメッサリーナの怪奇な姿とは？

メッサリーナは裏町の娼家では、リュキスカの源氏名で客を引いていた。乳房を黄金色に塗り、性器を赤く染めるという奇怪な姿で男を漁ったという。

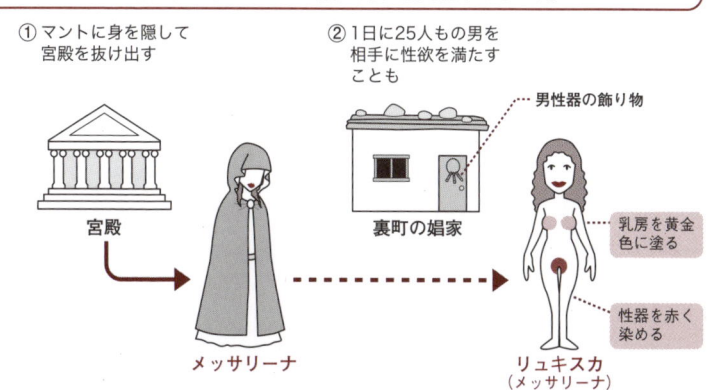

① マントに身を隠して宮殿を抜け出す
② 1日に25人もの男を相手に性欲を満たすことも

宮殿 → メッサリーナ → 裏町の娼家 → リュキスカ（メッサリーナ）

- 男性器の飾り物
- 乳房を黄金色に塗る
- 性器を赤く染める

ワンポイント雑学

メッサリーナの死後、クラウディウスが妻としたのが、ネロの母アグリッピナである。そしてメッサリーナの子オクタヴィアと結婚したのがネロである。

第2章 ● 作られたダーティヒロイン

No.035
毒婦実演

かつて悪事を重ねた毒婦が、罪を悔いて自らの犯罪歴を芝居に仕立てて自ら演じるのがはやったことがあった。しかし、お涙頂戴のその醜悪劇には、偽善者ぶった傲慢さが見え隠れするのである。

●偽善者ぶった傲慢さ

　かつて、女性犯罪者が刑期を終えて出獄したのち、自らの犯罪歴をもとに芝居を演じるのが大はやりしたことがあった。明治中期、言論の自由などの保障を求める**自由民権運動**華やかなりしころのことである。表向きは、罪を償い**改悛の情**に駆られた女が、罪を犯せば必ずや罰を受けるものであることを自らの体験をもとに演じきるというものであった。罪を犯した本人が演じるのであるから、芝居とはいえリアルなことこの上ない。

　観客は、主演者が妙齢の美女でありながら、その昔は悪事に悪事を重ねて世を震撼させた毒婦であったというギャップに戸惑いながらも、その変貌ぶりに驚いたようである。怖いもの見たさの野次馬根性が相まって、鼻の下を伸ばした男どもの心をとらえて、連日の大入り満員を記録したという。

　もちろん、罪を悔いた女が自らの体験談を語ることに、なんら問題があるわけではない。しかし、いかに改悛の情を毒婦実演に結びつけて、悪行をさせないような啓蒙活動に役立てたとしても、女が犯した犯罪自体をなかったことにすることはできない。自らを、すでに罪を償い終えて聖者にでもなったかのように、大上段に構えて大衆を見下ろそうとする毒婦実演自体、偽善者ぶった傲慢さが見え隠れするだけに、人々に**お涙頂戴を誘った無節操な醜悪劇**と見なすこともできるのである。

　この場合、そもそも主演者の女が、自身の行いを棚に上げて民衆に教えを諭すかのように振る舞ったこと自体、傲慢といわざるを得ないが、その人気ぶりにまんざらでもないと悦に入り、人気取りあるいは劇団維持のために毒婦実演を道具として使ったとすれば本末転倒。それこそが、大衆を欺いたことになりはしないか。女がそれを目論んだ時点で、すでに悪女へと逆戻りしているのである。

毒婦実演が人気となった理由とは？

かつて世を震撼させた毒婦が実演を行う。目の前に現れたのが妙齢の美女とあって、そのギャップに観客たちは驚かされる。

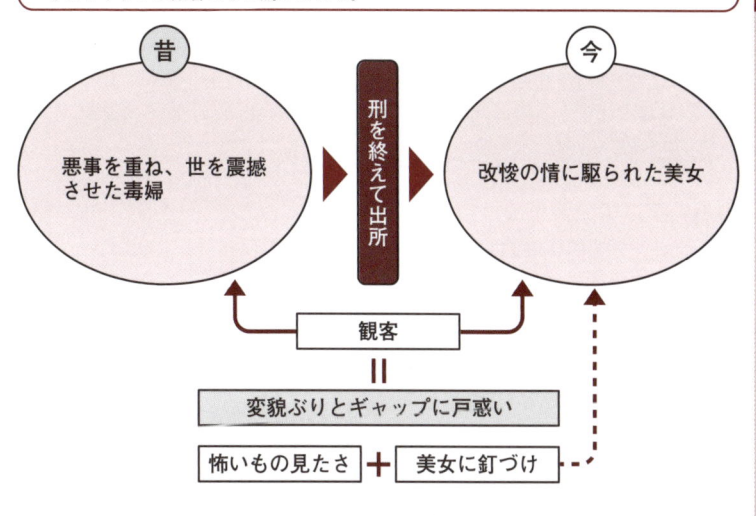

昔：悪事を重ね、世を震撼させた毒婦
→ 刑を終えて出所 →
今：改悛の情に駆られた美女

観客
＝
変貌ぶりとギャップに戸惑い
怖いもの見たさ ＋ 美女に釘づけ

毒婦実演という名の醜悪劇

女性犯罪者が自らの犯罪歴をもとに、罪を償い改悛の情に駆られて芝居を行う。その行為自体に、偽善者ぶった傲慢さが見え隠れする。

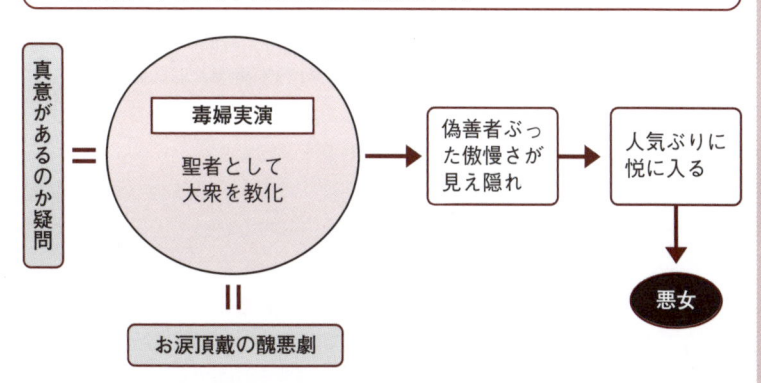

真意があるのか疑問
＝
毒婦実演：聖者として大衆を教化
＝
お涙頂戴の醜悪劇

→ 偽善者ぶった傲慢さが見え隠れ → 人気ぶりに悦に入る → 悪女

ワンポイント雑学

江戸時代は、悪婆と呼ばれる毒婦をテーマにした歌舞伎が人気を博していたという。

第2章●作られたダーティヒロイン

No.036
島津お政

エピソード・毒婦実演

置引きから詐欺、強盗に至るまで数々の悪行に手を染め、そして捕らえられた島津お政。その後お政は刑期を終えると、毒婦実演の劇団を旗揚げして人気を博していくのである。

●毒婦実演の先鞭をつけた元女強盗

　いつの世も**エログロナンセンス**は、利那的な男心をくすぐるものらしい。重罪を犯した女が妖艶で淫蕩な美女とくれば、一度はその顔を拝みたくなるもののようである。戦後、**男の一物**をちょん切って不気味な笑みを漏らしたという**阿部定**(P.56)。出獄後自ら犯行の経緯を再現して見せたという彼女の卑猥な公演は、長蛇の列ができるほどの人気ぶりだったとか。しかし、この**毒婦実演**の先鞭をつけたのは、お定より約半世紀前に女盗賊として名をなした**島津お政**(1856～？)が最初である。自ら「**改心劇**」と名づけた劇団を主宰し、道頓堀の**弁天座**で旗揚げするや連日満員御礼となり、その勢いを駆って全国を股にかけて公演を続けたという女なのである。

　お政は、大阪堺筋の商人の娘として生まれ、13歳のときに**豪商鴻池**の下働きとして奉公に出ている。この家の次男坊だった**秀次郎**に見初められて人目を忍ぶ仲となったものの、奥方にとがめられて体よく追い出されている。実家に戻ったとはいえ、そこにいたのは継母の**おすえ**で、お政の帰郷を喜ぶはずもなく、お政は再び家を飛び出さざるを得なくなるのである。いくあてもなく、結局たどり着いたのは**北新地の色街**であった。

　ここでお政は芸妓となるが、客として出会ったのが、詐欺師の**木田安蔵**である。悪党とはいえ、木田と身体を重ねるうちに情も移って夫婦となり、ズルズルと悪の世界に引き込まれていく。

　こうして置引きから詐欺、強盗に至るまでありとあらゆる悪行に手を染めていったお政だったが、大金をせしめて遊び歩くうちに御用となり、無期懲役の刑に処せられてしまう。それでも、獄中ではそれまでとは打って変わって改悛の情を見せ、模範囚として認められたため、わずか7年で出所。以後は前述のごとく、自作自演の毒婦実演に明け暮れるのである。

毒婦実演の皮切りとなったお政の改心劇

毒婦実演の先鞭をつけたのはお政である。刑期を終えたお政は改心劇を旗揚げし、全国を股にかけて公演を続ける。

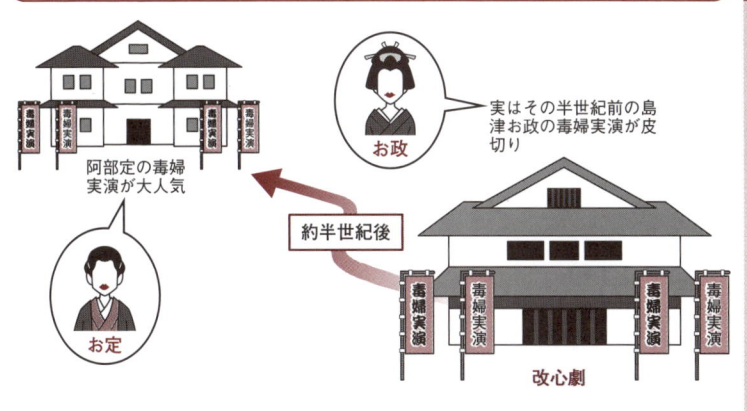

阿部定の毒婦実演が大人気

お定

お政

実はその半世紀前の島津お政の毒婦実演が皮切り

約半世紀後

改心劇

お政と安蔵を巡る人物相関図

豪商鴻池から追い出されたお政は、芸妓となって木田安蔵と知り合い、悪の世界に踏み込んだものの、捕まってムショに入れられてしまう。

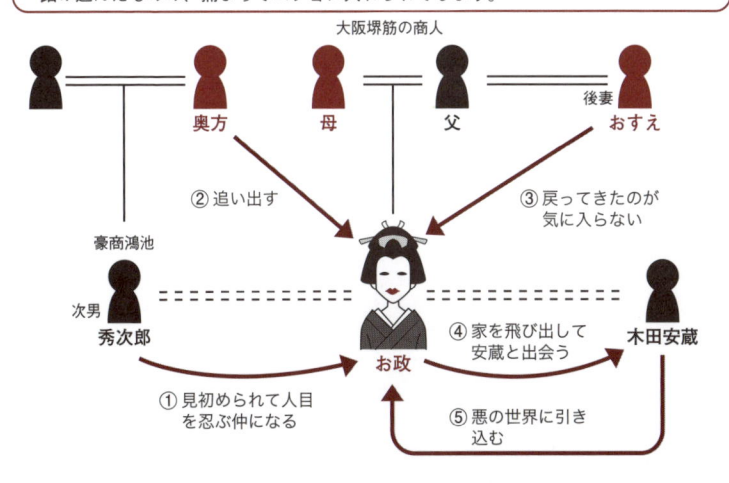

大阪堺筋の商人

奥方　母　父　後妻 おすえ

② 追い出す
③ 戻ってきたのが気に入らない

豪商鴻池
次男 秀次郎 ―― お政 ―― 木田安蔵

① 見初められて人目を忍ぶ仲になる
④ 家を飛び出して安蔵と出会う
⑤ 悪の世界に引き込む

ワンポイント雑学

明治13年(1880)の旧刑法では単純窃盗は2か月以上4年以下の禁錮刑であるのに、明治14年(1881)の判決で終身刑が言い渡されたのは違和感がある。一説には、法整備が十分されていなかったからともいわれる。

悪女の条件

■悪女に内在する無数のパターン

『広辞苑』で悪女の項を引くと、「性質のよくない女。顔かたちの醜い女。醜婦」とある。すぐあとには「悪女の深情」という項もあって、こちらには「醜い女は美人に比して愛情や嫉妬心が強いの意。ありがた迷惑の意に転用」と記されている。つまり悪女とは性格も顔もよくない女というわけで、なんとも身も蓋もない言い草である。

悪女が「性質のよくない女」というのはまだ納得できるにしても、「顔かたちの醜い女」というのは、時代錯誤もはなはだしい。今どきこんなふうに受け取る人など、そう多くはないだろう。悪女にはむしろ男をとろかすだけの器量、小悪魔的な魅力が備わってこそ悪女らしいと思いたい。

ともあれ、この「性質のよくない女」のなかには、人を騙したり陥れたりする毒婦や、残忍極まりない狂女、人擦れして厚かましいあばずれ、夫に結婚したことを後悔させる悪妻などが含まれる。一方、『広辞苑』には記されていないが、その遥か対極に位置する「魔性の女」も悪女の範疇に入れるべきであろう。それは妖婦、フランス語ではファムファンタルとも言い換えられるが、要するに妖しいほどの美人で、美貌で男を誘惑する女である。「性質のよくない女」が最底最悪の悪女だとすれば、「魔性の女」はむしろ憧れの対象ともなりえる極上の女である。「性質のよくない女」と「魔性の女」のあいだに、夫でない男と密通する姦婦や、淫らな女を表す淫婦、権勢欲の固まりでもある傑女や猛女、金の亡者ともいうべき守銭奴、嫉妬に荒れ狂った妬婦など、さまざまなタイプの女がいる。それらを総称して悪女と呼ぶべきなのである。

■悪意があれば性悪女、自責の念に苛まれれば哀れな女

これらすべてのタイプの女に共通していることは、物欲、金銭欲、性欲、権勢欲など、欲望の種類は異なれど、自らの欲望を抑えることができず、心の赴くままに行動してしまったがために、周りの人間、特に男を翻弄してしまうことが多いという点であろう。極端な場合には、殺人にまで及ぶこともある。自らの欲望が男を惑わして危害を加えてしまうことがわかっていながらも、欲に駆られて抗しきれなかった女、それが悪女なのである。そこに悪意や作為があれば、犯罪の匂いが漂う性悪女というべきであるが、自責の念に苛まれながらも、女の性に抗しきれずに悪行に手を染めてしまったとすれば、同じ悪女とはいえ、一面では哀れむべき女と見ることもできるのである。

第3章
欲望に生きた悪女

No.037
嫉妬

妻としての自尊心を傷つけられて腹を立て、夫の浮気相手に異常なまでの報復を加えて地獄の苦しみを味わわせる。こんな女こそ悪女というべきだろう。夫の愛情を取り戻そうというしおらしさなど、もはや眼中にない。

●夫の浮気相手に報復を加えて満足する妻

　第1、2章で紹介してきたダーティヒロインたちと違って、欲望の赴くまま悪業を働くような女は、もはや悪女と呼ぶべきだろう。**嫉妬**に狂って夫の浮気相手に異常なまでの攻撃を仕かける女も、その範疇に入るに違いない。

　一般には、夫が浮気をしていたことがわかった場合、妻はまず**夫に事の真相を質し、その行動を批判したあとで相手の女性に釈明を求める**というのが、妻として取るべき行動パターンである。しかし大抵の場合、その事実が発覚した時点で嫉妬に狂った妻に冷静な判断を下す能力はなく、突発的な行動に走りがちで、なによりも**自分を裏切った夫**に対して、いきなり感情をぶつけることが多いようである。ただし夫への攻撃の度合いは、夫への愛情がある限り、意外にもさほど大したことがないというのが現実のようである。

　問題になるのは、攻撃の矛先が夫の浮気相手へ向いた場合である。それも、もはや**夫婦関係が形骸化**して**妻としての地位にのみ執着**する場合は最悪となる。妻にとって夫は「妻のもの」との意識が強いだけに、**自らの所有物を奪われたこと**で、**妻としての自尊心**が傷ついて憎しみを覚えてしまうのである。顔立ちが自分よりも美しければ顔立ちに、持ち物が豪華であれば持ち物に嫉妬して、その部分に集中して攻撃が加えられる。同性への報復には自制心が働きにくいだけに、攻撃の度合いは夫に加えられるものとは比較にならないほど過剰になりやすいのだ。

　夫が制止しても、それを気にせず嫉妬に狂って相手の女性に地獄の苦しみを味わわせ、妻としての自尊心を取り戻してほくそ笑んだとしたら、その女は悪女としかいいようがない。夫の愛情を取り戻そうというしおらしさの欠片（かけら）でも残っていれば、悪女の度合いも薄れるかもしれないが、報復に執念を燃やす女であり続ける以上、悪女の汚名を着せられてもしかたないだろう。

夫が浮気をした場合、直情的な妻の対応の仕方とは？

夫の浮気を見つけた妻は、常識的には夫に真相を質してから相手に釈明を求めるが、直情的な妻はいきなり相手を攻撃してしまう。常道を逸してしまえば悪女となる。

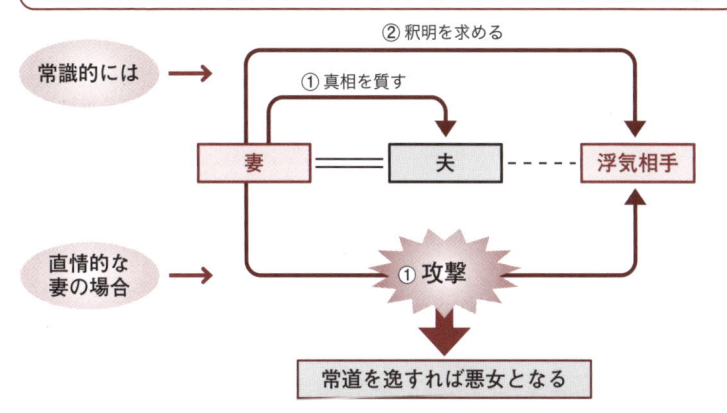

常識的には →
- ① 真相を質す：妻 → 夫
- ② 釈明を求める：妻 → 浮気相手

直情的な妻の場合 →
- ① 攻撃：妻 → 浮気相手

→ 常道を逸すれば悪女となる

妻が浮気相手にのみ怒りをぶつけるのはなぜ？

妻の怒りは自らの所有物である夫を奪われたことに対するもの。ゆえに夫に怒りの矛先は向かわず、奪った浮気相手にのみ向けられる。

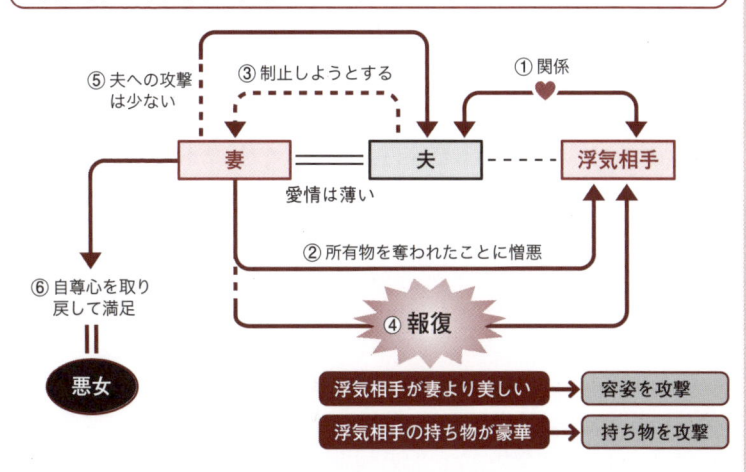

- ① 関係：夫 ♥ 浮気相手
- ② 所有物を奪われたことに憎悪：妻 → 浮気相手
- ③ 制止しようとする：夫 → 妻
- ④ 報復
- ⑤ 夫への攻撃は少ない
- ⑥ 自尊心を取り戻して満足 ＝ 悪女

妻と夫：愛情は薄い

- 浮気相手が妻より美しい → 容姿を攻撃
- 浮気相手の持ち物が豪華 → 持ち物を攻撃

ワンポイント雑学

弱者が強者に対して抱く憎悪を含んだ嫉妬心のことをルサンチマンと呼ぶ。自らの無力を痛感し、想像上の復讐で満足を得ようとするのが特徴的である。

No.037　第3章●欲望に生きた悪女

No.038
北条政子

エピソード・嫉妬

嫉妬深い女の代表格としては、北条政子があげられる。彼女は権勢欲の強い女傑として知られるが、それ以上に彼女の名を高らしめたのは、夫の妾に対する嫉妬深さであった。

●妾の館を打ち壊した気性の激しい女

嫉妬に狂って夫を悩ませた悪女としてその名を知られるのは、**源頼朝**の妻・**北条政子**（1157〜1225）である。頼朝の死後、父の**時政**とともに権勢を誇った日本史上屈指の女傑であるが、その性格は勝ち気で一本気。権勢欲も強く、伊豆一帯に影響力を持つ北条氏の娘とあって、頼朝としても無下に扱うことができなかったのも彼女を助長させた一因である。頼朝が悩まされたのは、なにより政子の**嫉妬心**の強さであった。当時の有力豪族の風潮として、妾を持つのは自らの権勢を維持拡大していくためにも必要だったが、独占欲の強い政子にとっては、妾など許しがたい存在としか映らなかったようだ。

事件は治承6年（1182）11月に起きた。政子が頼家を身籠っていたときのことである。頼朝は政子に隠れてこっそりと妾の**亀の前**のもとへと足を運んだ。ところが運悪くこの密通は、政子の義母・**牧の方**を通じて政子の知るところとなる。激怒した政子は、牧の方の父・**牧宗親**に命じて、亀の前が隠れ住む**伏見広綱**邸に兵を送り、これを散々に打ち壊させたのである。亀の前は逃げ延びたが、頼朝はこの政子の仕打ちに激怒。それでも政子を恐れて直接抗議することもできず、政子の手先となって館を襲撃した宗親に矛先を向け、武士の魂ともいうべき「もとどり」を切り落としてしまうのである。頼朝にバレて夫が激怒していたと知ったあとも、政子の怒りは収まらず、亀の前を匿った広綱を遠江国へ流罪に処したというから執念深い。

また、政子が実朝を身籠ったときにも、頼朝は妾の**大進局**のもとに通い始めている。大進局は**貞暁**を生むが、頼朝は政子の怒りを買って出産の儀式を執り行うこともできなかった。さらに大進局に危害が加わることを恐れ、その身柄を隠している。貞暁は乳母のなり手も見つからず、人目を憚りながら育てられ、7歳のころ政子の毒牙にかからぬようにと出家させられたという。

政子と頼朝の力関係

政子は伊豆一帯に勢力を張る北条氏の娘とあって、頼朝も頭が上がらなかった。そして嫉妬深い政子は、妾の存在を許さなかった。

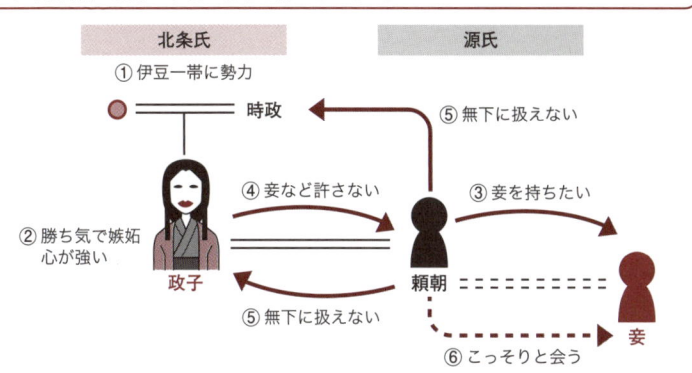

北条氏
① 伊豆一帯に勢力
時政
② 勝ち気で嫉妬心が強い
政子
④ 妾など許さない
⑤ 無下に扱えない

源氏
頼朝
③ 妾を持ちたい
⑤ 無下に扱えない
妾
⑥ こっそりと会う

政子が頼朝の妾に起こした行動とは？

頼朝は政子に隠れて亀の前のもとへと通う。これを知った政子は、宗親に命じて亀の前の隠れ住む広綱邸を打ち壊させる。

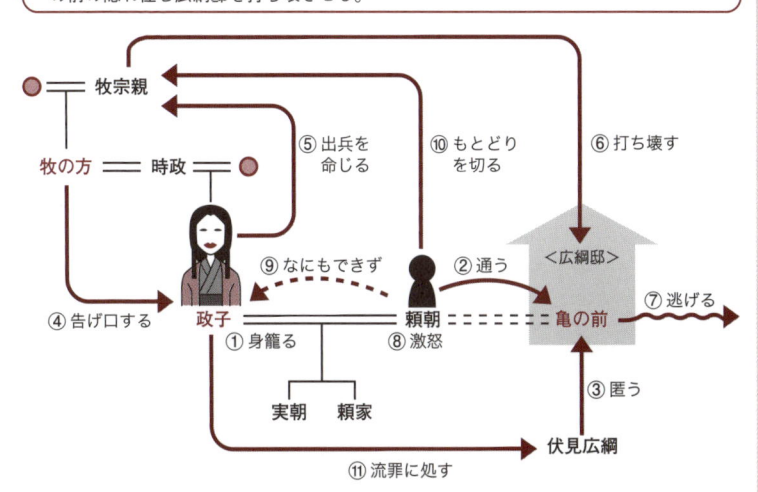

牧宗親
牧の方 == 時政
④ 告げ口する
⑤ 出兵を命じる
⑩ もとどりを切る
⑥ 打ち壊す
＜広綱邸＞
政子 ── 頼朝 ──→ 亀の前
⑨ なにもできず
① 身籠る
② 通う
⑧ 激怒
⑦ 逃げる
実朝　頼家
③ 匿う
伏見広綱
⑪ 流罪に処す

ワンポイント雑学

鎌倉時代に記された歴史書『吾妻鏡』では、北条政子のことを「前漢の皇后のごとき」と記し、呂后に匹敵するほど存在感が大きかったことを言い表している。

No.039
浪費癖

夫に不満が募った妻は、ドレスやネックレスなどを買い漁って華やかに着飾ることで欲求不満を解消しようとする。しかし、不満が解消されるのは一時的で、妻は際限なく買い物にのめり込んでしまう。

●欲求不満のはけ口として浪費に走る

妻が夫に不満を抱く理由として「**家事を手伝ってくれない**」「**我がままで身勝手**」「**収入が少ない**」といったあたりが上位に入るらしい。それでも、いまだ愛情に包まれ、性的にも満たされていたとすれば、これらの問題は、妻としてもなんとか我慢しうる状況であるに違いない。ところが、これに**性的不満**までもが加わってしまうと、妻の不満はとめどなく増幅して、一気に爆発してしまうようである。特に新妻にとって、性の喜びはこの上ない幸福感に繋がるものだけに、夫の性的能力の重要度は極めて高いというべきであろう。性衝動が満たされないと、妻は情緒不安定となってイライラ感が募るだけでなく、免疫力が低下してさまざまな病を誘発することにもなりかねない。

これを解消しようと、お洒落に熱を上げる妻も多い。より華やかに着飾って注目を集め、優越感に浸ることで不満を解消しようと奮闘するのだ。このとき、自らの欲求を適度に抑制できる自制心の持ち主であれば問題ないが、過度の買い物依存症に陥って、周囲から見ても異常と思えるほどのめり込んでしまうようになると少々厄介である。虚栄心も加わって、必要もないのに高価なドレスやネックレスなどの宝飾品を買い漁ること自体に熱を上げるようになってしまうからだ。そもそも享楽的な性格の持ち主であればなおさら、これを矯正するのは難しくなるだろう。

仮に、際限なく衝動買いを繰り返したとしても、根本的な解決には繋がらないから、この衝動にとらわれた女性は、いつまでもこの不幸を背負って生きなければならないのである。そして自らの症状を自覚しながらも、さしたる罪悪感も抱かずに心地よさに酔いしれて衝動買いを続けたとすれば、悪女としかいいようがないだろう。**悪いのは自分ではなく、欲求不満に陥れた夫**であると思い込んでいるだけに、なかなか改悛の情は目覚めないのだ。

性的不能の夫と性衝動の旺盛な妻が結婚すると……？

性的不能の夫と結婚した性衝動の旺盛な妻は、フラストレーションが溜まる一方である。免疫力が低下して病を誘発することもある。

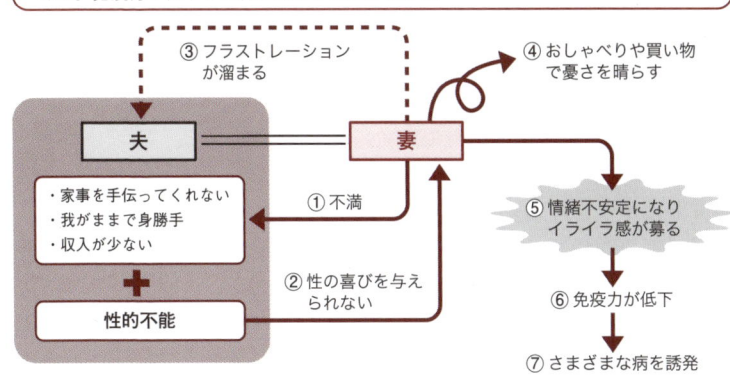

③ フラストレーションが溜まる

④ おしゃべりや買い物で憂さを晴らす

夫 ← 妻

・家事を手伝ってくれない
・我がままで身勝手
・収入が少ない
＋
性的不能

① 不満
② 性の喜びを与えられない

⑤ 情緒不安定になりイライラ感が募る

⑥ 免疫力が低下

⑦ さまざまな病を誘発

買い物依存症に陥った妻の心理とは？

欲求不満に陥った妻は、より華やかに着飾って周囲から注目を集めることで不満を解消しようとする。しかし買い物で満足を得ることはできないのだ。

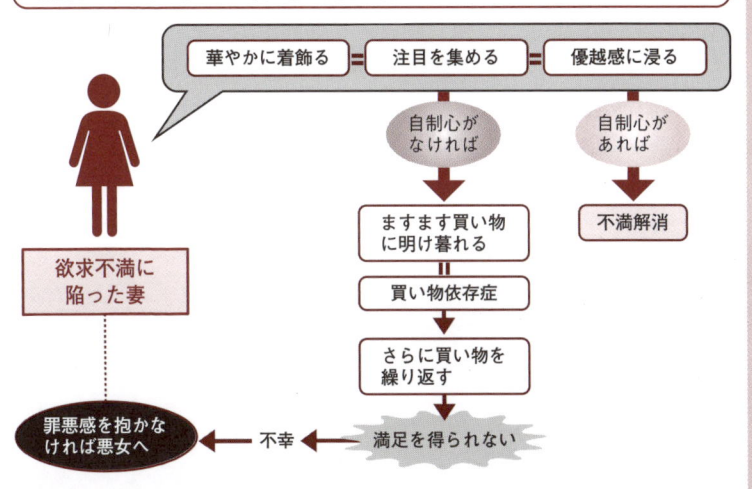

華やかに着飾る ＝ 注目を集める ＝ 優越感に浸る

自制心がなければ → ますます買い物に明け暮れる → 買い物依存症 → さらに買い物を繰り返す → 満足を得られない → 不幸 → 罪悪感を抱かなければ悪女へ

自制心があれば → 不満解消

欲求不満に陥った妻

ワンポイント雑学

買い物依存症は、次々と高価な物を買いたがるのが特徴的で、ひどくなると借金だけでなく、盗みを働いてまでお金を得て欲求を満たそうとするようになる。

No.040
マリー・アントワネット

エピソード・浪費癖

貧しい人々の生活を顧みずに、国の金を使い続けたのがマリー・アントワネットである。夫が先天的性不能だったために気を紛らわせたかったという理由だけでは、浪費家の汚名からは逃れられない。

●25万ルーブルものブレスレットを衝動買い

　1793年10月16日、**コンシェルジュリの牢獄**から群衆で埋め尽くされた**革命広場**へ、見る影もなくやつれ果てたひとりの女性が引き出されてきた。老婆のように見えたその女性の名は、**マリー・アントワネット**（1755～1793）、まだ38歳の貴婦人であった。フランス国王**ルイ16世**の后で、きらびやかなドレスがよく似合う華麗なる女性であったが、1年2か月もの幽閉生活のあいだに、その美貌もすっかり衰えてしまったのだ。彼女のか細い首が切り落とされるや、取り巻く群衆から「共和国万歳!!」の声が渦巻いていく……。

　彼女がオーストリアの**ハプスブルグ家**からフランスの**ブルボン王家**に嫁いだのは、1770年のことである。妻14歳、夫もまだ15歳だった。フランス王太子とオーストリア王女との婚姻、誰もがその華やかさを羨んだはずである。それにもかかわらず、王女アントワネットは憂鬱だった。夫が先天的性不能で、手術して治るまでの7年間は子供どころか、アントワネットはかまってももらえなかった。その寂しさを埋めるかのように、彼女は衣装や宝飾品に湯水のごとくお金を使い、連日のように舞踏会を催して気を紛らわせた。もちろん彼女が豪遊すればするほど、国庫の蓄えは少なくなっていく。

　そして人々が飢えてパンすら手に入らなくなったことを耳にした彼女が、「**パンが食べられなければ、お菓子を食べればいいではありませんこと？**」といったと間違って伝えられたりしている。そんな社会的状況に置かれながら25万ルーブルものブレスレットを衝動買いしたときには、さすがに母のマリア・テレジアも苦言を呈したが、彼女は一向に自重しなかったようだ。

　夫が手術を受けたあとは二男二女を生み、彼女の浪費癖も少しずつ改善された。しかし1789年、人民による革命の幕が切って落とされると、人々の怒りは浪費家だった彼女に向けられ、最後には断頭台に乗せられるのである。

マリー・アントワネットが衣装道楽に走った理由とは？

マリー・アントワネットは、夫にベッドで満足させてもらえなかった反動で、衣装道楽に走るようになってしまうのである。

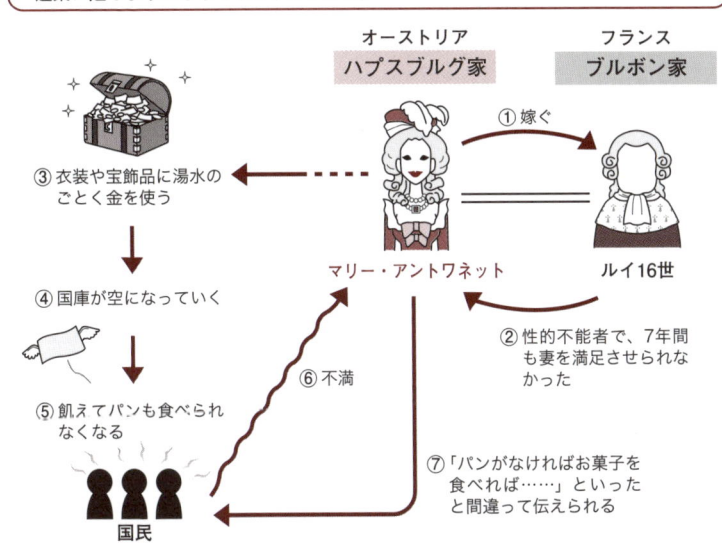

オーストリア　　　　フランス
ハプスブルグ家　　　ブルボン家

① 嫁ぐ

マリー・アントワネット　　　ルイ16世

③ 衣装や宝飾品に湯水の
ごとく金を使う

② 性的不能者で、7年間
も妻を満足させられな
かった

④ 国庫が空になっていく

⑤ 飢えてパンも食べられ
なくなる

⑥ 不満

⑦ 「パンがなければお菓子を
食べれば……」といった
と間違って伝えられる

国民

断頭台へ向かうマリー・アントワネット

華やかな世界に生きた彼女も、1年2か月もの幽閉生活ですっかりやつれ、老婆のようになる。そして、ついには断頭台で首を切られてしまうのである。

① 1年2か月幽閉される

② やつれた姿で連れて
こられる

③ 断頭台で首を切られ
ると、「共和国万歳！」
の声が渦巻く

共和国万歳！

コンシェルジュリの牢獄　　マリー・アントワネット

ワンポイント雑学

マリー・アントワネットはギロチンにかけられる前、死刑執行人の足を踏み、「わざとではありませんのよ」といったとか。それが彼女の最後の言葉となった。

No.040　第3章 ● 欲望に生きた悪女

No.041
魔性

魔性の女とは、男の心を惹きつける魔力を持ち、惹きつけた男を意のままにコントロールしたいと願う自己中心的な女性のことである。もし男が堕落していったとしても、見捨てればすむと考える女性なのである。

●男を不幸にする魔性の女

「英雄、色を好む」といわれる。政にも女にも人一倍情熱を傾け、他に抜きん出た存在感を大衆に示すことが英雄の資質だという意味である。しかし、なかには美女にたぶらかされて、はからずも国あるいは城を傾けてしまった哀れな施政者もいる。妖艶な美しさで男を惑わす**魔性の女**のせいである。

魔性とは、『広辞苑』によると「**悪魔の持っているような、人をたぶらかし迷わせる性質**」とある。悪魔のような邪な心の持ち主であるにもかかわらず、男は美貌に惑わされて、その本性を見抜くことができなくなるのだ。

魔性の女が男の身を滅ぼさせる理由は、なんといっても惑わされた男自身が、女のためなら身を滅ぼしてもいいと思い詰めてしまうところにある。傲慢な女にとって、これほど痛快なことはあるまい。

女は、男心を自身に惹きつけておくことに奔走し、男が手の内に転がり込めば、今度は意のままにコントロールしたいと思い始める。この女にとって男とは、自尊心を満足させてくれる以外のなにものでもない。それにもかかわらず、女は自ら進んで心を開くことはない。**相手に自分の本性を見抜かれることを極度に恐れる**からである。プライドが高く、自分が傷つくことは自尊心が許さない。女が心を開かない以上、男は常に女が自分のことを快く思っていないのではと不安に陥り、さまざまな手段を講じて気を惹こうとする。これが度を過ぎれば、待っているのは破滅だろう。

しかも自己中心的な女にとって、男が堕落していくことはさして気にとめることではない。男がもはや自分にとって役に立ちそうもないと判断すれば、さっさと違う男に乗り換えるだけである。男を捨てただけなら取り立てて問題視するほどのことでもないが、男を破滅させたともなれば責任は大きく、悪女の称号をかぶせられてもしかたがないだろう。

魔性の女が男を虜にするまでの行程

魔性の女は邪な考えの持ち主であるにもかかわらず、男は女の本性を見抜けず、身を滅ぼしてもかまわないと思い詰めるのである。

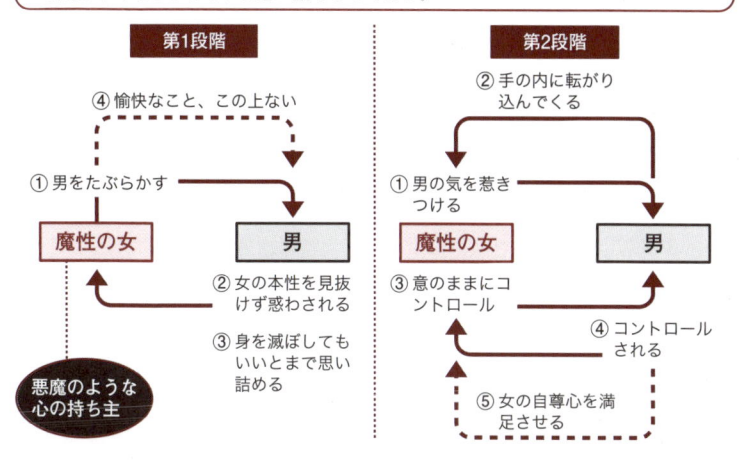

第1段階

- ①男をたぶらかす
- ④愉快なこと、この上ない
- 魔性の女 → 男
- ②女の本性を見抜けず惑わされる
- ③身を滅ぼしてもいいとまで思い詰める
- 悪魔のような心の持ち主

第2段階

- ①男の気を惹きつける
- ②手の内に転がり込んでくる
- ③意のままにコントロール
- ④コントロールされる
- ⑤女の自尊心を満足させる

魔性の女が悪女となるまで

魔性の女は男を虜にしながらも、自らが心を開くことはない。そのため男はますます女にのめり込み、度が過ぎると破滅してしまう。

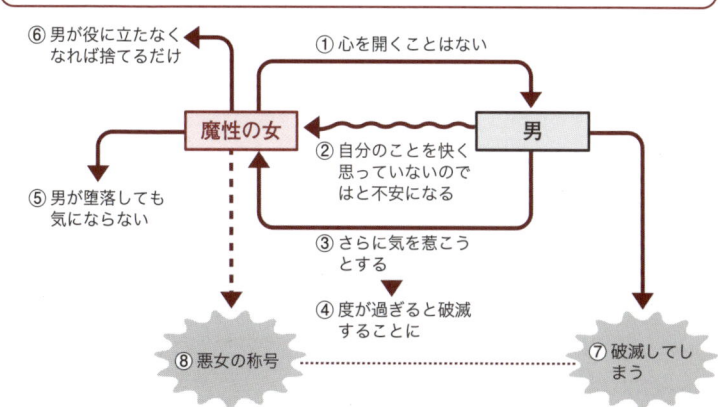

- ①心を開くことはない
- ②自分のことを快く思っていないのではと不安になる
- ③さらに気を惹こうとする
- ④度が過ぎると破滅することに
- ⑤男が堕落しても気にならない
- ⑥男が役に立たなくなれば捨てるだけ
- ⑦破滅してしまう
- ⑧悪女の称号

ワンポイント雑学

谷崎潤一郎『痴人の愛』では少女ナオミが魔性の女へと成長していく姿が、泉鏡花『高野聖』では女主人公が男を次々と畜生の世界に陥れていく姿が描かれている。

No.041 第3章●欲望に生きた悪女

No.042
楊貴妃
エピソード・魔性

息子の嫁を奪い取ってまで妻にしようとした玄宗皇帝。彼が溺愛した楊貴妃は、自らの美貌を武器に一族を推し立てた、したたかな女だった。傾国の美女・楊貴妃は、魔性の女と呼ぶのにふさわしい。

●拗ねたふりをして帝の恋情を誘い込んだしたたかさ

「眸を廻らして一笑すれば百媚生じて、六宮の粉黛顔色無し」

唐の詩人・**白居易**が**楊貴妃**(719〜756)の美しさを称えた『**長恨歌**』の一節である。彼女が微笑む美しさは、後宮に並みいる美女たちをも色あせて見せてしまうという。**王昭君、西施、貂蝉**と並び**中国四大美女**のひとりに数えられる楊貴妃の美しさを言い表すのに、これ以上の褒め言葉はない。彼女を寵愛した唐の**玄宗**は、その妖艶さに溺れて国勢を衰退させることになる。

楊貴妃は、もとは玄宗の息子・**寿王**の妃だった。しかし、**華清池**で初めて彼女を目にした玄宗は、その美しさに取り憑かれ、我がものにしようとする。それにしても、息子の妻をいきなり奪うのはまずい。カモフラージュのために、一旦女道士にしたうえで宮廷へと移り住まわせている。

当時、玄宗には**梅妃**という寵姫がいたが、帝は両天秤をかけてふたりを同時に寵愛しようとする。しかし嫉妬深い楊貴妃はそれを許さず、執拗に奸策を用いて梅妃を追いやってしまう。ときには玄宗を怒らせ、自らが宮殿から追い出されるよう仕向けたこともあった。自分がいなくなれば帝が寂しくて我慢できないのがわかってのことで、恋の駆け引きに長けた女でもあった。

その後、楊貴妃は帝の寵愛を独占すると、従兄の**楊国忠**を宰相の地位に押し上げ、3人の姉が国夫人の位を得られるよう仕向ける。こうして楊一族を大いに盛り立てた。しかし帝の寵愛を笠に着た栄華は、長く続くものではなかった。節度使の**安禄山**が反乱を起こすと、楊貴妃は帝とともに都を追われてしまうのである。そして蜀への逃避行の途上、楊一族への不満が爆発した兵士たちに詰め寄られて、玄宗はやむなく楊貴妃に死を命じる。

宦官の**高力士**の手で首を絞めて殺されてしまう楊貴妃。魔性の女の最期は、あっけなく哀れなものであった。

息子の妃を奪い取った父・玄宗の手口とは？

楊貴妃はもともと玄宗の息子・寿王の妃であった。しかし彼女を見初めた父の玄宗は、その魅力に取り憑かれて息子から彼女を奪ったのである。

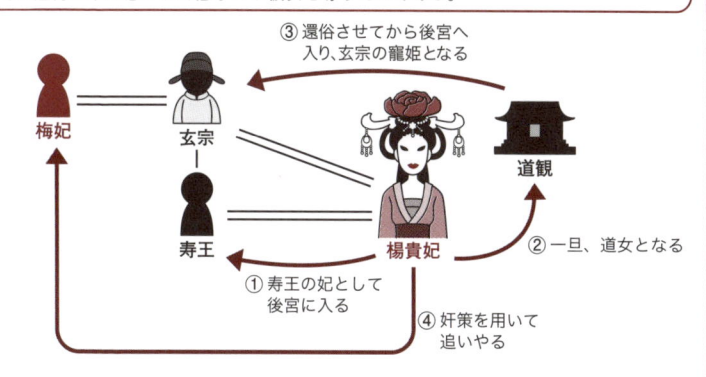

③ 還俗させてから後宮へ入り、玄宗の寵姫となる

梅妃　玄宗　　　　　　　　　道観
　　　寿王　　　楊貴妃

② 一旦、道女となる
① 寿王の妃として後宮に入る
④ 奸策を用いて追いやる

楊一族の繁栄と没落、その全容とは？

楊貴妃は玄宗の寵愛を笠に着て楊一族の栄達を企てている。しかし、安禄山の乱において兵士に詰め寄られて殺されてしまう。

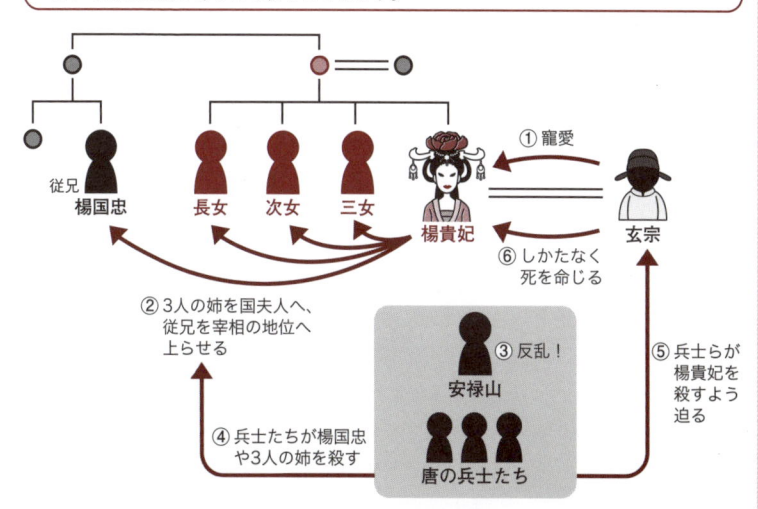

従兄　　長女　次女　三女　楊貴妃　　玄宗
楊国忠

① 寵愛
② 3人の姉を国夫人へ、従兄を宰相の地位へ上らせる
③ 反乱！　安禄山
④ 兵士たちが楊国忠や3人の姉を殺す　唐の兵士たち
⑤ 兵士らが楊貴妃を殺すよう迫る
⑥ しかたなく死を命じる

ワンポイント雑学

楊貴妃は、阿倍仲麻呂とともに日本に渡って亡命したという伝承もある。山口県長門市には、楊貴妃の墓と言い伝えられる墓石がある。

第3章●欲望に生きた悪女

No.043
悪の道

江戸時代において悪の道にはまり込んだ女は、おもに板の間稼ぎや枕さがし、美人局などをこなしていくことが多い。何度も捕まり、名を変え、したたかに生き延びたとすれば、その女は悪女と呼ばれてもしかたあるまい。

●更生の意欲を失った悪女

まだ社会保障の概念もなかった江戸時代において、なんらかの事情で孤児となった少女がひとりで生きていくには、春をひさぐか盗みを働くぐらいしか生きる術がなかったようである。悪党にかどわかされて、口入れ屋という人材斡旋業者を通じて遊郭に売り飛ばされるか、悪党自身が囲って悪事を働かせることも多かったようである。

盗みの手口としては、湯屋に粗末な服を着て入り、帰りがけに金になりそうな他人の服を着て帰るという板の間稼ぎのほか、多少色気に自信があれば、男をたらし込んで宿へ引き込み、隙を見て胴巻きから金を抜き取るという枕さがし、たらし込んだ男との情交の最中に仲間の男を踏み込ませて金を脅し取るという美人局(つつもたせ)あたりが一般的であった。

ちなみに、窃盗関係は江戸時代においては重罪で、**追い剥ぎは獄門か死罪、傷害強盗は死罪**で、**10両以上の窃盗ですら死罪**というから驚かされる。おまけに、軽微な罪であっても、**3度捕まれば更生の余地なしと見なされてこれまた死罪**というから、盗人を稼業とする輩たちは、常に死と隣り合わせに生きていたといっても過言ではない。

誰しも死罪にはなりたくないから、出獄後はまっとうに生きようと一度は考えたはずである。しかし当時の社会は、はぐれ者には冷酷で、出獄しても泊まるところもなく、生業に就きたくても雇ってくれるところなどあろうはずもなく、やむなくまたもや悪事に手を染めざるを得なくなってしまうのである。更生の意欲を失い、再び獄に繋がれる女。なかには、名を変えて3度捕まっての死罪も免れてしたたかに生き抜くような女もいた。いかに生きる希望も見出せない不運な女であったとはいえ、ここまで面の皮が厚くなれば、悪女といわれてもしかたあるまい。

悪党にかどわかされた少女の行く末は？

江戸時代では、孤児となった少女は悪党にかどわかされて、春をひさぐか悪事を働くしかなかった。

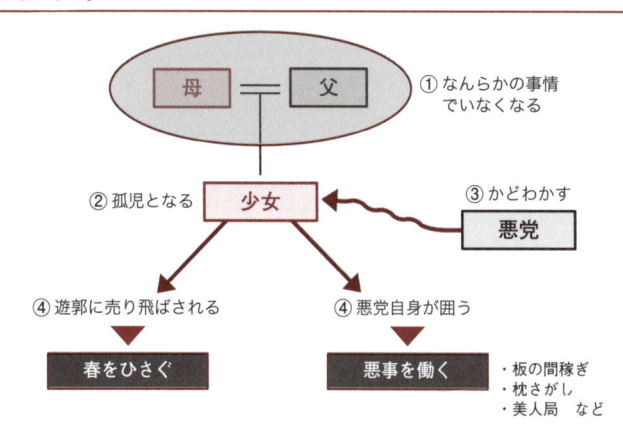

```
        母 ═ 父        ① なんらかの事情
                          でいなくなる
          │
② 孤児となる  少女  ←  ③ かどわかす
          ↓              悪党
   ┌──────┴──────┐
④ 遊郭に売り飛ばされる  ④ 悪党自身が囲う
    ↓                    ↓
  春をひさぐ           悪事を働く    ・板の間稼ぎ
                                     ・枕さがし
                                     ・美人局　など
```

少女が悪事から抜け出せず不幸な運命をたどる道筋とは？

悪党にかどわかされて悪事を働くようになった少女は、捕まって獄に繋がれて刑期を終えて出獄しても、再び悪の世界に舞い戻ることが多かった。

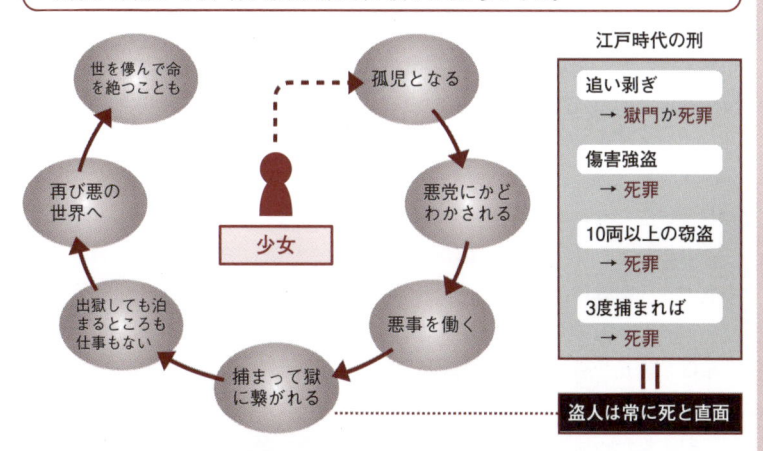

少女のたどる道筋：
- 孤児となる
- 悪党にかどわかされる
- 悪事を働く
- 捕まって獄に繋がれる
- 出獄しても泊まるところも仕事もない
- 再び悪の世界へ
- 世を儚んで命を絶つことも

江戸時代の刑

罪	刑
追い剥ぎ	→ 獄門か死罪
傷害強盗	→ 死罪
10両以上の窃盗	→ 死罪
3度捕まれば	→ 死罪

盗人は常に死と直面

ワンポイント雑学

「悪事千里を走る」というように、悪い行いや評判は世間広しといえどもすぐに広まるもの。反対に「好事門を出でず」というように、良いことが世間に知られることは少ない。

No.044
茨木お滝

エピソード・悪の道

幕末の騒乱の時代に、わずか8歳でひとり身となり、悪党にかどわかされて悪の道へはまり込んでしまった女盗賊がいた。通り名を茨木お滝というこの女は、最期は世を儚んで、自ら命を絶ってしまうのである。

●母が死んだあと、父に見捨てられて悪の道へ

世の中には、幸せの欠片すら得られずに非業の死を遂げるという哀れな女もいる。阿波の国白浜村に生まれた**お滝**(1854〜1882)も、そのひとりかもしれない。両親は借金の返済に追われ、夜逃げ同然に郷里をあとにしたものの、母は吐血して死に、父はわずか8歳のお滝を捨てて姿をくらませてしまったというから、なんとも哀れである。その後お滝は町医者に拾われて養女になったものの、養父はすぐに病死。しかたなく町医者の故郷である松本へ向かうが、そこで悪党の**源四郎**と**権六**にかどわかされたのが運の尽きだった。

権六はいずこともなく姿を消したが、源四郎はお滝を手元に置いてともに暮らすようになる。源四郎の悪事の片棒を担いでいるうちに、お滝自身が正真正銘の悪党に変貌していくのである。**枕さがし**（寝ている客の荷物を盗む）や**美人局**など、美貌を生かして男を次々と喰いものにしていくのが彼女の手口であった。その後は浅草へと舞い戻り、茶店の茨木屋を根城にして女盗賊としての名をなしたところから、茨木お滝と呼ばれたようである。

源四郎の死後、お滝は各地を流れ歩いて悪事を働いたが、幸手の茶屋にたどり着いたとき、かつて自分をかどわかした権六と出会い、憎しみが蘇ってこれを殺してしまう。権六は頑丈な身体つきである。その偉丈夫の脇差を奪い取って、脇腹目がけてひと思いに突き立てたというのだから、相当な豪腕である。しかもこのとき、お滝はまだ19歳にも満たなかったという。お滝はしばし逃走を続けたものの御用となり、唐丸籠に載せられ護送されるが、それも仲間の襲撃で無事逃げ延びたというから、悪運だけは強かったようだ。

このころから地道な暮らしに憧れるようになるが、結局は悪の世界から逃れることはできず、わずか28歳で、世を儚んで**馬籠大滝の渕**へと身を投げて死んでしまうのである。

お滝が悪の道に引き込まれるまでの経緯

母は死亡、父はお滝を置いてどこかへいってしまう。ひとりになったお滝は、悪党の源四郎にかどわかされて悪の道へと入っていく。

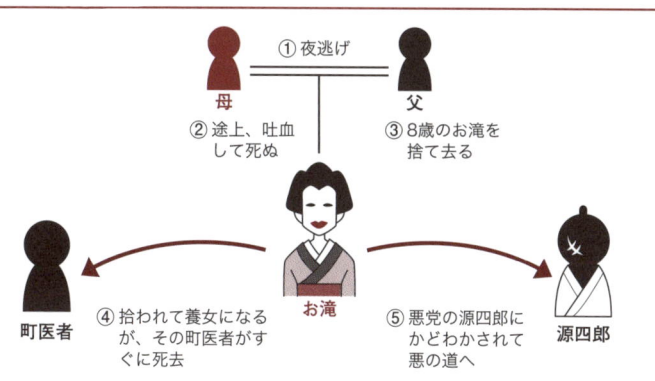

- ① 夜逃げ（母・父）
- ② 途上、吐血して死ぬ（母）
- ③ 8歳のお滝を捨て去る（父）
- ④ 拾われて養女になるが、その町医者がすぐに死去（町医者）
- ⑤ 悪党の源四郎にかどわかされて悪の道へ（源四郎）

茨木お滝の悪事とその後の動向

枕さがしや美人局などの悪事を働いていたお滝だが、源四郎の死後、憎き権六と出会ってこれを殺してしまう。そして更生することもできず、身を投げてしまう。

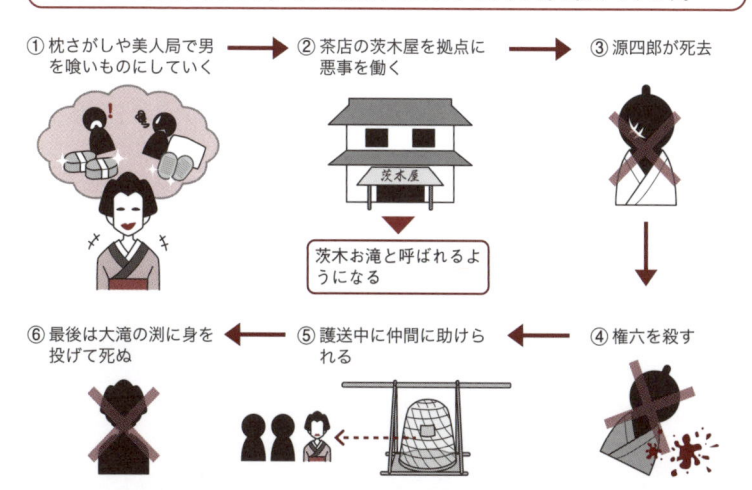

- ① 枕さがしや美人局で男を喰いものにしていく
- ② 茶店の茨木屋を拠点に悪事を働く → 茨木お滝と呼ばれるようになる
- ③ 源四郎が死去
- ④ 権六を殺す
- ⑤ 護送中に仲間に助けられる
- ⑥ 最後は大滝の渕に身を投げて死ぬ

ワンポイント雑学

お滝は脱獄中、飛騨の高山において、実の父親と偶然出会う。しかし、彼女は自らの身を恥じて父の前から逃げ出し、馬籠に至ったところで滝に身を投げたといわれる。

No.045

悪妻

思い通りにいかないとすぐ癇癪を起こす我がままな女は、完全主義者ゆえに貞淑を演じることが多い。しかし、なにか過度のストレスがかかると一転して、夫に対して不当な批判と要求を押しつける悪女と化すのである。

●突如、夫を罵倒し始めるヒステリー女

「**悪妻は百年の不作**」という。つまらない女を妻にしてしまうと、一生どころか子々孫々に至るまで不幸になるということわざである。ちなみに**悪妻**を『広辞苑』で引くと「夫のためによくない妻」とある。巷では「**夫に結婚したことを後悔させるような品行の妻**」ともいう。

もしこうした女を妻にすれば、末代に至るまで悪弊を残し、後悔し続けることになるだろう。

悪妻のなかでも特に始末が悪いのが、すぐにヒステリーを起こす女である。このタイプの女は、もともと思い通りに事が運ばないと腹を立てるという我がままな性格である。そのうえ、意地が悪く口やかましくて気性が荒いとくるから、並の男が太刀打ちできるものではない。それでもこの気性の持ち主には**完全主義者**が多く、妻としてのプライドや体裁を気にするため、対外的には**貞淑な妻**を演じているケースが多い。結婚当初は夫にすら貞淑を演じるから、なおさら始末が悪い。あとでとんでもないしっぺ返しを食らうからだ。

分岐点となるのが、妻になんらかの**過度のストレス**がかかったときである。頭のなかで思い描いた人生設計が、大きな障害（子供の死など）によって狂わされてしまうと、その変化に対応できず、心のバランスを崩してしまう。貞淑を演じて夫婦間の均衡を保とうとしてきた平衡感覚も狂い、思い通りにいかなかった苛立ちをまともに夫にぶつけてくる。それまで貞淑だった妻が豹変していきなり夫を罵倒し始めるのだから、夫は目を丸くするに違いない。おまけにこのタイプの女は**想像力も豊か**で、**妄想を思い描く**のが得意な傾向がある。つまり、夫に対してもあらぬ疑いを抱いてあれこれ邪推し、**不当な批判と要求**を押しつけてくる。今まで貞淑だった妻も、ここまでくると悪女としての本領を発揮し、夫は不幸のどん底に突き落とされるのである。

悪妻と結婚したらどうなるか？

夫に結婚したことを後悔させるような妻は、子々孫々に至るまで不幸にさせてしまうなど悪弊を残すことになる。

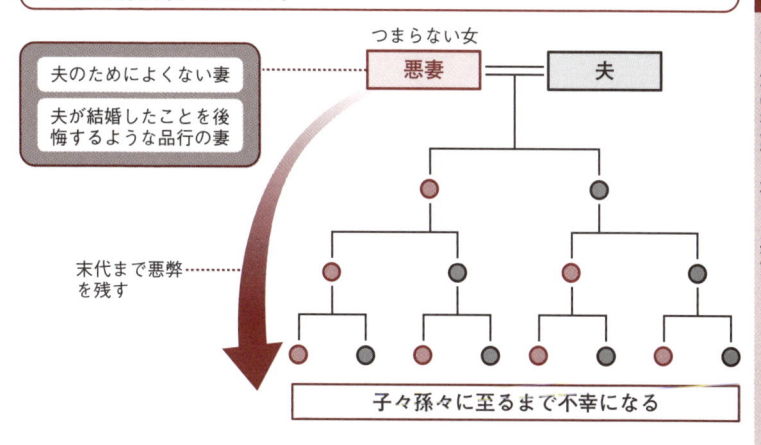

つまらない女

悪妻 ══ 夫

- 夫のためによくない妻
- 夫が結婚したことを後悔するような品行の妻

末代まで悪弊を残す

子々孫々に至るまで不幸になる

貞淑を演じていた妻が豹変するまでの行程

癇癪持ちの悪妻は結婚当初は貞淑を演じているが、ストレスがかかるとバランス感覚を崩して、夫に苛立ちをぶつけてくる。

⑤ あらぬ疑いを抱き不当に批判

② 対外的にも貞淑を演じる

④ 心のバランスを崩して夫に苛立ちをぶつけてくる

① 最初は貞淑を演じる

③ 人生設計を狂わせるような大きなストレスがかかる

ヒステリー女
- 完全主義者
- プライドや体裁を気にする
- 意地が悪い
- 気性が荒い

悪妻

ストレス

夫

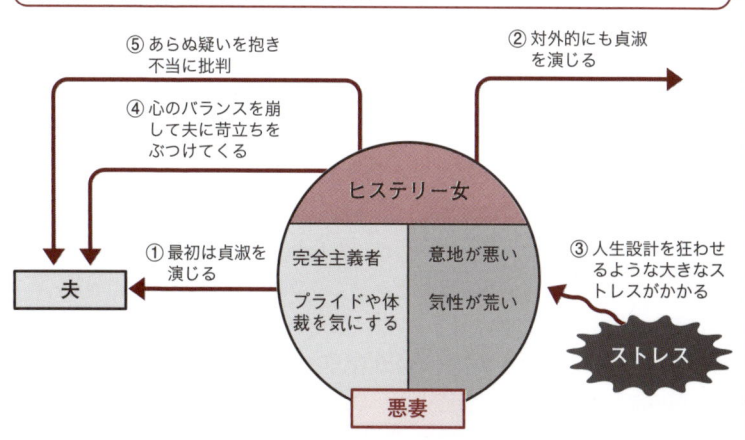

ワンポイント雑学
モーツアルトの妻のコンスタンツェ、夏目漱石の妻の鏡子などが悪妻として有名であるが、近年では彼女たちは夫を支えた良妻であったとする説が強い。

No.046
お百

エピソード・悪妻

悪妻としてここで取り上げるのは、癇癪持ちで気性の激しい女性であった曲亭馬琴の妻・お百。ひとり息子が死ぬと、嫁が息子の命を短めたと言い張り、馬琴との仲まで疑って家から追い出そうとする。

●嫁との仲まで疑って馬琴を困らせたヒステリー女

　伝奇小説『**南総里見八犬伝**』を記した戯作者の**曲亭(瀧澤)馬琴**。その妻・**お百**(1764〜1841)は、悪妻としてその名を後世に残してしまった女性である。それは彼女が極めつけのヒステリーだったことに起因する。夫の馬琴には一応貞淑を装いながらも、息子の嫁や下働きの者に対する風当たりは厳しく、ことあるごとに癇癪を起こして怒鳴り散らすという二面性を持っていた。息子の宗伯(そうはく)もその性格を受け継いで、妻の**みち**に対してわめき散らすという**癇性気質**で、さらに当主の馬琴も堅物で体面を気にしたから、瀧澤家は皆、揃いも揃ってしかめっ面ばかりの陰気な一家だった。

　反対に、丈夫で働き者のみちの生家は、父の元立(げんりゅう)が大雑把な性格、母の**こと**はおしゃべり好きで笑い上戸とあって、笑いが絶えない陽気な家だった。元立やことが、たびたび娘の嫁ぎ先である瀧澤家へ立ち寄りおしゃべりして騒ぐことに、瀧澤家の面々は一応体裁を気にして平静を装いながら、内心は辟易していたようだ。ともあれ、この程度なら悪妻と呼ばれるわけがない。しかし、瀧澤家の跡取りである宗伯が病にかかり、癒えることなく死んでしまってから、お百は豹変して眠っていた疑い深い性格をむき出しにし始める。

　お百は、馬琴と嫁のみちにあらぬ疑いを抱き、夫を罵倒し始める。そして、馬琴がみちとただならぬ仲であると邪推し、さらには、勝ち気なみちの言い草が息子を苦しめて、その死を早めたとまで思い込んでみちを責め立てる。あげく、馬琴に対してみちを瀧澤家から追い出すよう迫るのである。身に覚えのない馬琴は、もちろんお百の言い分を認めるはずもない。するとお百は、こんな家にはいられないと出ていってしまうのであった。

　あとになって、お百は瀧澤家に戻り、みちに非を詫びて仲直りしたというから、自分が悪妻であったことをわかっていたようである。

お百の性格と瀧澤家の家風とは？

癇癪持ちのお百は、夫の馬琴には貞淑を装いながらも、嫁や下働きの者には怒鳴り散らすなどの二面性を持っていた。

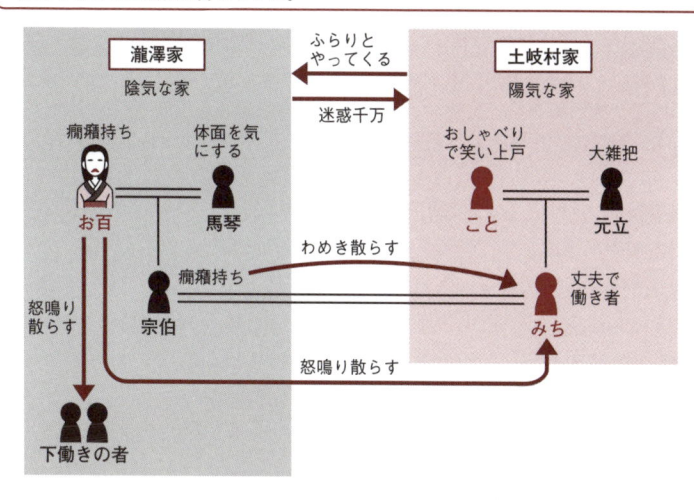

```
       瀧澤家              ふらりと         土岐村家
      陰気な家             やってくる        陽気な家
                    ───────────→
                    ←───────────
                       迷惑千万

  癇癪持ち   体面を気                おしゃべり   大雑把
            にする                  で笑い上戸
    お百 ─── 馬琴                     こと ─── 元立
     │                                        │
     │         癇癪持ち   わめき散らす           │
  怒鳴り       ─────────────────────→  丈夫で
  散らす        宗伯                          働き者
     │                                       みち
     │              怒鳴り散らす
     ↓          ←─────────────
  下働きの者
```

お百のみちに対する仕打ちとは？

息子の宗伯が死ぬと、お百はみちが息子の死を早めたと言い張る。さらには、馬琴との仲まで疑って家から追い出そうとする。

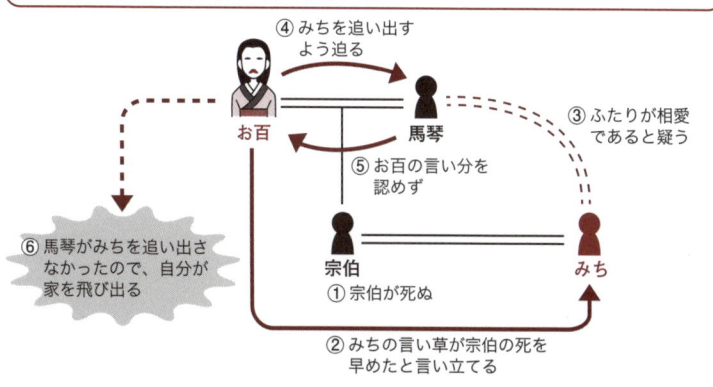

```
          ④みちを追い出す
            よう迫る
     お百 ═══════════ 馬琴 ─ ─ ─ ③ふたりが相愛
      ↑                             であると疑う
      │     ⑤お百の言い分を
      │       認めず
  ⑥馬琴がみちを追い出さ
   なかったので、自分が      宗伯 ═══════ みち
   家を飛び出る           ①宗伯が死ぬ
                  ②みちの言い草が宗伯の死を
                    早めたと言い立てる
```

ワンポイント雑学

『南総里見八犬伝』は、180回、98巻、106冊という日本文学史上最大の長編小説であった。晩年は目が見えなくなった馬琴に代わって、嫁のみちが代筆して仕上げたことでも知られている。

No.047

放蕩

夫が稼いだお金を妻が自制することもなく遊興に使い果たしてしまったとすれば、放蕩者として非難されてしかるべきである。しかしこのタイプの女は、謝れば夫が許すことを知って、なかなかやめようとしないのである。

●自制心に欠けた女の放蕩三昧

　結婚相手を選ぶとき、愛情云々よりも経済力に重きを置く女性がいたとしても、一概に非難されるべきではない。生まれくる子を守るという防衛本能が作用する以上、リスクの少ない男を選びたいと願うのは自然の摂理である。ところが、そんな自己防衛本能の枠を大きくはみ出して、夫の稼いだお金を遊興に使い果たし、借金まで重ねてドレスや宝飾品などを買いまくったとすれば、単に金銭感覚の狂った浪費家として非難されて当然の悪女である。

　こんな行動に走るのは、幼少のころから勝手気ままに育った女に多い。**自制心が育まれず、欲求の赴くまま行動**してしまう女である。

　目論み通り高額所得者と結婚し華やかな社交界に身を置いた女は、ドレスや宝飾品を買い漁って身にまとい、周囲から注目を集めて虚栄心を満足させようとする。性的自制心までも欠乏していることが多いから、不倫に走りやすいのも特徴的である。ただし盲目の愛などとは無縁で、単に性欲を満たすだけか、愛人を単なる装飾品の一部としか見なしていないことが多い。

　ちなみに、これらの**快楽的活動**は脳内麻薬物質**ドーパミンの放出**を促進する。これは快感が得られる神経伝達物質で、なくなってしまうと不安感が増して不愉快な気分になるという。この嫌な気分から逃れようと、女は再び同様の快楽に走る。とすれば、そもそも自制心が欠如しているうえに脳内麻薬までもが作用するのだから、この女の浪費癖は際限なく続くことになる。

　仮に夫が妻の浪費癖を非難し、その行動を阻止しようとすると、妻は絶望感に苛まれて自虐の世界へと落ち込んでいく。見かねた夫がすんでのところで妻を許して手を差し伸べるや、この懲りない女は見えないところでペロッと舌を出し、また散財を繰り返すのだ。こうなると天性の悪女というべきで、改心の見込みは限りなく低いといわざるを得ない。

我がままな女が浪費と不倫に走るまでの行程

幼少のころ勝手ままに育った女は自制心が育まれず、夫の金を使い果たし、不倫にも走りやすい。

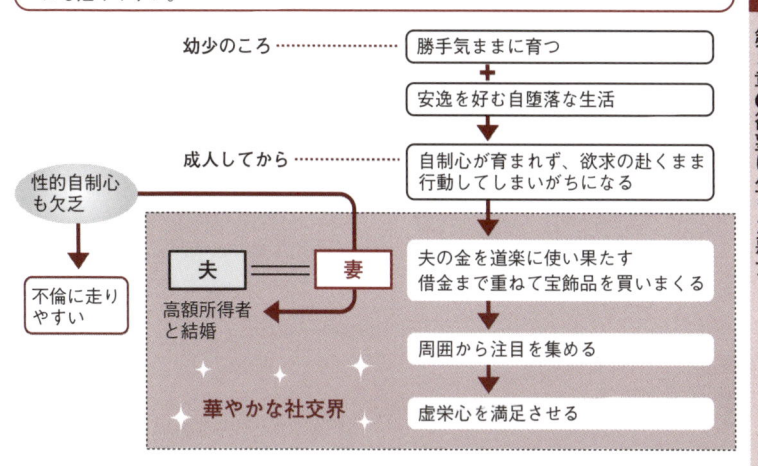

幼少のころ ……… 勝手ままに育つ
＋
安逸を好む自堕落な生活

成人してから ……… 自制心が育まれず、欲求の赴くまま行動してしまいがちになる

性的自制心も欠乏 → 不倫に走りやすい

夫 ═ 妻（高額所得者と結婚）

夫の金を道楽に使い果たす
借金まで重ねて宝飾品を買いまくる
↓
周囲から注目を集める
↓
虚栄心を満足させる

華やかな社交界

ドーパミン放出による輪廻の法則

買い物や性的行動はドーパミンを分泌するので快感を覚える。しかしこれが放出しきってしまうと不快となるため、再び快楽的活動に走る。

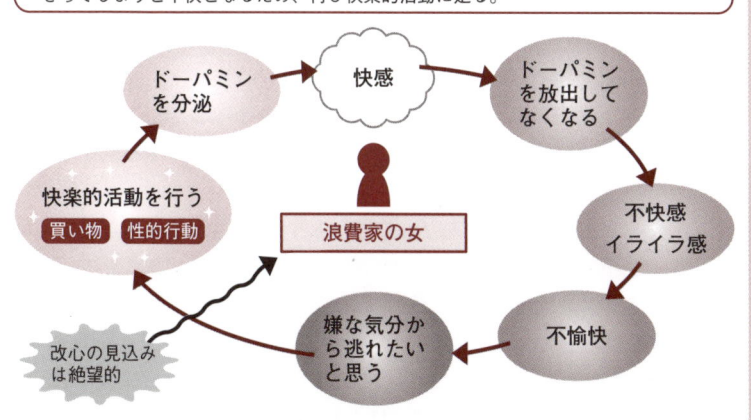

浪費家の女

ドーパミンを分泌 → 快感 → ドーパミンを放出してなくなる → 不快感イライラ感 → 不愉快 → 嫌な気分から逃れたいと思う → 快楽的活動を行う（買い物／性的行動） → （ループ）

改心の見込みは絶望的

ワンポイント雑学

自制心のない心をアクラシアという。「悪いことだと知りながらも、欲望に負けてそれを行ってしまう心」で、意志の弱さを象徴している。

No.047 第3章●欲望に生きた悪女

No.048
ジョゼフィーヌ・ド・ボアルネ

エピソード・放蕩

気ままな放蕩三昧に明け暮れて、夫をあきれさせたナポレオンの妻ジョゼフィーヌ。ここでは、その小悪党ぶりを紹介していこう。彼女の結婚の目的は、ナポレオンが手に入れる高額の年金であった。

●ドレス900着、手袋1000組も買い込む浪費癖のある女

カリブ海に浮かぶ小さな島**マルティニーク島**。その片田舎で貧しい小貴族の娘として生まれたのが**ジョゼフィーヌ**(1763〜1814)であった。退屈な島から抜け出して華やかな都で暮らすことを望んだ彼女は、パリに住む**ボアルネ侯爵**の愛人となっていた妹の**マリー**の口利きで、その次男**アレクサンドル子爵**(立憲国民議会議長)と結婚。子爵に与えられていた4万リーブルという高額の年金に目がくらんだのだ。しかし、結婚後しばらくして、夫から教養のない妻と愛想を尽かされ追い出されてしまった。それでもジョゼフィーヌはめげることなく、アレクサンドルの元夫人としての名声を利用して社交界を泳ぎ回る。将軍**オッシュ**や**コレンクール侯爵**、**バラス子爵**など、自らを引き立ててくれるパトロンを次々と見出しては、いかがわしい商売にまで手を出して利ざやを稼ぎ、遊興に使い果たすという淫蕩な生活を続けるのである。

そんな境遇のなかで出会ったのが、当時国内軍総司令官として時代の寵児となっていた**ナポレオン**である。彼女は、小男で見栄えは気に入らないが、文句なしの年金を手にしていると確信してナポレオンに近づき、彼を虜にして結婚に漕ぎ着けることに成功する。恋にうぶなナポレオンは彼女に夢中になり、戦場から盛んに妻宛てに手紙を書き送ったが、結婚を永久就職としか考えていない彼女には、夫の愛など邪魔でしかない。次々と愛人を作っては恋に遊びにと放蕩三昧。**ドレス900着、手袋1000組**のほか、**毎年500足以上もの靴を買う**という浪費家の本領を存分に発揮して夫をあきれさせた。

やがて、妻の放蕩ぶりに愛想を尽かしたナポレオンは、ついに離婚を決意。ナポレオンが彼女に提示した慰謝料は、**100万フランの年金**と、彼女が抱えている**借金の肩代わり**、**3つの居城**などだったが、彼女は年金を**300万フラン**にまで釣り上げるなど、最後までお金に固執し続けたのであった。

ジョゼフィーヌを巡る人間関係の全容

前夫に追い出されたジョゼフィーヌは、高額の年金をもらっているナポレオンに目をつけて結婚に漕ぎ着ける。

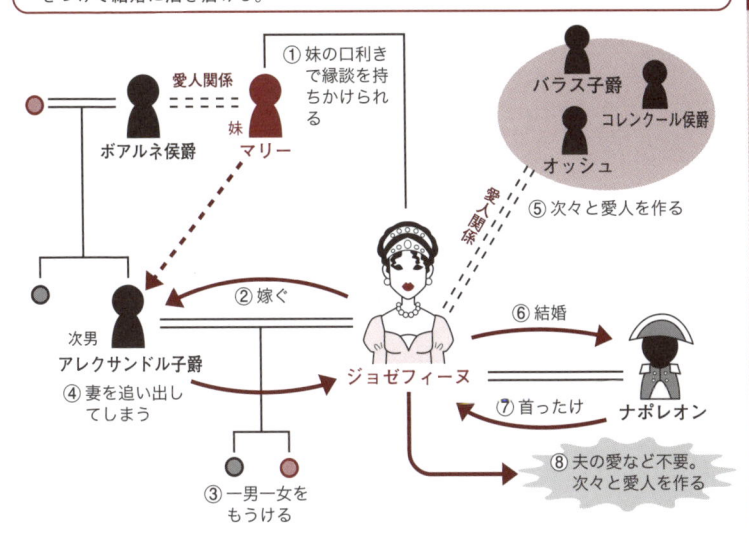

```
愛人関係
ボアルネ侯爵 ──── マリー(妹)
             ① 妹の口利きで縁談を持ちかけられる

                          バラス子爵
                          コレンクール侯爵
                          オッシュ
                          ⑤ 次々と愛人を作る
                          (愛人関係)

次男 アレクサンドル子爵 ──② 嫁ぐ── ジョゼフィーヌ ──⑥ 結婚── ナポレオン
④ 妻を追い出してしまう                    ⑦ 首ったけ

                    ③ 一男一女をもうける

⑧ 夫の愛など不要。次々と愛人を作る
```

ジョゼフィーヌとナポレオンの離婚の理由と条件とは?

結婚後も次々と愛人を作り、衣装などに金をつぎ込むジョゼフィーヌの放蕩ぶりにあきれたナポレオンは離婚を決意。ジョゼフィーヌにその条件を提案する。

ジョゼフィーヌ
① 多くの愛人を作り、衣装などに金をつぎ込む

ナポレオン
② 離婚を決意

離婚の条件

ナポレオンの提案	ジョゼフィーヌの要求
100万フランの年金	→ 300万フランに釣り上げる
借金の肩代わり	→ 了承
3つの居城	→ 了承

ワンポイント雑学

ジョゼフィーヌはナポレオンよりも6歳も年上。結婚当時は32歳であったにもかかわらず、ともに同い年の26歳と記した結婚証明書を提出していた。

No.049
二面性

たとえば、善行を行う聖女としての一面と、贅に溺れる負の一面を合わせ持った女がいたとしても、それだけで責められるいわれはない。しかし、人を欺いて負の一面を隠し通そうとする行為は、許されるものではない。

●人の善意を踏みにじるという悪行

　人によって、あるいは時と場合によって態度や発言の内容を変えたりすることは、多かれ少なかれ誰にでもあることである。また、外では社交的で快活だが、家では家族ともほとんどしゃべらないという人もいる。これらはいずれも**多面的性格**といって、状況に応じて自らの意志で対応を変えて環境に適応していこうとする、柔軟性の表れである。無意識のうちに別の人格が現れて自らを苦しめるという、**多重人格障害**のような病ではないのだ。

　ところが、この多面性が、光と影、善と悪というように、あまりにも対照的過ぎる場合は、多重人格者ではないかと疑われ、非難されてしまうこともある。その極端な例が、一方では善行を繰り返す**聖女**としての顔を持ちながら、他方では贅に溺れた**負の一面**を持つ場合である。この女の負の一面が強調されれば、善行は偽りと見なされて**偽善者**の烙印を押されることになるが、負の一面を知られなければ、聖女として崇められ続けることになる。

　しかし、人は誰しも欲望を抱き、それを実現させて幸福になりたいと願うものである。とすれば、金の出所が正当な手段によるもので、しかも誰にも迷惑をかけない限り、たとえ贅に溺れたとしても、他人からとやかく非難される筋合いはなにもない。また、善行を行いたいと願う気持ちも、誰しもが心に抱いているものであるから、それがたとえ犯罪者の行いであったとしても、その施しの心を偽善あるいは作為であると、一方的に決めつけるのも合理的ではない。ただし、この女がもし負の一面をひた隠しにして、聖女である部分だけをアピールし続け、それを自己の飛躍に生かそうとしたのなら、その時点において、女は初めて悪女に転落する。人々を欺いて幻想を抱かせたこと自体が、大きな罪となるからである。人々の善意を踏みにじるような行為は、決して許されるべきではないのである。

多面的性格と多重人格障害の違いは？

人によって態度を変えたりするのは多面的性格で、無意識のうちに別の人格が現れて自らを苦しめるのは多重人格障害と呼ばれる。

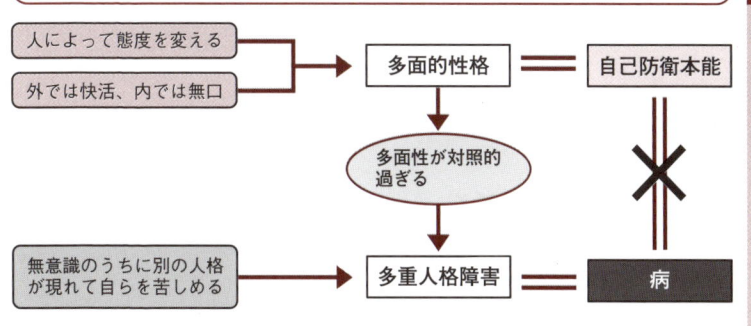

- 人によって態度を変える
- 外では快活、内では無口

→ 多面的性格 ＝ 自己防衛本能

多面性が対照的過ぎる

↓

- 無意識のうちに別の人格が現れて自らを苦しめる

→ 多重人格障害 ＝ 病

※多面的性格と多重人格障害は別物（×）

聖女としての顔と贅沢三昧の女の顔の二面性とは？

贅沢三昧自体は特に悪いわけではないが、それを隠して聖なる部分だけをアピールして自己の飛躍に生かそうとするのは、悪女のすることである。

光と影の二面性

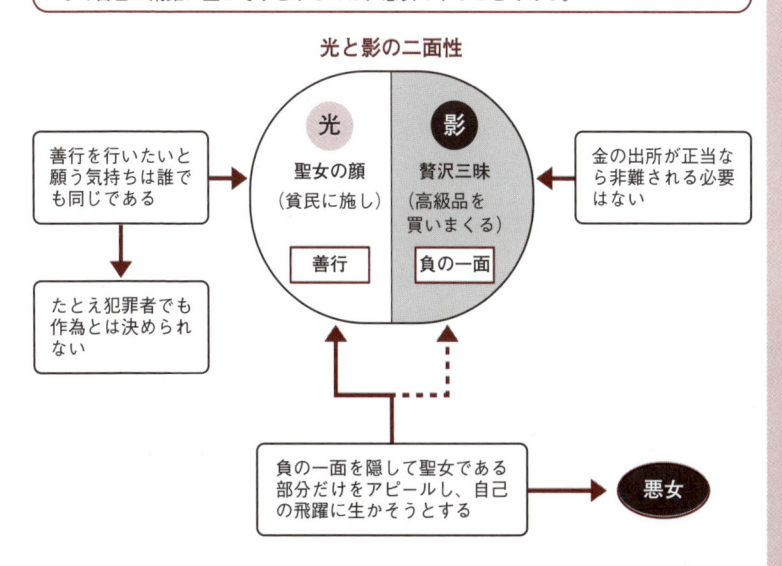

- 光：聖女の顔（貧民に施し）／善行
- 影：贅沢三昧（高級品を買いまくる）／負の一面

- 善行を行いたいと願う気持ちは誰でも同じである
  → たとえ犯罪者でも作為とは決められない

- 金の出所が正当なら非難される必要はない

- 負の一面を隠して聖女である部分だけをアピールし、自己の飛躍に生かそうとする → 悪女

ワンポイント雑学

新しい人格が解離してもうひとつの人格となってしまう多重人格障害（解離性同一性障害）がひどくなると、自傷行為に及ぶこともある。

第3章●欲望に生きた悪女

No.050
エバ・ペロン

エピソード・二面性

一方では貧しい人々に手を差し伸べる「聖女」、しかし、裏では支援金で豪勢に暮らしたり、敵対する人物を迫害したりする「悪女」。ここでは、そんな二面性を持った女、エバ・ペロンについて解説していこう。

● **豪華な指輪をはめた手で、貧しい子供に玩具を与える**

　エビータの愛称で日本でも広くその名を知られた**エバ・ペロン**(1919～1952)。第二次世界大戦後のアルゼンチンで、貧しい労働者層から圧倒的な支持を得て当選した**ファン・ドミンゴ・ペロン大統領**の夫人である。貧民街に出かけては人々に古着を配ったり子供たちに玩具を与えたりと、貧しい人々に手を差し伸べる、心優しい聖女として支持されたファーストレディだ。こうした善行から、今もアルゼンチン国内での人気は高い。しかし、実は15台もの豪華なスポーツカーや何千着ものドレスを所有するなど、国情に見合わぬ豪勢な暮らしを満喫していたことも事実である。

　エバは私生児として生まれ、15歳で家を出て、女優を目指してブエノスアイレスへ向かった。そこでは、有名俳優に近づいて肉体と引き換えに引き立ててもらったとの疑惑もある。そして大戦中の1944年には、地震被害救援大会で知り合った政界の大物ファン・ドミンゴ・ペロン大佐を虜にしたことで大きく飛躍。エバはペロン大佐の権力を利用して芸能界に幅を利かせられるし、ペロン大佐も女優としての彼女の人気ぶりを利用できると、双方の利害が一致した結婚だった。ペロン大佐はエバの助言を得て、アルゼンチンの6割を占める労働者階級に目を向け、その支持を得ることで政治家としての人気を高め、労働者の信頼を勝ち取って大統領に当選する。ファーストレディとなり、聖女とまで称えられたエバは、一方では敵対する人物や過去の経歴を暴露しようとする人物に対して徹底的に弾圧を加えたり、子供たちを支援すると称して集めた支援金で私腹を肥やしたりといった悪行にも手を染めていたことが指摘されている。

　そんな彼女も、子宮がんを患ってわずか33歳の生涯を閉じた。死後は「聖女」としての一面だけがクローズアップされ続けるのである。

料金受取人払郵便

新宿支店
承認

54

差出有効期間
平成26年1月
11日まで

郵便はがき

160-8791

（受取人）

343

東京都新宿区
新宿1-9-2-3F

株式会社 **新紀元社** 行

- ●お手数ですが、本書のタイトルをご記入ください。

- ●この本をお読みになってのご意見、ご感想をお書きください。

愛読者アンケート

小社の書籍をご購入いただきありがとうございます。
今後の企画の参考にさせていただきますので、下記の設問にお答えください。

● **本書を知ったきっかけは？**
　□書店で見て　□（　　　　　　　　　　　　　）の紹介記事、書評
　□小社ＨＰ　□人にすすめられて　□その他（　　　　　　　　　）

● **本書を購入された理由は？**
　□著者が好き　□内容が面白そう　□タイトルが良い　□表紙が良い
　□資料として　□その他（　　　　　　　　　　　　　　　　　）

● **本書の評価をお教えください。**
　内容：□大変良い　□良い　□普通　□悪い　□大変悪い
　表紙：□大変良い　□良い　□普通　□悪い　□大変悪い
　価格：□安い　□やや安い　□普通　□やや高い　□高い
　総合：□大変満足　□満足　□普通　□やや不満　□不満

● **定期購読新聞および定期購読雑誌をお教えください。**
　新聞（　　　　　　　　　　）　月刊誌（　　　　　　　　　　）
　週刊誌（　　　　　　　　　　）　その他（　　　　　　　　　）

● **あなたの好きな本・雑誌・映画・音楽・ゲーム等をお教えください。**

● **その他のご意見、ご要望があればお書きください。**

ご住所		都道府県	男女	年齢	歳	ご職業（学校名）	
お買上げ書店名							

新刊情報などはメール配信サービスでもご案内しております。
登録をご希望される方は、新紀元社ホームページよりお申し込みください。
　　　　　　　　　　　　http://www.shinkigensha.co.jp/

エバとペロン大佐の結婚の利点

政界の大物ペロン大佐と出会ったエバは、彼と手を組むことで、芸能界で幅を利かせられることを期待した。ペロン大佐にとっても、彼女の人気を利用できた。

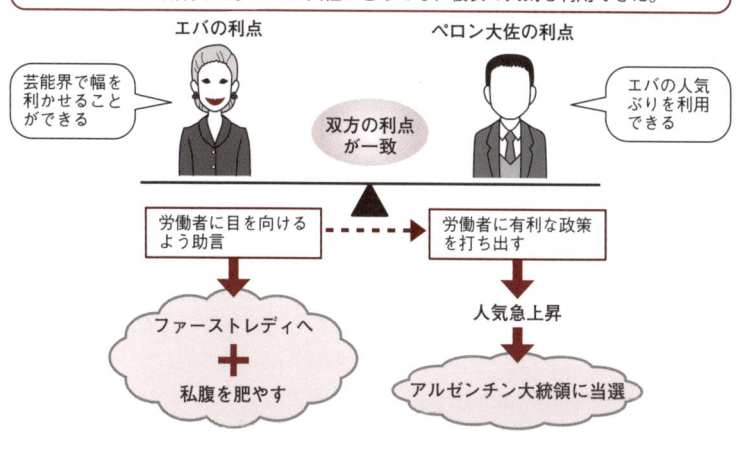

エバの利点
- 芸能界で幅を利かせることができる

ペロン大佐の利点
- エバの人気ぶりを利用できる

双方の利点が一致

- 労働者に目を向けるよう助言 → ファーストレディへ ＋ 私腹を肥やす
- 労働者に有利な政策を打ち出す → 人気急上昇 → アルゼンチン大統領に当選

聖女と悪女のふたつの顔を持つ女

貧しい子供たちに手を差し伸べる聖女としてのイメージが強いエバだが、敵対する人物を迫害したり、支援金の一部を流用したりするなどの悪行にも手を染めていた。

聖女としてのイメージ
- 貧民街に出かけて土産を配る
- 子供たちに玩具を配る
- 労働者階級に目を向けるよう大統領に進言
- 子供たちを支援するために支援金を集める

悪女としての実像
- 15台もの高級スポーツカーを所有
- 何千着ものドレスを所有
- 引き立ててくれるなら男に身を委ねることも厭わない
- 敵対する人物を迫害
- 支援金の一部を着服

エバ・ペロン
二面性を持っていた

ワンポイント雑学

彼女が設立した慈善団体「エバ・ペロン財団」の資金の多くは、企業や労働者から半ば強制的に徴収したものであった。それがあまりにも高額であったため、アルゼンチン経済を破綻させる引き金になったともいわれる。

第3章●欲望に生きた悪女

No.051
乳母

乳母は、幼い子を立派な大人に成長させる育ての母である。本来なら表には出てこない女性たちだが、彼女たちのなかには立場を悪用して男を惑わせ、権力まで手に入れた悪女もいた。

●主を惑わす育ての親

乳母というのは、文字通り実母に代わって生まれたばかりの子に乳を飲ませ、養育にあたる母親代わりとなる女性である。江戸時代までは天皇家はもちろんのこと、公家や武家、豪族に至るまで、上流社会で生まれた子供たちは、乳母に育てられることが多かった。もちろん、乳の出が悪いという場合もあったかもしれないが、なにより一族の繁栄を願って、跡継ぎ候補をなるべく多く確保するために、妻が次なる子を早く生む必要があったからである。そのためいつの間にか、**雑事の多い子育ては高貴な妻が行うことではない**……といった風潮になっていった。ひとりないし複数の乳母が生後数か月までは乳をやり、そのあとの子守りや種々の教育まで受け持つのである。

驚くことに、中国の朝廷などではこれらの養育に加えて、男児の場合、成人したのち、乳母が自らの身体を使って**性教育**を施すといったことまで行う場合が多かったようである。こうなると男にとって乳母は、特別な意味合いを持つ初めての女性となる。権力者の息子の場合、ときには乳母が子まで生んで**外戚**となり、権力の中枢に上り詰めることも少なくなかった。そのため乳母には、一族の者か臣下のなかでも信任の厚い人物が選ばれている。

本来なら乳母が寵姫となることは望まれないが、実際は男が乳母を慕うあまり、終世離さず寵愛することも多かったようである。このシステムを悪用し、乳母が自らの意志で帝王や皇子の寵愛を独占しようと仕向け、ほかの妃嬪をあくどい方法で排除しようとしたら、乳母の職域を大きく逸脱した悪行としかいいようがない。野望のために子を育て、権力奪取を目指す悪女といっていいだろう。母の慈愛など、もはやそこから見出すことすらできない。

そして大抵の場合、こうした野望に取り憑かれた乳母は狂気の女と化して、育て上げた男をも堕落させてしまうのである。

乳母の本来の役割とは?

乳母は幼児に乳を与えるほか、成人したあとは、自らの身体を使って性教育を施す役割まで受け持っていた。

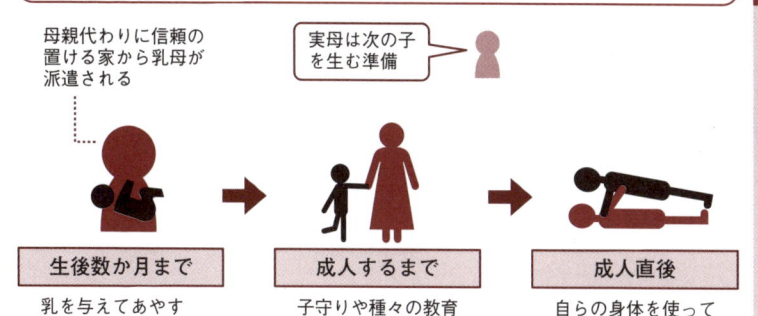

母親代わりに信頼の置ける家から乳母が派遣される

実母は次の子を生む準備

生後数か月まで	成人するまで	成人直後
乳を与えてあやす	子守りや種々の教育	自らの身体を使って性教育

乳母が権力欲を抱いて立場を悪用すると……

役割を終えた乳母が寵姫となることは避けるべきであるが、寵愛されて居座り、子まで生んで権力を手にすることもあった。

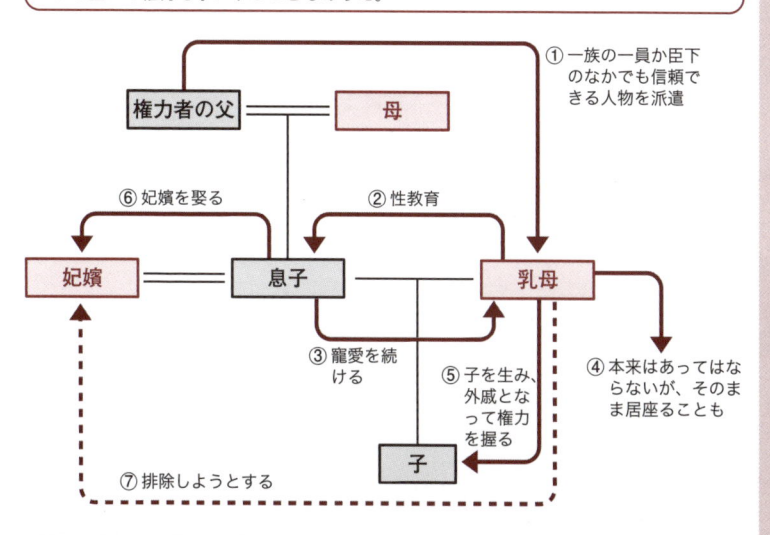

① 一族の一員か臣下のなかでも信頼できる人物を派遣
② 性教育
③ 寵愛を続ける
④ 本来はあってはならないが、そのまま居座ることも
⑤ 子を生み、外戚となって権力を握る
⑥ 妃嬪を娶る
⑦ 排除しようとする

（権力者の父 ― 母 / 息子 ― 乳母 / 妃嬪 / 子）

ワンポイント雑学

徳川家光の乳母であった春日局のように、絶大な権力を手に入れた女姓もいた。その権力は、老中をも上回るともいわれた。

No.052
万貴妃
ばん き ひ

エピソード・乳母

実母に代わって子の養育を行う乳母は、将軍や帝にとって育ての親である。ここでは、その乳母から帝の貴妃となって寵愛を独占し、その後、嫉妬に狂って悪事を働いた万貴妃について解説していこう。

●母であると同時に妻でもあった乳母

　明の第9代皇帝・**成化帝**の乳母に、**万氏**（1428〜1487）という女性がいた。成化帝が2歳のころに子守り役となった宮女である。成化帝の父・**英宗**の母である皇太后の**孫氏**が、自分に仕えていたお気に入りの宮女を我が孫の乳母としてあてがったのである。乳母は単に子供を育てるというだけでなく、思春期を迎えたころには、自らの肉体を使って性教育を施すという役目も担っていた。つまり、万氏は成化帝の母であるとともに、妻の役割をも果たさなければならなかったのである。成化帝は16歳のときに皇帝に即位しているが、このころまでには、すでに万氏によって性教育が施されていて当然だった。

　万氏の役割は本来ならここで終わりだが、成化帝は万氏の官能美に魅了されて彼女を離そうとしなかった。万氏はこれにつけ込んで、宮中に絶大な権力を擁していく。成化帝の皇后として、容姿に優れ知性も豊かな**呉氏**が選ばれたが、これに反発した万氏は、呉氏追い落としを企てる。単に呉氏の行儀が悪いというだけで、あっけなく皇后を廃してしまえるほど、万氏の権勢は大きかったのだ。のちに、万氏は帝の第一子となる男児をもうけるが、その子はわずか1か月もたたずに死去してしまう。すでに36歳の万氏にとって、出産のチャンスはあとわずかしかない。焦った万氏は、ほかの妃が成化帝の子を孕んだことを察知すると、宦官に命じ密かに毒を盛って堕胎させていく。

　こうして多くの子が犠牲になったが、西南の少数民族の娘・**紀氏**が子を孕んだときだけは、宦官の**張敏**が不憫に思って密かに子を生ませ、廃后となっていた呉氏に育てさせている。5歳になった子（のちの**弘治帝**）を成化帝に対面させたあと、張敏と紀氏は万氏の報復を恐れて自害したという。

　乳母としての立場を逸脱して皇帝を惑わせただけならまだしも、帝の子を次々と殺害していった万氏の罪は計り知れないほど大きい。

母であり妻でもあった万氏の人間関係

成化帝の乳母となった万氏は、子守りだけでなく、性教育まで自らの肉体を使って施す役割をも担っていたのである。

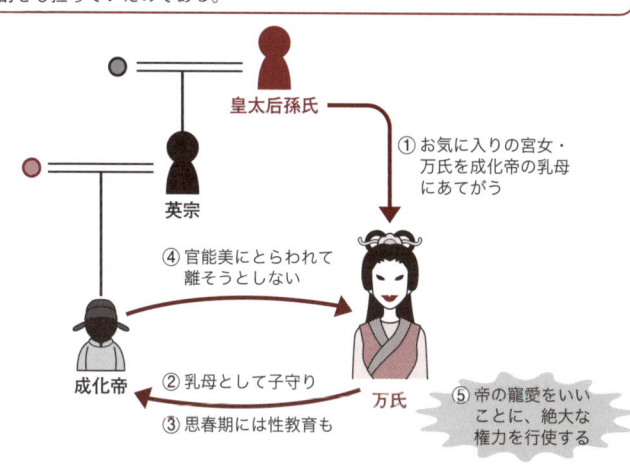

- 皇太后孫氏
- 英宗
- ① お気に入りの宮女・万氏を成化帝の乳母にあてがう
- ② 乳母として子守り
- ③ 思春期には性教育も
- ④ 官能美にとらわれて離そうとしない
- 成化帝
- 万氏
- ⑤ 帝の寵愛をいいことに、絶大な権力を行使する

成化帝の寵愛を得て権力を手にするまでの経緯

万氏は貴妃となったものの、皇后となった呉氏を追い落とし、ほかの妃が子を孕んだと知ると、毒を盛って堕胎させるなど悪行を繰り返す。

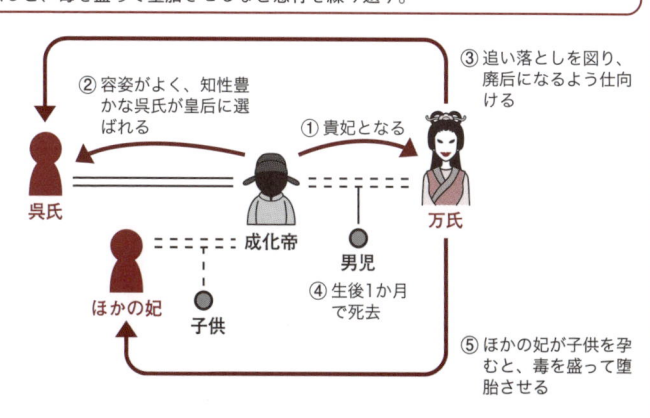

- ① 貴妃となる
- ② 容姿がよく、知性豊かな呉氏が皇后に選ばれる
- ③ 追い落としを図り、廃后になるよう仕向ける
- ④ 生後1か月で死去
- ⑤ ほかの妃が子供を孕むと、毒を盛って堕胎させる
- 呉氏
- 成化帝
- 万氏
- ほかの妃
- 子供
- 男児

ワンポイント雑学

陳舜臣氏『中国美人伝』によれば、成化帝は吃音がひどく、万氏にしか心を開かなかったともいわれる。彼女とは普通に話ができるが、ほかの人を相手にすると滑らかにしゃべることができなかったとか。

No.053
スキャンダル

スパイ活動の一端を担わされた女が、その経緯をマスコミに暴露してしまうことがある。売名行為で悦に入ってしまう女である。関係した男は、身から出た錆とはいえスキャンダルまみれとなり、大きな不幸が訪れる。

●男たちを不幸にした女の身勝手さ

　官能的な肉体美で多くの男たちを虜にしていた**高級娼婦**が、敵対する国をまたぐ**スパイ活動**をしていたとすれば、それだけでも十分話題になりそうなネタである。それが、両国のトップクラスの政治家や軍人がかかわるものであったとすれば、**トップスキャンダル**として、マスコミがこぞって情報集めに躍起になることだろう。

　こうした場合、女が誰と会ってどのような情報を敵対国に漏らしたのかという事実関係がなにより重要であるのはいうまでもないが、ゴシップ好きな女性たちは、それ以上に、具体的にどのような行為があったのかといった生々しい細部の情報のほうに、興味が惹かれるようである。そのため、マスコミは事件のカギを握る女に執拗にアプローチし、必要とあれば女に大金を握らせて、自社媒体にとってより都合のいい情報を出すよう誘導することも厭わない。金に目のない高級娼婦であれば、口を割らせるのはたやすい。女は、事件にかかわった男たちが、のちにどんな悲惨な状況に陥るかなどおかまいなしに、男たちとの情事の模様を臆面もなく語り始めるのである。

　こうして、女と関係した男たちの**醜聞**が世に出るや、その情報は取材者の手を離れてひとり歩きし、噂が噂を呼んで、より大きな**ゴシップ**として広まっていく。女は注目を集めていること自体にひとり悦に入り、たとえ非難の声であったとしても、この女にとってはさしたる問題ではなくなる。自分を巡って世間が騒いでいること自体に、一種の快感を覚えるものらしい。

　女があれこれ語ったことによって、男たちが不利な状況に置かれてしまったとしても、この女にとっては関係のないことで、どこ吹く風だ。関係してしまった男が馬鹿だったといえばそれまでだが、男をおとしめて自分だけ利益を得る女は、悪女というしかないだろう。

マスコミがニュースをトップスキャンダルとして扱うとき

高級娼婦が敵対する2国間のトップクラスの政治家や軍人と愛人関係にあったとすれば、当然マスコミはトップスキャンダルとして扱おうとする。

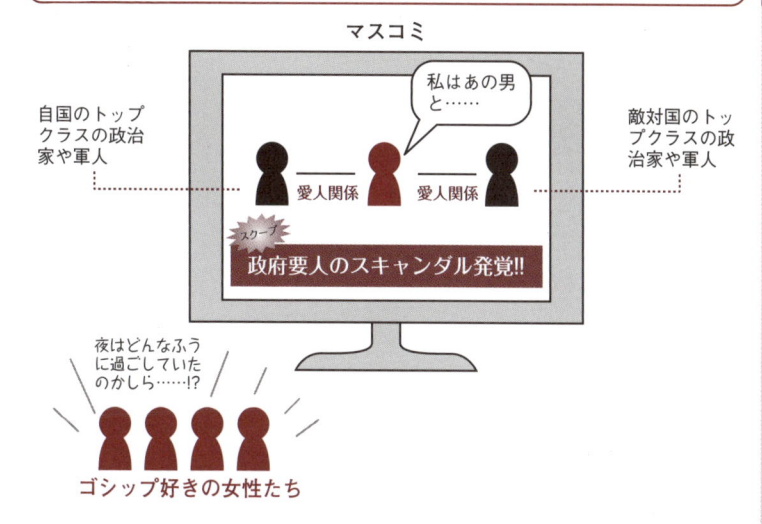

マスコミ

私はあの男と……

自国のトップクラスの政治家や軍人 —— 愛人関係 —— 愛人関係 —— 敵対国のトップクラスの政治家や軍人

スクープ
政府要人のスキャンダル発覚!!

夜はどんなふうに過ごしていたのかしら……!?

ゴシップ好きの女性たち

話題の女が金に釣られてネタをばらすときの模様

目の前に大金を積み上げられると口を割ってしまう女もいる。話題の女は金に釣られて、洗いざらいあらましをマスコミにしゃべってしまうのである。

ハイ、彼と会ってました……

マイク

マスコミ　　大金　　話題の女

注目されていることに快感を覚える
↓
男が不利に陥っても女には無関係

ワンポイント雑学
女スパイが男を色仕かけによって誘惑し、機密情報を要求する手口を「ハニートラップ(蜜の罠)」という。

第3章●欲望に生きた悪女

No.054
クリスティン・キーラー

エピソード・スキャンダル

東西冷戦時代、イギリス政界に最大のスキャンダルがあった。ここでは、イギリスとソ連の両軍関係者と愛人関係を結び、関係者を破滅に追いやったクリスティン・キーラーについて解説していこう。

●敵対するイギリスとソ連の両要人との関係

　1960年代のイギリス国民のあいだに、前代未聞のニュースが駆け巡った。イギリス海軍の大臣が、ひとりの女性を通じてソ連側に機密情報を漏らしたというのだ。当時は東西冷戦時代で、イギリスとソ連は敵対関係にあったため、このニュースは一大スキャンダルとして、連日マスコミを賑わした。この女性というのが、美貌の高級娼婦**クリスティン・キーラー**(1942〜)だ。

　ロンドン郊外のスラム街生まれのクリスティンは、トップレスのショーガールのころ、裏で高級娼婦を斡旋するブローカーだった整骨医の**ウォード**に見出され、高級娼婦へと育て上げられた。問題となったのは、イギリス貴族アスター卿の屋敷で開かれた妖しげなプールパーティに派遣されたときのこと。ここで彼女が出会ったのが、当時イギリス・マクミラン内閣の陸軍相だった**プロヒューモ**で、全裸で泳ぐクリスティンの魅惑的な肢体に魅せられた彼は、その後もしばしば密会してはその肉体に酔いしれていた。

　しかし、プロヒューモにとって不運だったのは、クリスティンがロンドン駐在ソ連大使館つきの海軍武官補**イワノフ**とも関係を持っていたことである。実はイワノフは、ソ連国防軍情報管理本部が派遣したスパイであった。イワノフはクリスティンを通して、プロヒューモから**アメリカの核兵器に関する機密情報**を聞き出そうとしたと見られている。事件が明るみに出ると、彼女はマスコミからの謝礼に目がくらんで、ふたりとの関係を洗いざらいしゃべってしまう。その結果プロヒューモは陸軍相を辞任、追い込まれたウォード整骨医は自殺するなど、悲惨な結末を迎えたのだった。

　クリスティン自身には悪気はなかったのかもしれないが、欲に目がくらみ考えもなしにふたりの男性との関係を公にして、スキャンダルへと発展させてしまっては、悪女というイメージからは逃れられないだろう。

クリスティンが高級娼婦として活動するまで

ウォードに見出されて高級娼婦となったクリスティンは、アスター卿の屋敷でイギリス陸軍相のプロヒューモと出会う。

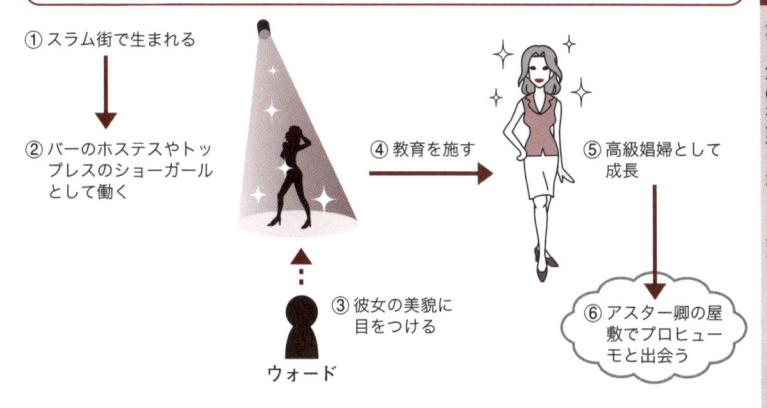

① スラム街で生まれる
↓
② バーのホステスやトップレスのショーガールとして働く

③ 彼女の美貌に目をつける
ウォード

④ 教育を施す
⑤ 高級娼婦として成長
⑥ アスター卿の屋敷でプロヒューモと出会う

クリスティンを取り巻く男たちの動向

ソ連のスパイ、イワノフは、クリスティンを通じてイギリス陸軍相プロヒューモから機密情報を聞き出そうとする。しかし、3人の関係が明るみに出てしまう。

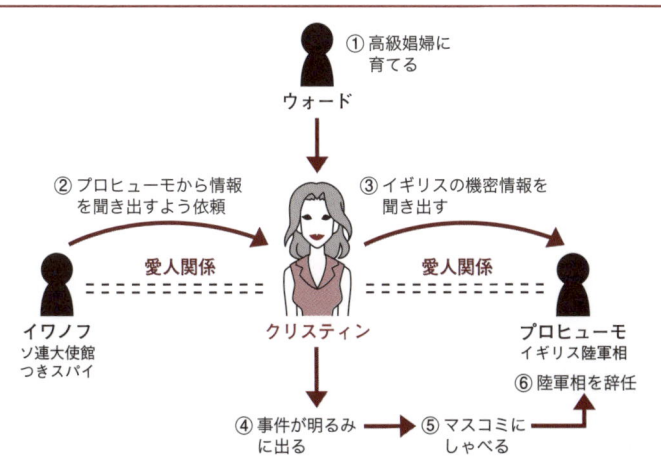

① 高級娼婦に育てる
ウォード

② プロヒューモから情報を聞き出すよう依頼
③ イギリスの機密情報を聞き出す

イワノフ（ソ連大使館つきスパイ） ===愛人関係=== クリスティン ===愛人関係=== プロヒューモ（イギリス陸軍相）

⑥ 陸軍相を辞任
④ 事件が明るみに出る → ⑤ マスコミにしゃべる

ワンポイント雑学

一連のスキャンダルが明るみに出てプロヒューモが辞任したあとの選挙では、保守党が敗北。マクミラン首相がその責任を取って辞任している。

No.055
義子相姦

あろうことか、母親が実の娘を差し置いて義理の息子と関係ができてしまったとしたら、その母親は悪女といわれても文句はいえまい。それが、自らが権力を得るための方策であったなら、さらに卑下される行為であろう。

●権力を得るために義子を虜にした悪女

娘の夫といえば、**義理の息子**である。我が娘を幸せにしてくれる頼もしい男として期待をかけながらも、時が移りゆくにつれて、実の我が子のようにいとおしい存在になっていくというのが、理想の母親と義子の関係であろう。義理の息子から見ても、母親とは優しい眼差しでふたりの行く末を見守ってくれる存在であってほしいものである。

ところが、母親があまりにも妖艶過ぎたため、そんな慈愛に満ちた間柄を飛び越えて、義理の息子が妻よりもその母親に惹かれてしまったとすれば、当然、妻との関係はこじれるばかりか、間違いなくひと悶着起きそうな状況になる。にもかかわらず、母親のほうも娘のことなどおかまいなしに一線を越えてしまったとすれば、その一事をもってしても、悪女の汚名から逃れることはできそうもない。

それにしても、妻の母親というからには、普通に考えれば男よりもかなり年上となる。男は母の胸に抱かれた幼児のように女に甘え、そこにいい知れぬ心の安らぎを見出し、女は自分を頼りにしてくれる**年下の男**に**母性愛**を感じて、我が子のようにいとおしんだのだろう。

しかし総じて**年上の女性**は、男を我が子のようにいとおしむあまり、男のやることなすことにいちいち干渉する性癖があるようだ。男を自らの手でコントロールしようとするエゴイズムは、男の自立心までをも失わせてしまう。かつて優しかった女性が、いつの間にかガミガミと**こうるさい女**に変貌したとすれば、男は嫌気が差して投げやりになってしまう可能性もある。

仮に男が権力者で、その女のせいで政（まつりごと）を放り出してしまったとすれば、悪女のレベルはさらに上がる。そればかりか、一連の行動が自らが権力を得るための方策であったとすれば、救いようのない悪女といえよう。

男と義母の心の安らぎ方とは？

男は母親ほど年の離れた女に幼児のように甘え、女は男を我が子のように可愛がる。ふたりはともに心の安らぎを覚える。

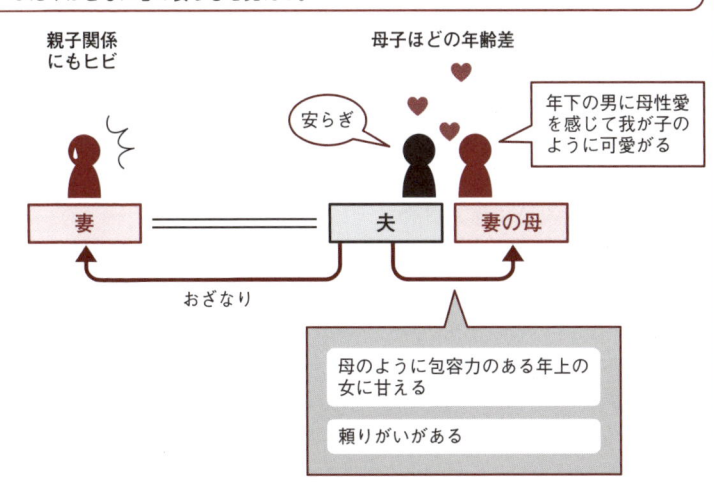

親子関係
にもヒビ

母子ほどの年齢差

安らぎ

年下の男に母性愛を感じて我が子のように可愛がる

妻 ═══ 夫　妻の母

おざなり

母のように包容力のある年上の女に甘える

頼りがいがある

母のように優しい女性が、こうるさい女に変わる行程

かつて優しかった女性が男の一挙手一投足にまで干渉し始めると、男はこうるさく思って嫌気が差してしまう。

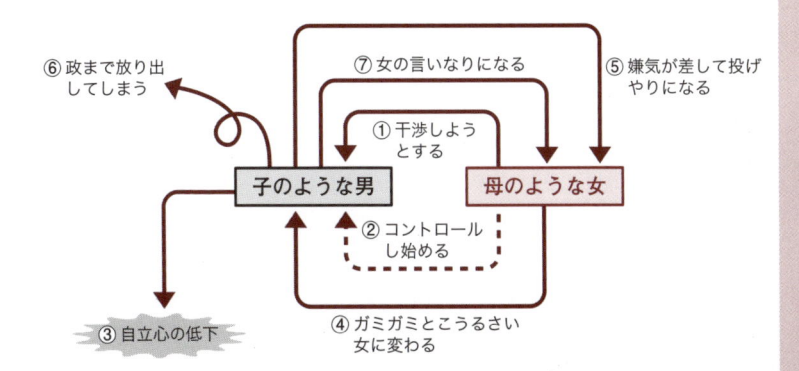

⑥ 政まで放り出してしまう
⑦ 女の言いなりになる
⑤ 嫌気が差して投げやりになる
① 干渉しようとする

子のような男　母のような女

② コントロールし始める
③ 自立心の低下
④ ガミガミとこうるさい女に変わる

ワンポイント雑学

男から見て、母とその娘の両方と関係を持つ義子相姦のことを、俗に親子丼（母娘丼）という。また、相手が姉妹の場合は姉妹丼という。

No.055　第3章●欲望に生きた悪女

No.056
藤原薬子（ふじわらのくすこ）
エピソード・義子相姦

娘を差し置いて、親王である娘婿の寵愛を受けて不倫関係を築き、権力を思うがままに操った母・薬子。ここでは、のちに「薬子の変」を起こす藤原薬子について解説していこう。

●母が娘の夫の寵愛を受ける

　儒教の教えが浸透し始めた江戸時代以降とは違って、それ以前の日本は比較的性に関しては寛容的だった。しきたりの厳しい宮廷内にあっても、色恋にまつわる醜聞が絶えなかったようである。それでも娘の夫と相思相愛になってしまうというのは、やはり特異である。しかもその夫というのが時の皇太子とあっては、世間の注目を集めるのは必定であろう。

　話題の中心人物は、権勢を誇った藤原一門・**式家藤原種継**の娘である**藤原薬子**（？～810）、皇太子は**桓武天皇**の息子・**安殿親王**である。もともとは、安殿親王の妃として薬子の娘・**久岐媛**を入内させようとしたのが始まりだった。不安がる娘を気遣って、そのつき添いとして薬子がともに参内したことで、おかしな結果を招いてしまう。安殿親王はあろうことか、娘の後ろに控える母親のほうに惹かれてしまったのである。その後、親王は一応久岐媛を娶ったものの、妻をおざなりにして義母の薬子に首ったけとなり、寵愛を続けたという。それほどまでに、薬子は魅力的だったのだろう。

　これを知った桓武天皇は薬子を宮廷から追い出すが、天皇が崩御して安殿親王が**平城天皇**として即位すると、再び薬子は宮廷に呼び戻され、高級女官・東宮宣旨として仕え、兄の**仲成**とともに専横を極めるのである。その後、平城天皇は政に嫌気が差したため、弟の**神野親王**（嵯峨天皇）に譲位。自らは上皇となって平城京に移り住んでしまう。権勢に固執する薬子は、上皇を焚きつけて復権を図り、平城京への遷都を目論むようになる。こうして、平安京の天皇と平城京の上皇の二朝が対立するという構造になってしまうのである。上皇は薬子とともに東国に赴いて挙兵しようと図るが、嵯峨天皇がこれを見越して**坂上田村麻呂**を派遣して阻止する。そして仲成が殺害されて、もはや勝機がなくなった薬子は、ついに自害してしまうのだった。

安殿親王と藤原薬子の出会い

娘・久岐媛のつき添いで入内した藤原薬子。しかし安殿親王は、娘よりも母のほうを気に入ってしまう。

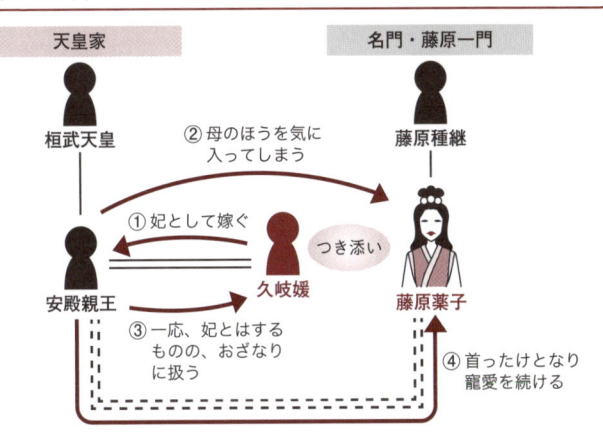

```
天皇家                                    名門・藤原一門

桓武天皇           ② 母のほうを気に       藤原種継
                    入ってしまう

        ① 妃として嫁ぐ
         ←――――――
                          つき添い
安殿親王    →    久岐媛    ―――――    藤原薬子
         ③ 一応、妃とはする
           ものの、おざなり
           に扱う              ④ 首ったけとなり
                              寵愛を続ける
```

藤原薬子が権力を手中にするまでの経緯

桓武天皇の怒りを買って宮廷から追放された薬子であるが、天皇崩御後に安殿親王が平城天皇として即位すると、再び宮廷に呼び戻される。

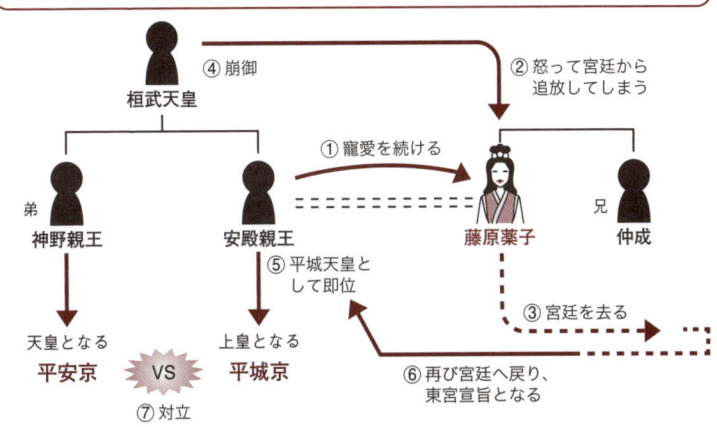

```
            桓武天皇
             ④ 崩御        ② 怒って宮廷から
                          追放してしまう

     弟          ① 寵愛を続ける
神野親王   安殿親王  ――――→  藤原薬子    兄
                                     仲成
                 ⑤ 平城天皇と
                   して即位       ③ 宮廷を去る

天皇となる        上皇となる
平安京    vs    平城京
         ⑦ 対立  ⑥ 再び宮廷へ戻り、
                  東宮宣旨となる
```

ワンポイント雑学

薬子の変において、僧の空海が嵯峨天皇側について鎮護国家のための祈祷を行っている。空海はこれを契機に仏教界の重鎮として重用されていったともいわれる。

No.057
刺青(いれずみ)

刺青とは、本来は江戸の「粋」をかたちに表した伝統文化だった。その粋な文化を悪事の道具として使い始めたなら、それは忌避されるべきことだ。この刺青を使って悪名を轟かせた女は、悪女に分類すべきであろう。

●刺青で悪名を轟かせる女

「この桜吹雪に見覚えがねぇとはいわせねぇぜ！」といいながら、小粋にもろ肌を脱いで遠山桜の彫り物を見せつけたのは、江戸町奉行の**遠山の金さん**こと**遠山景元**だ。艶やかな桜吹雪の文様を目にした悪人どもが「ははぁ〜！恐れ入りやした」と観念して御用となるお決まりのシーンである。彫り物の持つインパクトの強さをこれでもかとばかりに見せつけてくれる。

昨今はファッションの一環として、**刺青を気軽に入れる女性**も増えてきたようであるが、時代を少し遡れば、刺青は極道の証しと見なされて、多くの人たちから忌避されたものである。

ところが、江戸も文化文政を過ぎたころまで遡れば、意外にも町人だけでなく、武家や公家のあいだにまで広がっていた**伝統文化**だったことがわかる。もちろん、博徒など社会の底辺を這うように生きてきた男たちが**侠気**を示し、**虚勢**を張るために彫ったものもあったが、**火消しの鳶たちが士気を高める**ために彫ったり、**遊女**が思いを募らせた男への**愛情の証し**として名を彫り込んだりと、江戸ならではの「**粋**」をかたちに表したものだったことは間違いない。いずれにしても消えることのない刻印である以上、生涯にわたって背負い続けるわけで、強い決意の表明であったと見るべきであろう。

この、侠気を示し、士気を高め、愛情の証しとしてきた「粋」な文化を、悪事を働くために、つまり**脅しの道具**として使い始めたとしたら、その時点でこの粋な彫り物は忌避されるべき存在となる。

社会に恨みを抱きながらもアウトローとして生きざるを得なかった女たちのなかで、自らの境遇を逆手に取って、**悪名を天下に轟かせてやろう**と、派手な彫り物を彫って悪事に利用していた女がいたとすれば、悪女といわれてもしかたがないであろう。

F-Files

No.032	図解 魔導書	草野巧 著	本体1,300円	228頁
No.033	図解 日本神話	山北篤 著	本体1,300円	232頁
No.034	図解 ガンファイト	大波篤司 著	本体1,300円	236頁
No.035	図解 古代兵器	水野大樹 著	本体1,300円	224頁
No.036	図解 食の歴史	高平鳴海 著	本体1,300円	242頁
No.037	図解 装飾品	池上良太 著	本体1,300円	244頁
No.038	図解 紋章	秦野啓 著	本体1,300円	224頁
No.039	図解 火砲	水野大樹 著	本体1,300円	224頁
No.040	図解 黒魔術	草野巧 著	本体1,300円	224頁

F-Files 新刊

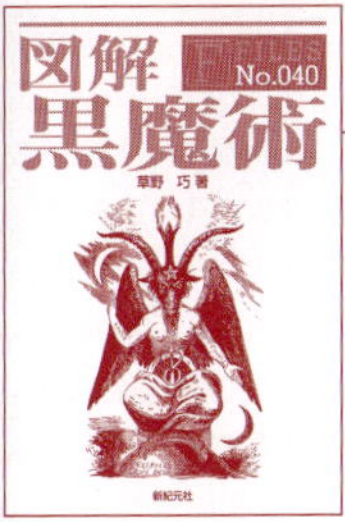

F-Files No.040
図解 黒魔術　草野巧 著

本体1,300円　224頁　ISBN978-4-7753-1154-7

　バターを盗んだり、天気を悪くしたり、災厄を人に押しつけたり、猫の霊を操ったり、酒を腐らせたり……。世界各地に伝わる、とにかく邪悪そうな魔術をまとめて紹介します。
　紹介している魔術の多くは過去に実在したとされるものですが、邪悪な目的に使う魔術ばかりなので、決して真似してはいけないなどと、改めて断るまでもない一冊です。

F-Files No.039
図解 火砲　水野大樹 著

本体1,300円　224頁　ISBN978-4-7753-1135-6

　大砲の基本的な構造から、カノン砲、榴弾砲、臼砲、艦載砲などの種類や使用される火薬、薬莢、弾丸などを図解で解説。火砲が使われ出したころから、第二次世界大戦で使われた火砲までを扱っています。また、火砲ではありませんが、火薬を使う海上戦の兵器である魚雷や機雷についても解説しています。

Truth In Fantasy

※価格は全て本体価格です。在庫の有無はお問い合わせ下さい。

タイトル	著者	価格	分類
武器と防具〈中国編〉	篠田耕一 著	1,748円	歴史・軍事
武器と防具〈日本編〉	戸田藤成 著	1,845円	歴史・軍事
ギリシア神話 神・英雄録	草野巧 著	1,845円	神話・伝承
天使	真野隆也 著	1,748円	神話・宗教
堕天使	真野隆也 著	1,748円	神話・宗教
武器と防具〈西洋編〉	市川定春 著	1,845円	歴史・軍事
覇者の戦術	中里融司 著	1,748円	歴史・軍事
召喚師	不動舘ほか 著	1,800円	精神・神秘
封神演義	遥遠志 著	1,800円	神話・伝承
世紀末	草野巧 著	1,800円	神話・伝承
聖剣伝説	佐藤俊之とF.E.A.R. 著	1,800円	神話・伝承
八百万の神々	戸部民夫 著	1,900円	神話・伝承
女神	高平鳴海ほか 著	1,900円	神話・伝承
聖書人名録	草野巧 著	1,800円	神話・宗教
帝王列記〈西洋編〉	磯田暁生とF.E.A.R. 著	1,800円	歴史・西洋
聖剣伝説Ⅱ	佐藤俊之とF.E.A.R. 著	1,800円	神話・伝承
予言者	高平鳴海ほか 著	1,800円	精神・神秘
古代遺跡	森野たくみ／松代守弘 著	1,800円	歴史・神秘
日本の神々	戸部民夫 著	1,800円	神話・伝承
三国志人物事典	小出文彦 監修	1,900円	歴史・中国
甦る秘宝	稲葉義明とF.E.A.R. 著	1,800円	神話・伝承
鬼	高平鳴海ほか 著	1,800円	神話・伝承
妖精	草野巧 著	1,800円	神話・伝承
封神演義Ⅱ	遙遠志 著	1,800円	神話・伝承
水滸伝	草野巧 著	2,300円	歴史・中国
密教曼荼羅	久保田悠embership史 とF.E.A.R. 著	1,800円	神話・宗教
コスチューム	田中天＆F.E.A.R. 著	1,800円	歴史・西洋
拷問の歴史	高平鳴海ほか 著	1,800円	神話・宗教
ドラゴン	久保田悠史 とF.E.A.R. 著	1,800円	神話・伝承
魔法の薬	秦野啓 著	1,800円	歴史・伝承

新紀元文庫 Truth In Fantasy 新刊

新紀元文庫 Truth In Fantasy
剣豪 剣一筋に生きたアウトローたち　草野巧 著

本体800円　380頁　ISBN978-4-7753-1139-4

　上泉信綱や塚原卜伝、宮本武蔵、千葉周作など、剣のみにしか生きられなかった不器用な豪傑から、剣一筋に生き極めることで人生の悟りをも開く達人まで、際立つ個性を持つ60人の剣豪たちを紹介。
　戦国、江戸、幕末と時代を追って受け継がれる剣豪たちの技や精神の流れが感じられる一冊。

新紀元文庫 Truth In Fantasy

幻想世界の住人たちⅠ	健部伸明と怪兵隊 著	本体800円	神話・伝承
幻想世界の住人たちⅡ	健部伸明と怪兵隊 著	本体800円	神話・伝承
幻想世界の住人たちⅢ〈中国編〉	篠田耕一 著	本体800円	神話・伝承
幻想世界の住人たちⅣ〈日本編〉	多田克己 著	本体800円	神話・伝承
幻の戦士たち	市川定春と怪兵隊 著	本体800円	歴史・軍事
錬術師の饗宴	山北篤と怪兵隊 著	本体800円	歴史・神秘
天使	真野隆也 著	本体800円	神話・宗教
占術 命・卜・相	高平鳴海 監修／占術隊 著	本体800円	歴史・神秘
中世騎士物語	須田武郎 著	本体800円	歴史・軍事
武勲の刃	市川定春と怪兵隊 著	本体800円	歴史・軍事
タオ〈道教〉の神々	真野隆也 著	本体800円	神話・宗教
ヴァンパイア	草野巧 著	本体800円	神話・伝承
星空の神々	長島晶裕／ORG	本体800円	歴史・神秘
魔術への旅	真野隆也 著	本体800円	精神・神秘
地獄	草野巧 著	本体800円	神話・伝承
インド曼陀羅大陸 神々／魔族／半神／精霊	蔡丈夫 著	本体800円	歴史・神秘
花の神話	秦寛博ほか 著	本体800円	神話・神秘
魔法・魔術	山北篤 著	本体800円	精神・神秘
英雄列伝	鏡たか子 著	本体800円	神話・伝承
神秘の道具〈日本編〉	戸部民夫 著	本体800円	神話・伝承
剣豪 剣一筋に生きたアウトローたち	草野巧 著	本体800円	歴史・伝承

Shinkigensha

Fantasy

BOOK

Catalogue

2013 Summer2

刺青に対するとらえ方の変遷

> 刺青は、江戸時代までは伝統文化として根づいていたが、以降、極道の証しとして忌避されるようになった。今は復活の兆しも見られる。

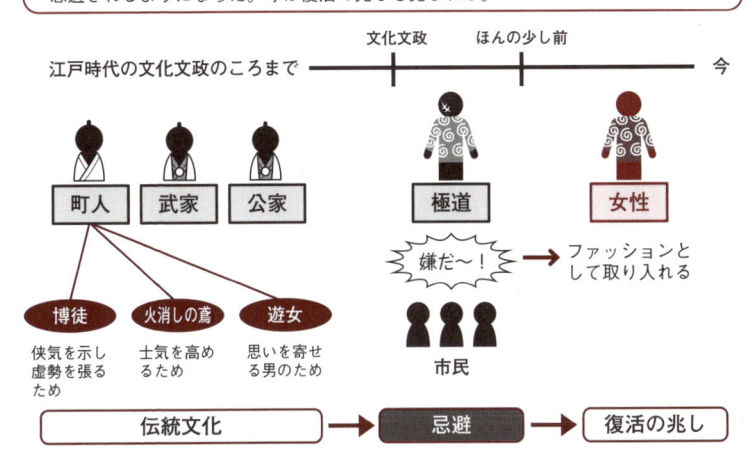

江戸時代の文化文政のころまで ─── 文化文政 ─── ほんの少し前 ─────→ 今

- 町人 / 武家 / 公家
  - 博徒：侠気を示し虚勢を張るため
  - 火消しの鳶：士気を高めるため
  - 遊女：思いを寄せる男のため
- 極道 → 市民「嫌だ〜！」
- 女性 → ファッションとして取り入れる

伝統文化 → 忌避 → 復活の兆し

アウトローに生きる女と刺青の関係とは？

> アウトローに生きざるを得なかった女たちのなかで、世間をアッといわせるために刺青を彫り、悪事に利用した女がいたならば、悪女といわれてもしかたがない。

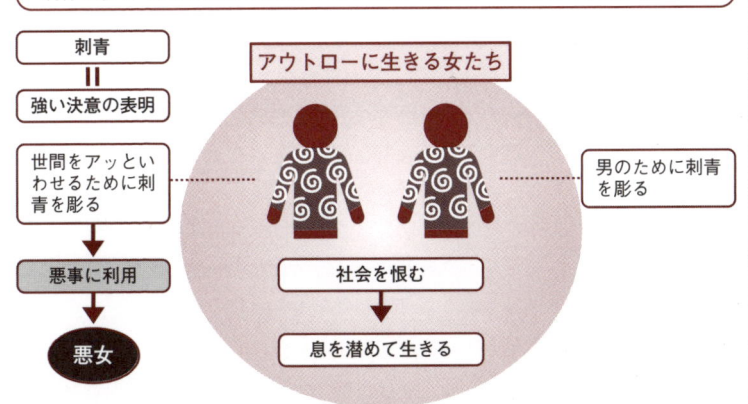

刺青 ＝ 強い決意の表明

世間をアッといわせるために刺青を彫る → 悪事に利用 → 悪女

アウトローに生きる女たち
- 社会を恨む
- 息を潜めて生きる
- 男のために刺青を彫る

ワンポイント雑学

『魏志倭人伝』には、3世紀ごろの日本人が顔や身体に刺青をしていたことが記されている。

No.057 第3章●欲望に生きた悪女

No.058
雷お新

エピソード・刺青

幕末の土佐に、全身くまなく鮮やかな刺青を施し、男をたぶらかして恐喝まで働いた、雷お新と呼ばれた女がいた。その刺青は彼女の死後、遺言によって皮を剥がれ、なめし革として残された。

●刺青を彫って凄みを増した女賊

　虎にあやかったというわけではあるまいが、本当に**死んで皮を残した人間**がいた。それもまだ、年のころ41という、あだっぽい中年増である。腕や背中、尻、股に至るまで、**弁財天**や**北条時政**、**金太郎**などの**刺青**(いれずみ)が寸分の隙間もなく彫り込まれた人間の皮がなめし革となって保存され、衛生博覧会などで展示されていたというのだから恐れ入る。その皮の持ち主が、高知きっての美女と謳われた**お新**(1854～1890)、雷鳴轟くような威勢のいい刺青であったところから、**雷お新**と呼ばれるようになった女である。

　土佐藩士の娘として生まれたお新は、郷里で一度結婚したがすぐに離縁されている。落ち着いた家庭を築くことなど根っから性に合わなかったのだろう。半ばやけになって大阪に出てきたのが、彼女の悪事の始まりである。

　最初は万引き程度のものだったのが、容姿を生かして男をたぶらかす術を覚えてしまうと、枕さがし(寝ている客の荷物を盗む)がお手のものとなっていく。そのうち手口が次第に荒っぽくなって、恐喝まで働くようになる。

　お新は根っからの気風のよさと大柄な身体つきから、姐御としての貫禄も出始め、子分ができるとさらに見栄を張りたくなるものなのか、前述のような刺青を彫って、皆をアッといわせるのである。それ以降は、男がいうことを聞かなければ、パッともろ肌脱ぎになって彫り物をちらつかせて凄みを見せ、その威圧感に大抵の男がすごすごと金を差し出して逃げ帰る……という感じで、その悪名を上げていった。しかし、とある呉服問屋から数百両もの反物をせしめようと無理をしたところで御用となり、ムショ暮らしとなる。

　女牢においても彼女の気骨の太さに加えて、この刺青にはほかの囚人たちも一目置き、牢名主として君臨した。刺青を残したのは彼女の遺志で、男勝りの度胸と気風で悪の道を突き進んだ悪女は、死して皮を残したのである。

衛生博覧会で展示された雷お新の刺青とは？

お新の遺言によって、身体中に彫り込まれた刺青は死後に剥がされて保存され、博覧会で展示されることもあった。

博覧会などで展示

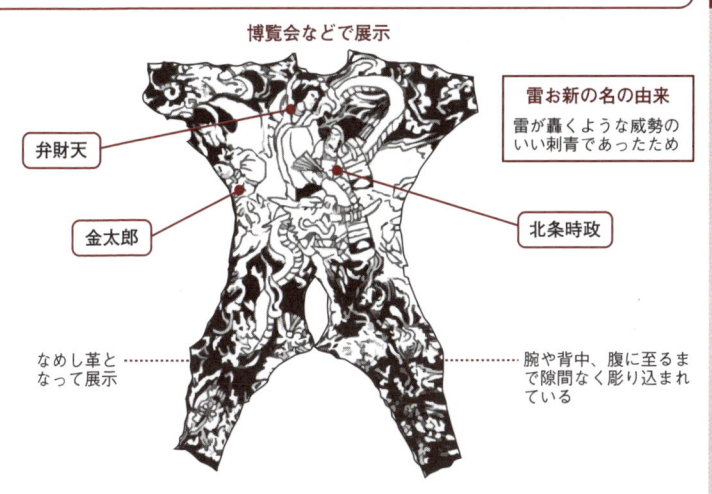

雷お新の名の由来
雷が轟くような威勢のいい刺青であったため

弁財天
金太郎
北条時政

なめし革となって展示

腕や背中、腹に至るまで隙間なく彫り込まれている

刺青で女を上げたお新の仕事ぶりとその後

刺青を見せれば、大抵の男が恐れをなして金を出すようになる。その後、お新は大仕事を企んだものの、捕まって牢屋に入れられるのである。

① 刺青を見せて凄むと、大抵の男が金を出す → ② 大仕事で失敗 → ③ 捕まって女牢へ

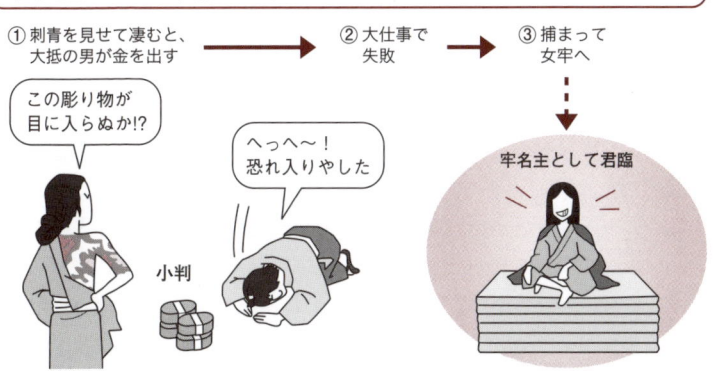

この彫り物が目に入らぬか!?

へっへ〜！恐れ入りやした

小判

牢名主として君臨

ワンポイント雑学

綿谷雪『近世悪女奇聞』によると、雷お新の刺青入りのなめし革は明治45年(1912)以来、大阪医学校（大阪医科大学の前身）で保管され、大阪や神戸の衛生博覧会において展示されたという。

No.059
美人局（つつもたせ）

鼻の下を伸ばした男を誘い込み、事に及んだあと、夫と称したいかつい男が怒鳴り込んで金を巻き上げるという美人局。これに長けた女は、さらに賭場荒らしまで成し遂げて、悪女の地位を不動のものとする。

●間抜けな男を食い物にする女

　江戸時代の川柳に「**据えられて七両二分の膳を食い**」（『誹風柳多留拾遺』）というのがある。「据えられて……」というのは、女のほうから情事を持ちかけられるという「据え膳」のことで、これを詐欺とは知らず、うかうかと真に受けて食ってしまったがために、7両2分（60〜70万円程度か）もの示談金を払わされてしまった……と皮肉ったものである。

　女に誘われて鼻の下を伸ばし情事に及んだまではよかったが、事を終えた途端、夫と称するいかつい男が刃物片手に現れて法外な金を騙し取るというお決まりの手口である。これは**美人局**の名で知られる詐欺行為だが、もとは丁半賭博でサイコロに細工し、都合のいい目が出るように仕掛けられたいかさま賭博のことを指す言葉で、筒持たせと呼ばれていたのを、中国元代に男を色仕掛けで騙すことを表す美人局の読みに当てたのが始まりだといわれる。

　この犯罪の背景には、江戸時代の享保2年（1717）に**公事方御定書**で定められた、**不義密通は死罪**という厳しい掟があった。妻を寝取られた夫が御上に訴え出れば、寝取ったほうの間男は死罪というのだから、現在とはくらべようもないほど深刻である。ただし、実際には届けられることはさほどなく、示談として7両2分の金で解決するのが一般的であったようである。

　また、少々危険を伴う手口ではあるが、**サイコロ賭博は御法度**という掟を逆手に取って、大奥の女中を装って賭場に押しかけ、違法な賭博に興じる旦那衆を脅して金をせしめようとする女もいた。美人局にしてもそうだが、いずれの犯行も、かなりの演技力が要求された。おまけに大勢のならず者が居並ぶなかで大見得を切るわけだから、相当腹の据わった女でないとうまく事が運ぶわけはない。これを共犯の男とともにいともたやすく成し遂げていた女もいたというから、こうした女は相当な悪女といえよう。

美人局の手口とは？

男を色仕掛けで誘い込み、情事を終えたところで共犯の男を踏み込ませて金を巻き上げるのが美人局。女の演技力も重要である。

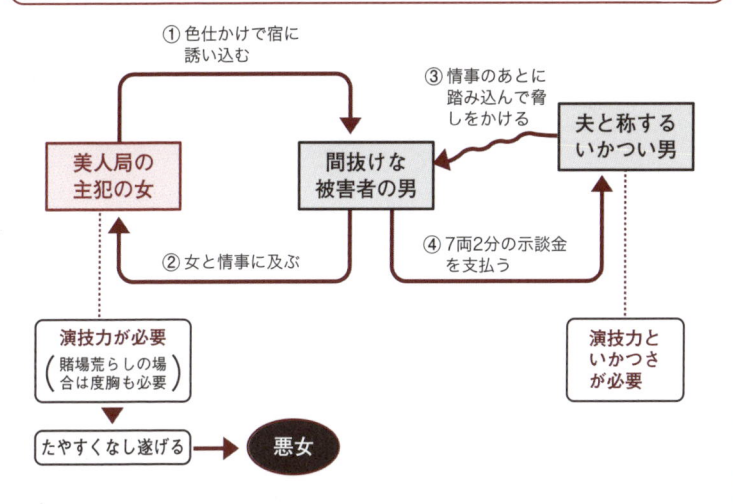

```
         ① 色仕掛けで宿に
            誘い込む
                                    ③ 情事のあとに
                                      踏み込んで脅
                                      しをかける
  ┌─────────┐              ┌─────────┐         ┌─────────┐
  │ 美人局の │              │ 間抜けな │  ←──── │ 夫と称する│
  │ 主犯の女 │              │被害者の男│         │ いかつい男│
  └─────────┘              └─────────┘         └─────────┘
         ② 女と情事に及ぶ        ④ 7両2分の示談金
                                  を支払う

  ┌──────────┐                              ┌──────────┐
  │ 演技力が必要│                              │ 演技力と  │
  │(賭場荒らしの場│                             │ いかつさ  │
  │ 合は度胸も必要)│                            │ が必要    │
  └──────────┘                              └──────────┘

  ┌──────────────┐      ┌──────┐
  │ たやすくなし遂げる │ ───→ │ 悪女 │
  └──────────────┘      └──────┘
```

「不義密通は死罪」は実行されたのか？

江戸時代の掟として「不義密通は死罪」というのがあった。しかし、実際には金で解決することがほとんどであった。

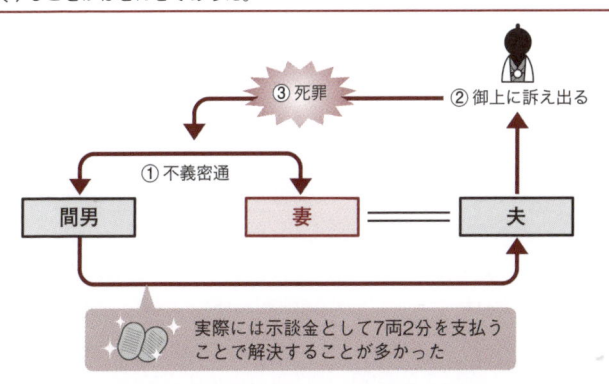

```
               ③ 死罪              ② 御上に訴え出る
       ┌────────────────┐    ┌────────────┐
       ↓                ↓    │
  ┌──────┐  ① 不義密通  ┌──────┐        ┌──────┐
  │ 間男 │ ────────── │ 妻  │ ══════ │ 夫  │
  └──────┘             └──────┘        └──────┘
       │                                    ↑
       └────────────────────────────────────┘
         実際には示談金として7両2分を支払う
         ことで解決することが多かった
```

ワンポイント雑学

現代では、ネットを利用して不特定の男女が出会える出会い系サイトを舞台にした、美人局による恐喝などが増えているという。

No.060
雲霧のお辰
エピソード・美人局

混乱の幕末に、やくざ者と組んで盗みや美人局などで稼ぎまくった毒婦がいた。「御守殿お辰」や「雲霧のお辰」と呼ばれたこの女は22歳で捕らえられたが、そこでも牢名主として君臨するほどの貫禄だったという。

●御守殿姿で賭場荒らしの芸当も

　幕末ともなると、**勤王の志士**らが各地に潜伏して不穏な動きを見せ始めるようになる。幕府側の**治安維持組織**との抗争が頻繁に繰り返されると、世相が乱れ、どさくさに紛れて**夜盗盗賊**までもがはびこってくる。なかでも人々を恐れさせたのが、抜刀を引っさげた荒くれ者の一団であった。徒党を組んで堂々と商家に押し入り、家人を脅して金を強奪するという手荒さだ。その荒っぽさもさることながら、なによりも人々を驚かせたのは、その顔ぶれのなかにとびっきりの美女がいたことであった。一団の頭は200石取りの下級**旗本・青木弥太郎**で、武士とはいえ強盗恐喝などお手のものというやくざ者。そして女とは、元遊女で弥太郎の妾となった**お辰**（1843〜？）である。

　お辰の生まれ育ちは定かでないが、元新吉原の娼妓で、賑（にぎわい）という源氏名で客を引いていたようである。弥太郎がお辰に惚れて足抜けさせ、自分の妾として以来、ふたりはコンビを組んで悪行を続ける。男女ペアでの仕事といえば、**美人局**（つつもたせ）がお決まりである。色仕かけで鼻の下を伸ばした男を宿に誘い込み、頃合いを見計らって弥太郎が長脇差片手に怒鳴り込むという寸法だ。ときには大名の奥女中を装って賭博場にまで乗り込み、旦那衆相手にひと騒動を起こして町奉行に訴える云々……と脅しをかけ、示談と称して金を巻き上げるという手口も使っている。**御守殿姿**（ごしゅでん）（三位以上の大名に嫁いだ将軍の娘に仕える女中たちの服装や髪型）で賭場を荒らし回ったことから**御守殿お辰**とも、背中に雲霧の刺青（いれずみ）をしていたことから**雲霧のお辰**とも呼ばれたらしい。

　そんな荒くれ女も、弥太郎が捕らえられたのを機に自ら出頭。このとき、お辰はまだ22歳。それでも女牢内では牢名主を張っていたというから、貫禄のほどがうかがい知れる。明治元年（1868）の特赦によって釈放されたあとは、髪を剃って尼になったといわれるが、その後の消息は不明のままである。

幕末の世情と、話題となった盗賊団の犯行の様子

幕末ともなると、江戸市中は勤王の志士らが跋扈する不穏な世情となっていく。そのどさくさに紛れて、盗賊団がはびこっていく。

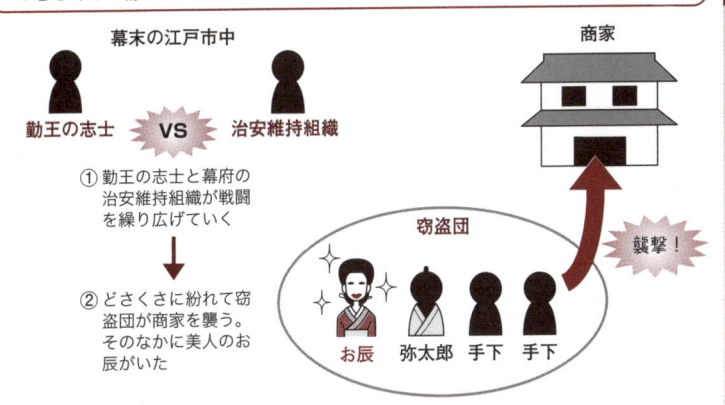

幕末の江戸市中

勤王の志士 VS 治安維持組織

① 勤王の志士と幕府の治安維持組織が戦闘を繰り広げていく

② どさくさに紛れて窃盗団が商家を襲う。そのなかに美人のお辰がいた

商家

窃盗団 お辰 弥太郎 手下 手下

襲撃！

お辰のふたつの得意技

お辰は弥太郎と組んで美人局などで男から金を巻き上げていた。ときには大名の奥女中を装って賭場で遊ぶ旦那衆から金を巻き上げた。

美人局

① お辰が男を色仕掛けで宿に誘い込む

お辰　男

② 頃合いを見て、弥太郎が踏み込んで金を巻き上げる

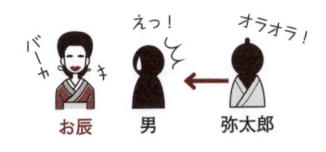

えっ！　オラオラ！

お辰　男　弥太郎

賭場荒らし

① 賭場で遊ぶ旦那衆たち

丁　丁　半

② 奥女中を装って賭場にいき、いちゃもんをつけて金を巻き上げる

えっ！　オラオラ！

お辰

ワンポイント雑学

お辰は、夫の青木弥太郎が切り落とした生首を、着物が濡れるからと、手ぬぐいで巻いて平気で持ち歩くほど気丈夫な女であったという。

No.061
あばずれ

一旦、泥棒稼業にはまり込んでしまったら、そこから抜け出すことは難しい。緊張感や爽快感が病みつきになってしまうこともあり、プロ意識に目覚めてしまったら、もはや救いがたい状態となる。

●泥沼から這い出せない女

　たとえば周りから慕われていた孝行者の少女が、恋する男に裏切られて腹を立て騒動を巻き起こし、家出したあとに悪事に手を染め始めたとしよう。この場合、少女は愛する人に裏切られて**人間不信**に陥り、**自暴自棄**になって**反社会的行動**を起こしたのだろう。一時的な出来心で悪事をなしただけだから、遠からず改心してもとに戻るはず……と、多くの人が考えるに違いない。しかし、少女は改心するどころか、何度も逮捕されながらも邪(にしま)な心を膨らませ続け、ついには**正真正銘のあばずれ**へと姿を変えてしまった……。人が人らしく生きることの難しさを思い知らされる話である。

　もちろん、少女は悪事を働き続けることに呵責の念を抱かなかったわけではない。そこから抜け出そうとしてもできなかっただけなのだ。特に悪事が**泥棒稼業**の場合はより一層難しい。犯行実行時における緊張感、獲物を手に入れたときの爽快感などが病みつきになって、繰り返し犯行に及んでしまうことがあるからである。また悪行とはいえ、それなりのプロ意識が目覚めることもあるらしく、そうなるともう戻れない。

　泥棒稼業では、**手先が器用**であることはいうまでもないが、なによりも**度胸のあること**が求められる。いざというときに躊躇していては、身に危険が迫る(つまりは捕まる)からである。万が一事態が急展開した場合、迅速かつ安全な逃走方法を見出すには、冷静沈着に振る舞えることが重要である。このプロ意識と、犯行時の緊張感、爽快感、そして主目的の実益などが加わって、実績を積み重ねることで、悪人は悪人なりの達成感に満たされてしまうのだ。

　女は罪を犯した時点で、すでに悪女の仲間入りを果たしているが、さらにプロ意識に目覚め、泥棒稼業を極めようとするまでに至れば、もはや救いがたい悪人への入口に差しかかっているというべきだろう。

孝行者の少女があばずれになるまでの行程

孝行者の少女が悪事に走ったとしても、すぐに改心すると思われがちである。しかし、ひとたび悪事に手を染めると抜け出せないことも多い。

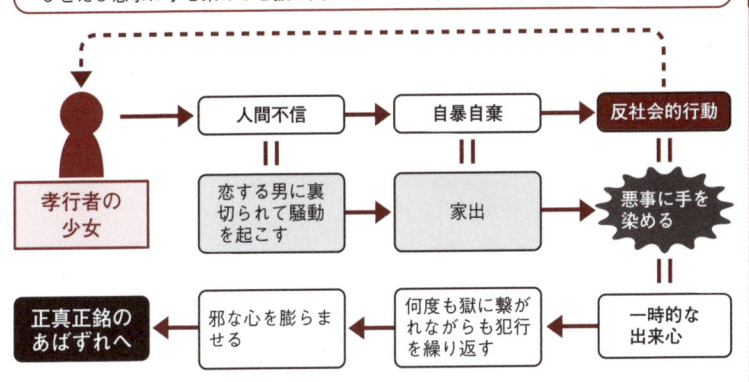

孝行者の少女 → 人間不信 → 自暴自棄 → 反社会的行動
　　　　　　　　=　　　　　=　　　　　=
　　　　　　恋する男に裏切られて騒動を起こす → 家出 → 悪事に手を染める
　　　　　　　　　　　　　　　　　　　　　　　　　　　　　=
正真正銘のあばずれへ ← 邪な心を膨らませる ← 何度も獄に繋がれながらも犯行を繰り返す ← 一時的な出来心

泥棒稼業がやめられない理由とは？

泥棒を行うときの緊張感と獲物を手に入れたときの爽快感などが病みつきとなって犯行を繰り返してしまう。そして、捕まるのは運が悪いだけと考えるのである。

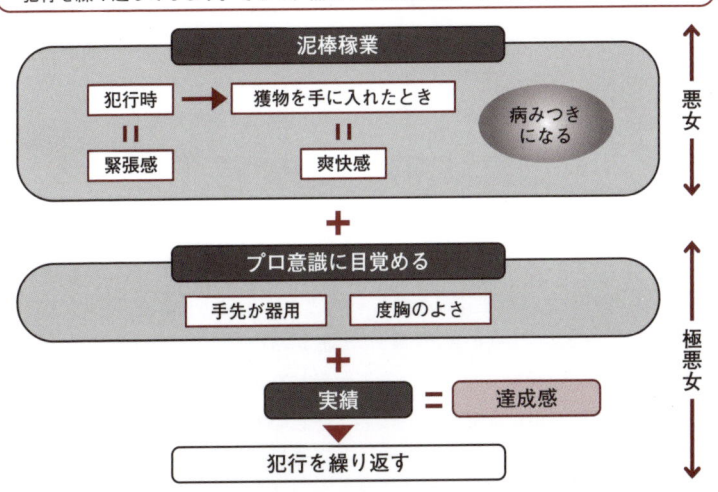

泥棒稼業　　　　　　　　　　　　　　　　↑悪女

犯行時 → 獲物を手に入れたとき　　　病みつきになる
=　　　　　=
緊張感　　　爽快感

＋

プロ意識に目覚める　　　　　　　　　　　↑極悪女

手先が器用　　度胸のよさ

＋

実績　＝　達成感

犯行を繰り返す

ワンポイント雑学
泥棒が入りやすいのは塀のある家。一旦塀を乗り越えてしまったら、安心して仕事に専念できるからである。

No.062
蝮のお政
エピソード・あばずれ

明治時代の半ばに、放火や窃盗などを繰り返して、都合10回も牢獄に放り込まれた女・お政。悪人としては小物だったが、しつこく犯罪に手を染めたところから蝮と呼ばれた。

●前科10犯の悪事を重ねたあばずれ

　明治の半ばに、女だてらに**前科10犯**という悪党がいた。その名も**蝮のお政**（1863～？）。悔いることなく何度も悪事を重ねるしつこさから刑事たちがつけたあだ名だ。犯行の大半は火事場泥棒や枕さがし（寝ている客の荷物を盗む）など窃盗に毛の生えたような小悪事とはいえ、回数の多さは尋常でない。

　お政は愛知県知多郡の大工の娘であったが、母が早く死んだため、母親代わりとして懸命に働き、一家を陰ながら支えていたようである。家族のために身を粉にして働いていたところから、孝貞義者表彰候補に選ばれたこともあったという。しかし、小学校教員の**内藤奇九蔵**とその妻との三角関係になり、そのもつれから鉞を持って小学校に押しかけるという大騒動を巻き起こした。このことでお政は村にいられなくなり、そのまま飛び出すようなかたちで東京へ向かったのである。道中、紙屑問屋の**片釜十左衛門**と出会ったのが運の尽きだった。邪悪な十左衛門は、お政を元手にひと稼ぎしようと企んだからである。ここで足止めを食らったお政は、十左衛門のつてで60歳を過ぎた成金の妾にさせられただけでなく、悪事の世界にまで引き込まれている。

　一説によると、最初のムショ入りは明治15年（1882）、19歳だった。日本橋瀬戸物町のカマボコ屋に雇われていたとき、土蔵の金庫を破って3200円を盗んだ。このとき、女の秘所に隠した賄金15円を女牢の房長に差し出して丸め込むなど、すでにしたたかな女に変貌していたようだ。その後、重禁錮2年で出所してからも窃盗を繰り返す。おもな稼ぎ場所は汽車のなかで、金持ちそうな男を見つけては色仕かけで宿に連れ込み、いい思いをさせると見せかけて、頃合いを見て男の財布を抜き取ってドロンするという手口だった。2度目の入獄は初犯出獄後わずか1年。このときは獄中で出産までしている。こうして都合10回も牢獄に放り込まれたのであった。

前科10犯の根っからの悪党

> お政は火事場泥棒などの軽犯罪を犯した。しかし、出所しても何度もムショに入ってくるのは、悪党としかいいようがない。

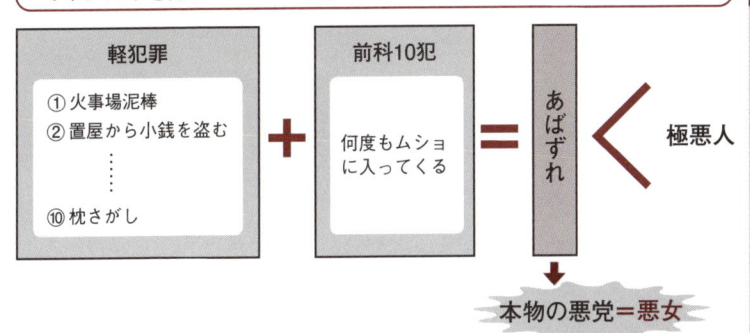

軽犯罪
① 火事場泥棒
② 置屋から小銭を盗む
︙
⑩ 枕さがし

＋

前科10犯
何度もムショに入ってくる

＝ **あばずれ** ＜ **極悪人**

↓
本物の悪党＝悪女

お政を取り巻く人物相関図

> 小学校教員とその妻との三角関係のもつれから大騒動を巻き起こしたお政は東京へ出るが、そこで十左衛門と出会って悪事を働くようになる。

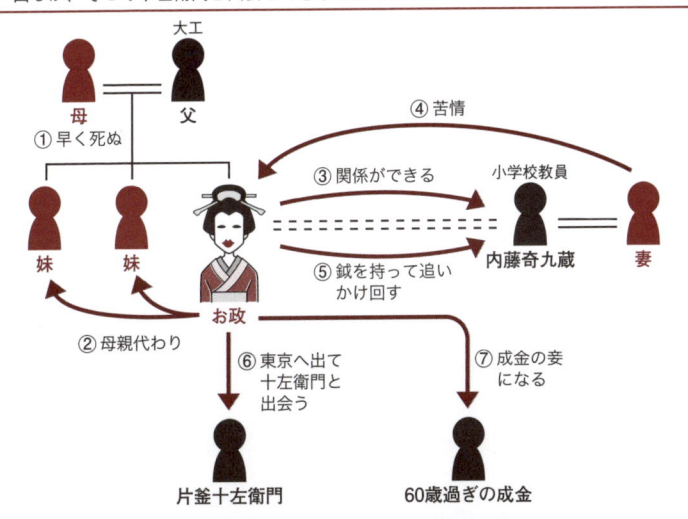

母（① 早く死ぬ）＝ 父（大工）

妹　妹　お政　—③ 関係ができる→　内藤奇九蔵（小学校教員）＝ 妻
　　　　　　　←⑤ 鉞を持って追いかけ回す
　　　　　　　←④ 苦情（妻→お政）

② 母親代わり（お政→妹）

⑥ 東京へ出て十左衛門と出会う → 片釜十左衛門

⑦ 成金の妾になる → 60歳過ぎの成金

ワンポイント雑学

綿谷雪『近世悪女奇聞』によると、お政が3度目に入獄したときの女監第3房の房長が、雷お新であった。蝮のお政の本名は内田まさであったが、このときは西脇はまという偽名のまま入獄していたという。

No.063
金銭欲

民衆を顧みることなく権力欲、金銭欲の亡者となった女権力者は、それだけでも悪女であるが、さらに自分だけが衆人に手を差し伸べられる特別な存在であると思い込んだとすれば、もはや救いようのないものとなる。

●金と権力を得る悪女

　食欲は胃袋が満杯になれば満足を得られるが、**金銭欲**というのは底なしの胃袋を持つ厄介な代物であるらしい。ひとたび欲望に駆られ始めると、その欲求は加速度を増して膨らんでいくからである。

　金銭欲というのは、政治の世界においては、**権力欲**と表裏一体の関係にあるようだ。権力を得るには金がいる。金を集めるには権力があったほうが好都合である。強欲な施政者たちは、このふたつの欲求をともに満たさんと、日々奔走するのである。仮に幸運にも一方の権力を手に入れたとしても、足を引っ張る敵対勢力がいる限り、それを排除するのにまた金が必要となる。逆に金を集めたとしても、権力がなければ足下をすくわれて奪い取られてしまう危険性もある。このように強欲な施政者たちは、常に不安と猜疑心の固まりとなって、周囲に目を光らせる亡者とならざるを得ないのである。

　目についた障害物は即座に取り除かなければならない。敵対勢力と見なしてこれを排除していくうちに、今度はその行為自体が、さらなる敵対勢力を生むという負のスパイラルに陥ってしまうのである。

　そんな金銭欲に駆られた**女権力者**の目に、市中の人々の苦しみなど映るわけはなく、そんな状況のなかでも不正な蓄財に走るのである。金こそがすべてで、人々が飢えに苦しんでいたとしても、相も変わらず視界に入るのは、権勢渦巻く人々の群れでしかない。

　こうした女権力者が権力によって不正に集めた金を、衆人に施して悦に入り、自分こそが衆人を救える特別な存在であると思い込んだとすれば、それこそ傲慢であり、偽善であるというべきだろう。

　悪女のランクはさらに上がっているといえよう。

権力欲と金銭欲の表裏一体の関係とは？

強欲な施政者にとって権力欲と金銭欲は、表裏一体の関係である。権力を得るには金がいるし、金を集めるには権力があったほうが有利だからだ。

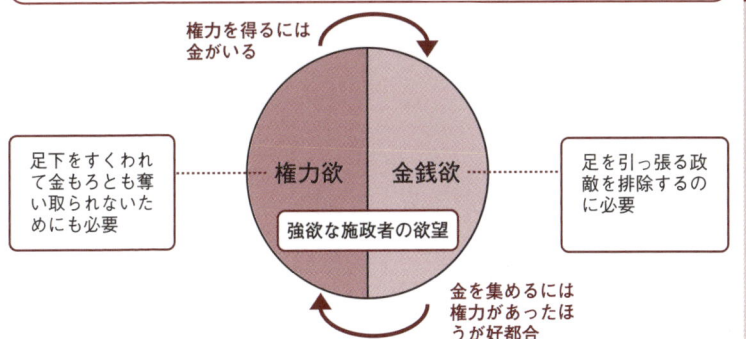

権力を得るには金がいる

足下をすくわれて金もろとも奪い取られないためにも必要 …… **権力欲** | **金銭欲** …… 足を引っ張る政敵を排除するのに必要

強欲な施政者の欲望

金を集めるには権力があったほうが好都合

強欲な女の眼中にあるものは？

権力を手にした強欲な女の目には、権力闘争に明け暮れる人々しか映らない。そして、飢えて苦しむ市中の人々を尻目に金集めに走る。

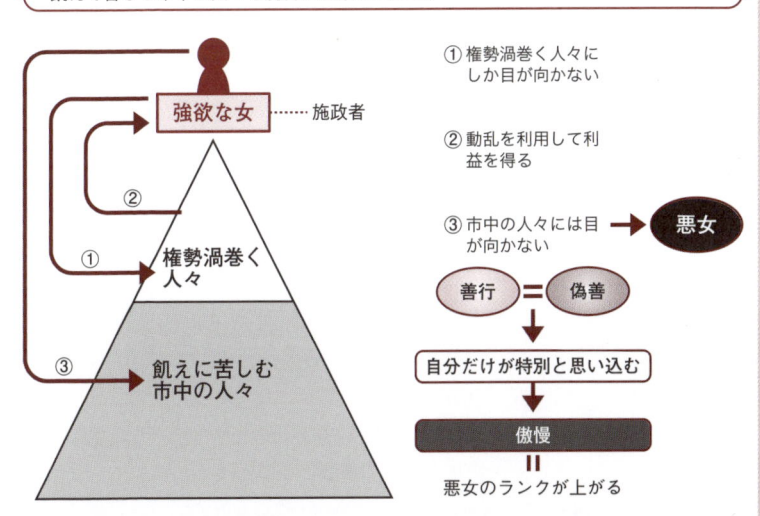

強欲な女 …… 施政者

ピラミッド：
- 強欲な女
- ② 権勢渦巻く人々
- ③ 飢えに苦しむ市中の人々

① 権勢渦巻く人々にしか目が向かない

② 動乱を利用して利益を得る

③ 市中の人々には目が向かない → **悪女**

善行 ＝ 偽善

自分だけが特別と思い込む

傲慢
＝
悪女のランクが上がる

ワンポイント雑学

貪欲な人のことをガリガリ亡者という。ガリガリという音が貪ることを連想させることからつけられたという。

第3章 ● 欲望に生きた悪女

No.064

日野富子

エピソード・金銭欲

あさましいまでの金銭欲を見せて歴史に汚名を残したのが、室町幕府第8代将軍である義政の妻・日野富子だ。彼女は手に入れた権力で儲けた金を、大名に高利で貸しつけることまでやってのけたのである。

●応仁の乱の混乱に乗じて私腹を肥やす

　室町幕府第8代将軍の**足利義政**の妻・**日野富子**（1440～1496）は、**御台所**としての権力を背景に莫大な富を手にし、守銭奴とまで酷評された女性だった。

　権力欲も強く、義政の乳母として勢力を誇っていた**今参局**ほか4人の側室を、義母の重子と謀って子殺しの罪名を押し着せて追放した陰謀家でもあった。もともと日野氏は、第3代将軍の義満や第6代将軍の**義教**など代々の足利将軍家に息女を輿入れさせていた名家。その慣習にならって富子も義教の子・義政に嫁いできたわけで、名家の後ろ盾を笠に着ていた一面もあった。

　義教の死後、嫡男の義勝が跡を継ぐが、即位わずか1年にして他界。次兄の義政に第8代将軍の座が転がってくる。義政は当初、将軍として意欲的に政にあたっていたものの、政局が不安定になり始めると、嫌気が差して政を投げ出し、作庭や茶芸に没頭し始めてしまう。こうして義政の跡を子の**義尚**と弟の**義視**のどちらが継ぐかを巡って、有力守護大名間で熾烈な闘争が始まる。義視の後見人である**細川勝元**と、義尚を推す**山名宗全**らが対立。国を東西に二分する戦いとなるのである（応仁の乱）。富子は我が子・義尚を後継者にするため宗全に加担した。彼女は御台所という立場を利用し、この争乱の火つけ役のひとりとなった。

　京の都は荒れ果て、餓死者まで出る始末であった。それにもかかわらず、義政に代わって権力を握った富子は、この混乱に乗じて自らの懐を肥やすことを画策したといわれる。京の都に関所を設けて旅人から**関銭**を徴収して私腹を肥やしただけでなく、米蔵を建てて**米商い**を始めている。しかも、儲けた金を大名に高利で貸しつけていたという。財源が逼迫していた幕府になりかわって、政局運営に必要な金の大半が富子の私財で賄われていたといわれるほど、**巨万の富**を築いていったのである。

日野富子を巡る人物相関図

慣習に従って足利将軍家へと嫁いだ富子は、夫の義政が政を投げ出すと、実質的な権力者となり、息子を将軍にしようとするのである。

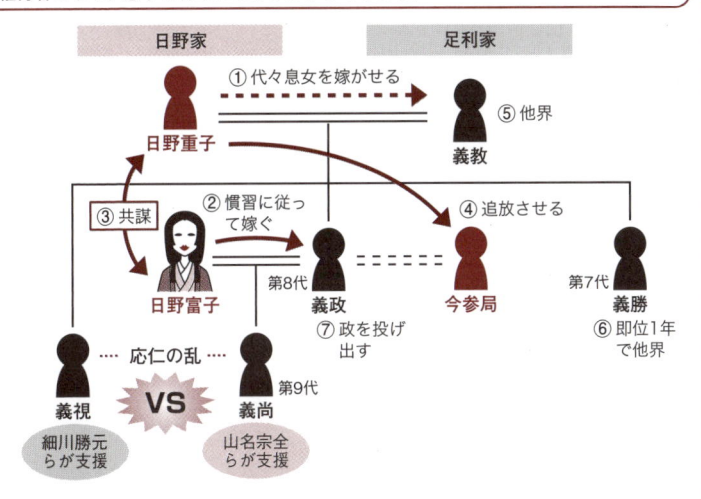

- 日野家
- 足利家

- 日野重子 ①代々息女を嫁がせる → 義教 ⑤他界
- 日野富子 ③共謀（日野重子と） ②慣習に従って嫁ぐ → 第8代 義政 ⑦政を投げ出す
- ④追放させる → 今参局
- 第7代 義勝 ⑥即位1年で他界

…応仁の乱…
- 義視（細川勝元らが支援） VS 第9代 義尚（山名宗全らが支援）

日野富子を巡る金の流れ

応仁の乱の最中にもかかわらず、富子は関所から集まった関銭を着服し、米商いをしたり大名に高利で貸しつけたりして、儲けようとするのである。

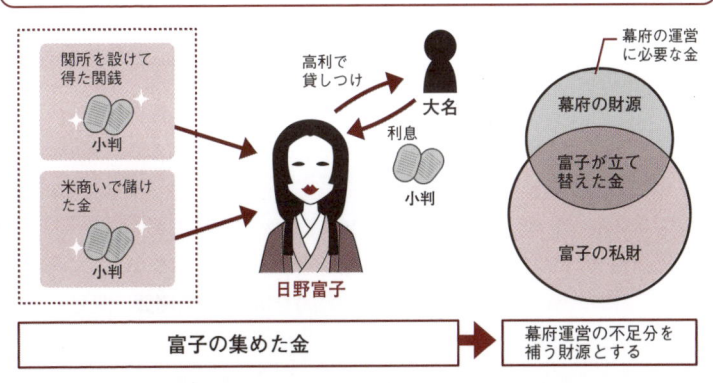

- 関所を設けて得た関銭（小判）
- 米商いで儲けた金（小判）
- → 日野富子
- 高利で貸しつけ → 大名
- 利息（小判） → 富子

- 幕府の運営に必要な金＝幕府の財源 ∩ 富子が立て替えた金 ∩ 富子の私財

富子の集めた金 → 幕府運営の不足分を補う財源とする

ワンポイント雑学

日野富子は大金持ちであったにもかかわらず、夫・義政の東山山荘の造営には援助しなかった。反面、朝廷が火災に見舞われたときにはその修復費用を捻出するなど、お金の使い方にも特有の価値観があったようである。

No.065
権力欲

女が権力を握るには、権力者に近づいて色香で虜にするのが手っ取り早い。その握った権力を維持するために息子まで虜にしようと画策する女。息子までも権力を得るための道具と見なせば、もはや救いがたい毒婦だろう。

●息子まで権力維持の道具と見なす極悪さ

　女が権力を握るには、権力者に近づいて色仕かけで虜にするのが手っ取り早い。これに取り入って妻の座を射止めれば、当初の目的は半ば達成したも同然である。「**将を射んと欲すれば先ず馬を射よ**」ということわざがあるように、時の権力者におもねいて利権を得ようとする輩たちが、真っ先にその妻に取り入って、さまざまな手立てを講じて便宜を図ってくれるからである。

　女はちやほやされるうちに有頂天となり、夫に対して、その輩になんらかの利益供与を図るよう願い出ることになる。夫が見識のある人物であれば、こうした妻の公私混同もはなはだしい行為を押し止めることができるが、権力に溺れがちな小人物であれば、結局は前後の見境もなく妻の言いなりになってしまうことが多い。こうした状況が続くうちに、妻は夫を操って権力を行使できると考え、次第に陰の実力者となって、当初の目的を完全に達成してしまうのである。この妻が当初よりその意図をもって夫を自在に操っていたとすれば、この段階においてすでに悪女の範疇に入れるべきであろう。

　さらに、権力を永続的なものにするため、息子を権力の座に据えようとすることもある。権力者の母親として息子を意のままに操ろうとするのである。ただし、こうした場合、息子に干渉し過ぎて、かえって息子から疎まれることにもなりかねないし、嫁がいつ何時牙を向けてくるかもわからない。

　強欲な女は、ここでもさまざまな奸策を用いて息子や嫁を虜にしようと画策する。仮に、夫だけでなく息子までも**権力を得るための道具**と見なし、常道を逸した行為に走ったとすれば、この女にはもはや救いがたい毒婦の汚名を着せるしかない。夫や息子をいとおしみ、その幸せを願うといったしおらしさなど微塵も抱かず、権力欲に取り憑かれて突っ走った猛女。強欲さ加減もここまでくると、怒りを通り越して哀れまで感じてしまいそうである。

女が権力を手にするための第1段階

女が権力を手に入れようとすれば、まずは権力者に取り入って妻の座に納まるのが手っ取り早い。取り巻きたちがさまざまな便宜を図ってくれるからである。

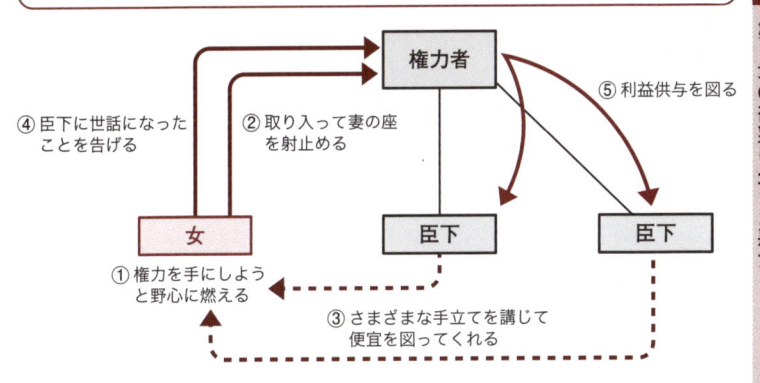

```
                    権力者
                                    ⑤ 利益供与を図る
④ 臣下に世話になった    ② 取り入って妻の座
  ことを告げる           を射止める

      女              臣下            臣下
    ① 権力を手にしよう
      と野心に燃える
              ③ さまざまな手立てを講じて
                便宜を図ってくれる
```

陰の実力者になった母親と息子の関係

夫を操って陰の実力者となった妻は、それを維持しようとして息子に干渉し、かえって息子から疎まれることもある。

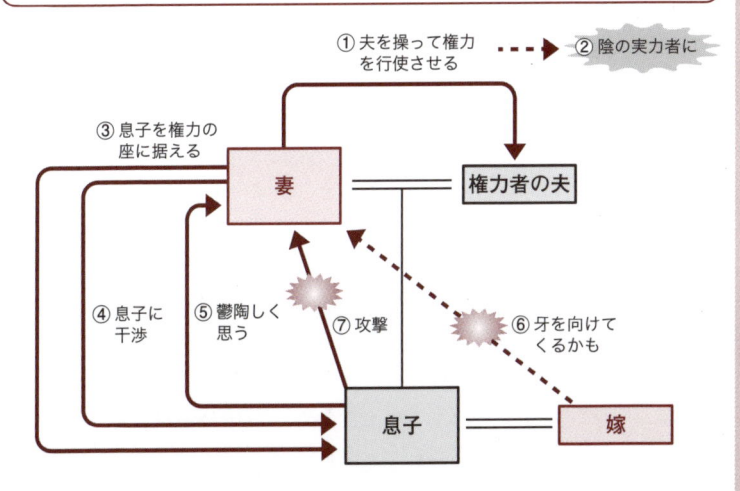

```
              ① 夫を操って権力      ② 陰の実力者に
                を行使させる

        ③ 息子を権力の
          座に据える
                   妻  ═══  権力者の夫

        ④ 息子に  ⑤ 鬱陶しく  ⑦ 攻撃   ⑥ 牙を向けて
          干渉     思う                  くるかも

                   息子  ═══  嫁
```

ワンポイント雑学

「将を射んと欲すれば先ず馬を射よ」とは、杜甫の詩『前出塞九首』に記された一節。目的を達成するためには周辺からあたるのが成功への早道であるという意味である。

第3章 ● 欲望に生きた悪女

No.066 アグリッピナ

エピソード・権力欲

野心のためにはなんでもやる。それが権力に魅せられた悪女の行動学である。ここでは、ローマ帝国第5代皇帝ネロを皇帝の座に就けた、その実母アグリッピナについて解説していこう。

●最後には息子に殺された淫婦

　キリスト教を迫害し、暴君として有名なローマ皇帝**ネロ**(37〜68)の生母が**アグリッピナ**(15〜59)である。彼女は権力欲が人一倍強く、野心の実現のためには平気で男を利用し、必要とあれば簡単に殺害してしまう悪女だった。

　アグリッピナは西暦15年、ローマ初代皇帝**アウグストゥス**の曾孫としてこの世に生を受けている。美貌と才知に恵まれた彼女は、12歳のときに執政官であった**グナイウス**と結婚し、22歳でネロを生んだ。しかし、その3年後に夫グナイウスが急死。25歳の若さで未亡人となってしまうのである。

　性に奔放な彼女は、第3代皇帝となっていた実の兄**カリグラ**に言い寄って肉体関係を迫るものの拒否され、これを憎んで殺害しようとする。そして義理の弟**レピドウス**に身を委ねて味方に引き入れ、ともに兄暗殺を企てるのである。この陰謀は事前に発覚して、レピドウスは斬首、アグリッピナは島流しにされる。

　のちにカリグラが近衛兵に殺害されると、叔父の**クラウディウス**が第4代皇帝となる。このときアグリッピナは策を弄してクラウディウスに近づき、ついに妻の座を射止める。さらにクラウディウスを説得して、自分の息子ネロをその養子にし、クラウディウスに息子の**ブリタニクス**が生まれると、アグリッピナはこれを毒殺。ついに、ネロを皇帝にすることに成功する。しかし、我が子を自在に操ろうとする母に嫌気が差したネロは、母を排除しようとする。このときアグリッピナは、あろうことか息子を色香で惑わしてまで操ろうとする。これにはさすがのネロも、母を殺害しようと兵を差し向ける。

　兵士に刺し殺されそうになったアグリッピナはその刹那、寝間着の裾をまくり上げて「ここを刺すがいい。ネロはここから生まれたのだ」と叫んで絶命したといわれている。最後まで悪女らしい死に方といえよう。

アグリッピナを巡る人物相関図

アグリッピナは執政官グナイウスと結婚してネロを生んだのち、兄に関係を迫ったものの断られたため、義弟を手先として兄の暗殺を企てる。

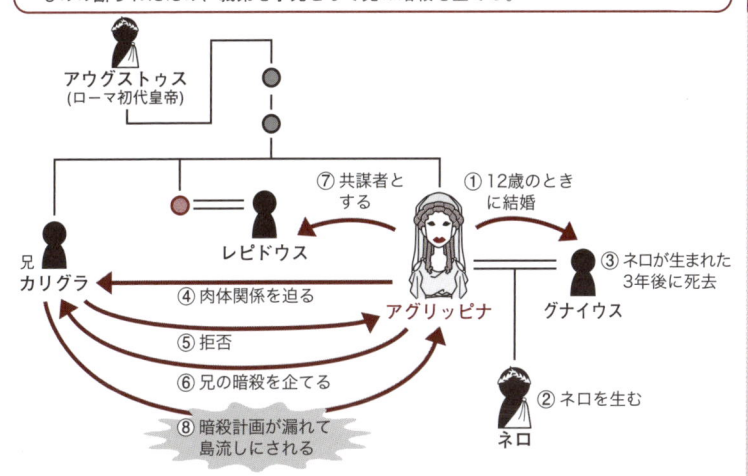

- アウグストゥス(ローマ初代皇帝)
- 兄 カリグラ
- レピドウス
- アグリッピナ
- グナイウス
- ネロ

① 12歳のときに結婚
② ネロを生む
③ ネロが生まれた3年後に死去
④ 肉体関係を迫る
⑤ 拒否
⑥ 兄の暗殺を企てる
⑦ 共謀者とする
⑧ 暗殺計画が漏れて島流しにされる

アグリッピナを取り巻く男たち

アグリッピナは実の兄や義弟、叔父にまで肉体関係を迫っただけでなく、息子のネロまで色香で惑わせて、権力維持を図ろうとするのである。

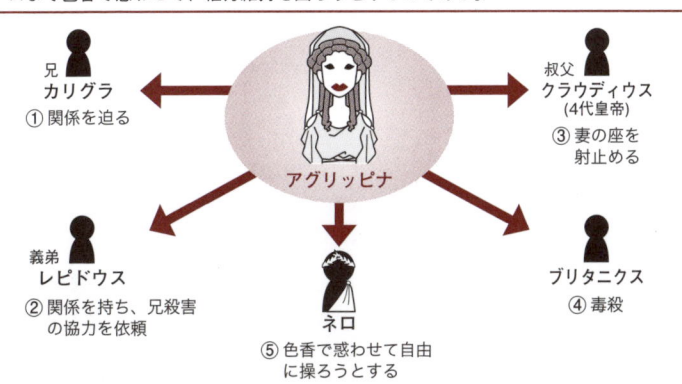

- 兄 カリグラ　① 関係を迫る
- 叔父 クラウディウス(4代皇帝)　③ 妻の座を射止める
- 義弟 レピドウス　② 関係を持ち、兄殺害の協力を依頼
- ネロ　⑤ 色香で惑わせて自由に操ろうとする
- ブリタニクス　④ 毒殺

ワンポイント雑学

皇帝ネロは、当初は母親が乗った船を沈没させて溺死させるつもりであった。しかし、アグリッピナは泳ぎが達者であったので失敗。そのため、急遽刺客を送り込んで殺害に及んだといわれる。

第3章●欲望に生きた悪女

No.067 波瀾万丈

一時は我がままを押し通して栄華を極めた女が、なんらかのトラブルに巻き込まれて転落人生を歩むということもある。その後、死ぬまで好転することなく病に倒れたとすれば、悲哀すら感じられるのである。

●権力の座から奈落の底へ堕ちる悪女

「**いつまでも続く不幸というものはない**」といったのは、フランス人作家**ロマン・ロラン**である。不幸から逃れるには「**じっと我慢するか、勇気を出して追い払おうとするか**」の二者択一しかないと言い切り、不幸に立ち向かう強靭な精神を養うことを強調するのである。もちろん、降りかかってきた不運を不幸と考えるか否かは本人次第で、心が折れることなく常に前向きの姿勢を貫き通すことができれば、それを不幸と感じることすらないだろう。

しかし哀しいことに、よほどの聖人君子でない限り、降りかかった火の粉はやはり熱いのである。常人であれば、不運が重なれば打ちひしがれるのも無理はない。ましてや、富や名声、権力すら手に入れて栄華を極めた人物が、なんらかのトラブルに巻き込まれて、坂道を転がるような転落人生を歩み、病に倒れて死を迎えたとすれば、それがたとえ自らが招いた災いであったとしても、不幸な人生と呪わずにはいられなかっただろう。

男から男へと渡り歩いた末に権力者を虜にし、その寵愛を楯にして思う存分我がままを押し通しながら、その後一転して権力の座から引きずり下ろされ、奈落の底へ突き落とされた女。いわば悪女の挫折パターンだ。**波瀾万丈**といえば聞こえはいいが、彼女にとって、転落後は地獄の日々だったに違いない。そもそも自らの欲望を満たすために多くの人々を利用した**自己中心的な女**である。男を踏み台としてのし上がったその傲慢さが招いた不運であり、自業自得というしかない。しかし、転落の度合いが大きく、死ぬまでそのツケを払わなければならないというのは、少々不運な面もある。

それでも、この時点で改心して前向きに生きようとすれば、不幸と感じることもないのかもしれない。女が改心するかしないかが、悪女から離脱できるかどうかの分かれ目ともいえそうだ。

不幸から逃れるには？

不幸から逃れるには、じっと我慢するか追い払うしか手立てはない。なによりも不幸に立ち向かう強靭な精神を養うことが大切である。

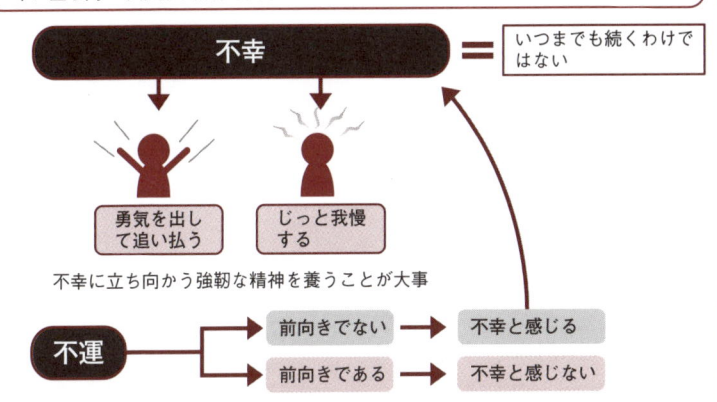

不幸 ＝ いつまでも続くわけではない

- 勇気を出して追い払う
- じっと我慢する

不幸に立ち向かう強靭な精神を養うことが大事

不運
- 前向きでない → 不幸と感じる
- 前向きである → 不幸と感じない

自己中心的な人間の転落人生の一パターン

権力者を虜にし、その寵愛を楯に我がままを押し通した自己中心的な女は、多くの人を利用しながら栄華を極めていく。しかし転落するときは坂道を転げ落ちる。

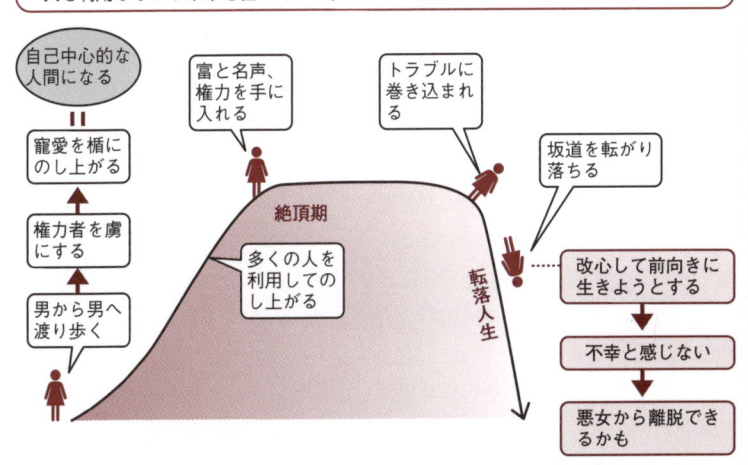

- 男から男へ渡り歩く
- 権力者を虜にする
- 寵愛を楯にのし上がる
- ＝ 自己中心的な人間になる

絶頂期：多くの人を利用してのし上がる／富と名声、権力を手に入れる

転落人生：トラブルに巻き込まれる → 坂道を転がり落ちる
→ 改心して前向きに生きようとする
→ 不幸と感じない
→ 悪女から離脱できるかも

ワンポイント雑学

「波瀾」とは大波のこと。それが「万丈」のごとく高いというのだから、波瀾万丈な人生とは、変化に富んだ劇的な人生のことを意味している。

No.068
ローラ・モンテス

エピソード・波瀾万丈

ダンサーとして一世を風靡し、男を虜にし続けたローラ・モンテス。彼女は国王の寵愛を受けて権勢を誇ったが、奢ったために栄光から転落し、最期は貧民街でひとり寂しく死ぬ波瀾万丈の人生を送った。

●胸をはだけて国王を虜にした女

アイルランドで生まれた**ローラ・モンテス**(1818〜1861)は、22歳のときパリ・モンマルトルの**フォル・ベルジエール劇場**で踊り子としてデビューした。ローラは、美貌と妖艶な踊りで一躍ヨーロッパ中の人気者として注目された。

その美しさに惚れ込んだフランスの大富豪が彼女と結婚するが、男出入りの激しさに辟易して離婚。次に彼女の虜となったのは、「**ラ・プレス**」の主筆**デュ・ジャリエ**だったが、彼女の踊りを酷評した評論家に決闘を申し入れたものの、敗れて命を落とすという哀しい結末を迎えた。

このあと、ローラはミュンヘンへ渡って、芸術愛好家として知られるバイエルン国王**ルートヴィッヒ1世**に目通りを願って対面を果たしている。このとき、好色な国王は彼女のこぼれんばかりの胸元を見て、パッドでも入れてごまかしているのではと揶揄したという。すると彼女はやにわにドレスの前をナイフで割いて見せるという大胆な行動を起こしている。彼女の見事な胸の膨らみを目の当たりにした国王は、たちまち彼女の虜になってしまう。邸宅を与えて寵愛し、伯爵夫人の称号まで与えるという惚れ込みようであった。

その後、国王の寵愛を笠に着たローラは、次第に国政にも口を出すようになるが、これが国民の反感を呼び、政変にまで発展してしまう。追い詰められた国王は辞任、ローラは男装して宮殿を脱出。以降、彼女は転落の人生を歩み始めるのである。

スイスのジュネーブで回想録を出版したあと、ロンドンで結婚するもすぐに離婚。アメリカに渡って再度結婚するも、今度は**重婚罪**で訴えられるという始末。その後、半身不随となり回復せぬまま43歳の生涯を閉じるのである。彼女が亡くなったのは、ニューヨーク・マンハッタンの**貧民街の屋根裏部屋**だったという。

ローラとかかわった不幸な男たち

ローラ・モンテスは大富豪と結婚するものの、男出入りの激しさにあきれられて離婚。その後、次々と男を不幸に陥れていく。

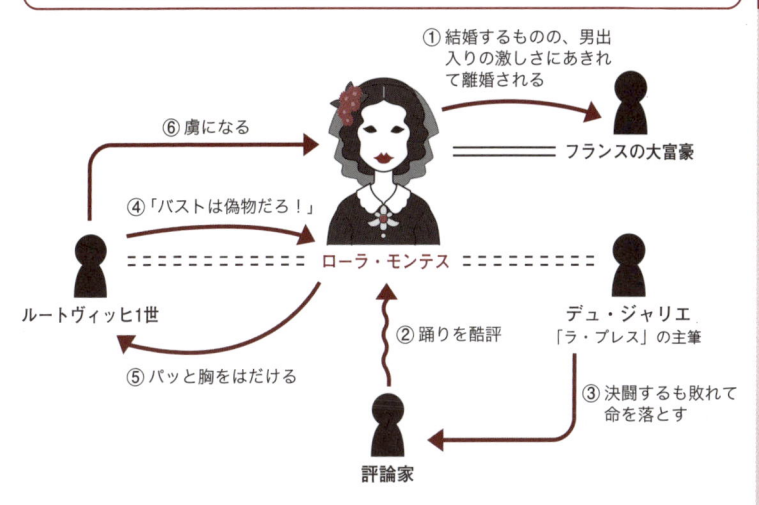

- ① 結婚するものの、男出入りの激しさにあきれて離婚される → フランスの大富豪
- ⑥ 虜になる
- ④「バストは偽物だろ！」
- ルートヴィッヒ1世 ===== ローラ・モンテス =====
- ⑤ パッと胸をはだける
- ② 踊りを酷評
- デュ・ジャリエ「ラ・プレス」の主筆
- ③ 決闘するも敗れて命を落とす
- 評論家

ルートヴィッヒ1世を辞任に追い込んだローラのその後は？

ルートヴィッヒ1世に寵愛されたローラ・モンテスは、次第に政治にも口を出すようになって、国民の反感を買ってしまう。

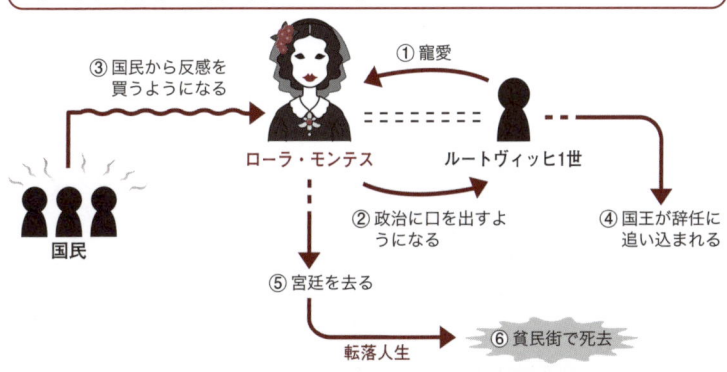

- ① 寵愛
- ③ 国民から反感を買うようになる
- 国民 → ローラ・モンテス ----- ルートヴィッヒ1世
- ② 政治に口を出すようになる
- ④ 国王が辞任に追い込まれる
- ⑤ 宮廷を去る
- 転落人生 → ⑥ 貧民街で死去

ワンポイント雑学

ローラ・モンテスは宮廷追放後、アメリカ、オーストラリアをダンサーとして渡り歩いたあと、ニューヨークで肺炎を患って亡くなっている。

No.069 三角関係

愚鈍な夫を尻目に愛人との逢瀬を堂々と楽しむ妻。夫は愛人の存在を知りながらも怒りを見せることもなく、3人での奇妙な三角関係を死ぬまで続ける……。

●愛人を交えて暮らす奇妙な三角関係

　司法統計データを見ると、離婚原因の第1位は「**性格の不一致**」であるという。しかし、これはあくまでも建前として申し立てたもので、実際には異性関係、つまり不倫相手が絡む三角関係のもつれが原因となるものが多いようである。ひと昔前なら「甲斐性のある男なら妾のひとりやふたりはやむを得ない……」とデーンと構える豪気な妻もいたかもしれないが、今やそんな女性がいるとは思えない。ましてや、妻に愛人がいても平気でいられる夫など、そうそういるわけはないだろう。結局、愛人の存在が発覚した段階で、修復不可能となる確率が高いのである。

　しかし**政略結婚**のように、そもそも愛情が芽生えることもなく結婚した夫婦や、愛情が薄れたにもかかわらず、なんらかの事情によって離婚することもできない夫婦であれば、妻も夫も愛人を作って憂さを晴らすことも考えられる。この場合は、互いに愛人の存在が半ば暗黙の了解状態にあるため、嫉妬に狂うこともなく、不安定ながらも相互の関係を維持することもできる。

　たとえば、夫が妻のことなど一切おかまいなしに趣味にうつつを抜かし、妻と妻の愛人が働いて不甲斐ない夫の生活を支える。そうなれば、妻はさんざん夫を馬鹿にし続けるに違いないが、自らも愛人との淫蕩な日々を満喫しているのだから、どちらの罪が大きいかなど非難し合うのは馬鹿げている。

　しかし、仮に夫が**愚鈍であるがゆえに汚れなき真心の持ち主**で、自らの利益などを一切考えることもない人物であったとすれば、**愚者の姿をした聖者**と見なすこともできる。

　となれば、妻は**夫の純真さを利用し尽くした利己的で貪欲な悪女**ということになる。夫は、騙されていることすら善悪の物差しで測らなかった以上、妻にも愛人にも悪い感情を抱くことはなかったはずだからである。

愛人の存在は許されるのか？

夫に愛人がいても、昔なら「妾のひとりやふたり……」と大目に見てもらえることもあったが、今ではありえない。まして妻が愛人を持つなど許されるものではない。

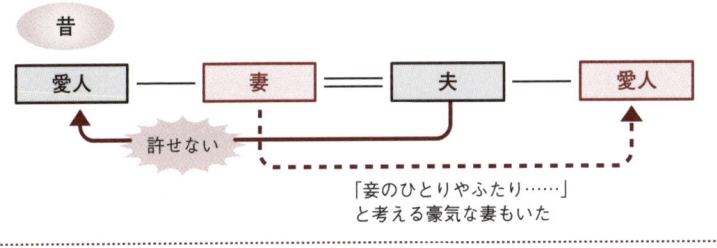

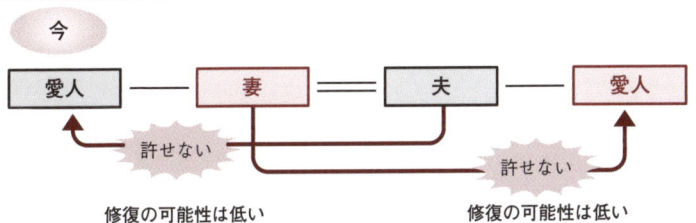

昔

愛人 ← 妻 ＝ 夫 → 愛人

許せない

「妾のひとりやふたり……」と考える豪気な妻もいた

今

愛人 ← 妻 ＝ 夫 → 愛人

許せない　　　　　許せない

修復の可能性は低い　　修復の可能性は低い

奇妙な三角関係が続けられる理由とは？

夫は愚鈍ゆえに汚れなき真心の持ち主だったとすれば、妻やその愛人に悪感情を抱くことはなく、三角関係を続けたとしても不思議ではない。

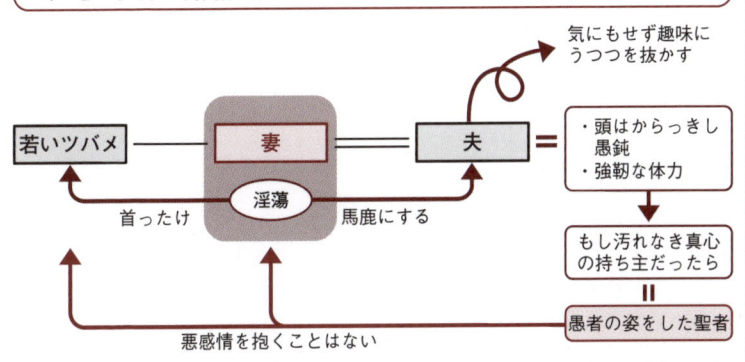

若いツバメ ← 妻（淫蕩）― 夫 → 気にもせず趣味にうつつを抜かす

首ったけ　　馬鹿にする

夫 ＝
・頭はからっきし愚鈍
・強靭な体力

↓

もし汚れなき真心の持ち主だったら

＝

愚者の姿をした聖者

悪感情を抱くことはない

ワンポイント雑学

妻から見た離婚原因の第2位は夫の暴力、第3位は収入の少なさがあげられる。

No.070
マリア・ルイーサ

エピソード・三角関係

世の中にはおかしな夫婦もいるもので、妻の愛人を加えた奇妙な三角関係を死ぬまで維持した人たちがいる。王妃は淫売、国王は淫売屋の亭主、愛人はヒモと揶揄されたというから、3人の淫蕩ぶりがうかがい知れる。

●淫売屋の亭主と淫売とヒモの奇妙な三角関係

　中世ヨーロッパの王室に「**淫売**」と呼ばれた王妃がいた。その夫、つまり国王は「**淫売屋の亭主**」、王妃の愛人は「**ヒモ**」とまで揶揄されたという。「淫売屋の亭主と淫売とヒモ」、この3人をひっくるめて「**地上の三位一体**」と悪態をつかれたというから、よほど淫蕩ぶりがひどかったのだろう。そうたとえられた人物とは、スペイン国王**カルロス4世**と、その后**マリア・ルイーサ**（1751〜1819）、そして愛人**マヌエル・デ・ゴドイ**である。

　もちろん、この場合の主役は、男狂いのマリア・ルイーサである。彼女は愚鈍な夫とは対照的に、我がままで派手、なにより男好きという淫蕩な女であったから、夫ひとりで満足できなかった。**テバ伯爵**や**フェンテス伯爵**などと浮名を流したのち、マヌエル・デ・ゴドイという21歳の青年将校と出会って虜になっている。彼女の熱の入れようは凄まじく、ゴドイを大佐から中将へと昇進させ、ゴドイが25歳のときには、なんと宰相にまで押し上げるという破格の人事まで夫に強いている。そのうえで、政務に興味を示さない夫の代わりに、妻と愛人が実質的に政権を運営していくのである。このゴドイという男も、彼女に劣らぬ軽薄淫蕩さで、王妃に隠れて何人もの女を執務室にまで引き入れている。逆上した王妃が怒鳴り込んできたことがあったが、このときゴドイは人目もはばからず王妃を殴りつけたという。王妃はゴドイに冷たくあしらわれると、かえって恋情が募ったという。

　それでも、この奇妙な三角関係は、**ナポレオン**がスペインに侵攻して、国王一家が国外に亡命したあとも続いている。プロヴァンスからマルセイユ、ローマへと転々としたのちの1819年、マリア・ルイーサとカルロスが相次いで息を引き取るが、夫婦ふたりの死を見届けたのもゴドイであったというから、最後まで奇妙な三角関係は続いていたのである。

「淫売」とまでいわれたマリア・ルイーサとふたりの男たち

マリア・ルイーサは、夫のスペイン国王カルロス4世が「淫売屋の亭主」、自身は「淫売」、マリアの愛人は「ヒモ」と揶揄されるほどの淫蕩ぶりであった。

淫売屋の亭主と淫売とヒモ

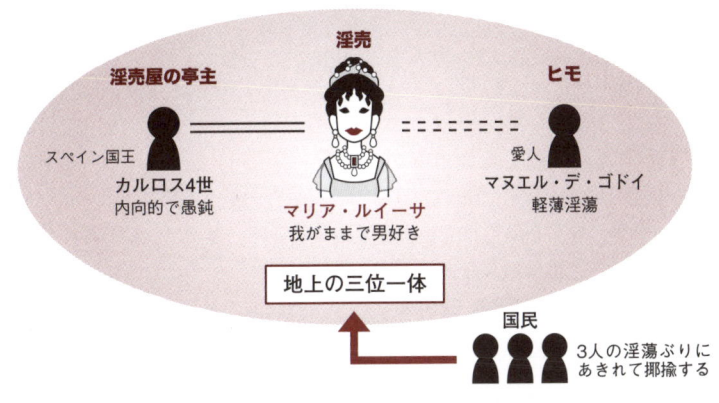

淫売屋の亭主
スペイン国王
カルロス4世
内向的で愚鈍

淫売
マリア・ルイーサ
我がままで男好き

ヒモ
愛人
マヌエル・デ・ゴドイ
軽薄淫蕩

地上の三位一体

国民 3人の淫蕩ぶりにあきれて揶揄する

死ぬまで続いていた奇妙な三角関係

夫だけでは満足できなかったマリア・ルイーサは、青年将校ゴドイの虜になって、ついにはふたりで政権を担っていくのである。

① 夫だけでは満足できない
② 21歳のゴドイに首ったけ
③ ゴドイを昇進させるよう進言
④ 昇進させる
⑤ 政務に興味を示さない
⑥ ふたりで政権を担っていく
⑦ 1819年に死去
⑧ ふたりを看取る

カルロス4世　マリア・ルイーサ　マヌエル・デ・ゴドイ

ワンポイント雑学

マリア・ルイーサが肺炎で亡くなる直前に看病していたのがゴドイであった。このとき、夫は狩猟に出て不在であった。

No.070　第3章●欲望に生きた悪女

No.071
女帝

夫ある身でありながら、これみよがしに愛人を囲う女帝がいたとしても、中世ヨーロッパにおいてはなんら不思議なことではなかった。しかしその数が数百にも上るとあっては、男狂いと悪態をつかれても文句はいえまい。

●多くの愛人を囲って憂さを晴らす妻

　不甲斐ない夫に嫁いだ妻というものは、好むと好まざるとにかかわらず、しっかり者にならざるを得ないようである。特に、妻のほうは知性や教養が豊富で快活な性格でありながら、夫のほうは遊びに夢中になるような**無能男**ときては、妻が激怒するのも無理はない。

　おまけに、夫が**性的不能者**であったとしたら、それがわかった時点で、妻は奈落の底に突き落とされたような気分に陥ったに違いない。現代日本社会なら、即刻妻のほうから三行半を突きつけて、慰謝料をガッポリせしめて、早々に次の男を探し始めてもおかしくない状況である。仮に離婚できない状況にあったとすれば、夫に対して、これみよがしに愛人を囲って当てつけるというのも、ひとつの方策である。

　たとえば、中世ヨーロッパの貴族社会においては、性に関してもかなり奔放であったから、女性といえども**愛人**を囲うことはそれほど特殊なことではなかった。多くの妻たちが、実際にこの方法で憂さを晴らしていたようだ。

　それにしても、ものには限度というものがある。いくら愛人を囲うことがそれほど珍しくなかった社会であったとしても、その数が何十人、何百人ともなれば、もはや**男狂い**、**色情魔**などと悪態をつかれても文句はいえまい。こうなっては、子供が生まれても誰の子なのかすらわかったものではなかっただろう。これを実際に実行に移した女がいたとすれば、文句なしに悪女といっていいだろう。

　また、性欲の異常に強い女は、権力欲もまた飛び抜けて強いことが多く、権力者を追い落として、自らがその座に収まろうと目論む輩も少なくないのである。こうなればもはや、悪女中の悪女として歴史に名を刻まれてしかるべき女といえるだろう。

不甲斐ない夫への反撃の様子

夫が不甲斐ないと妻はしっかり者になる。おまけに夫が性的不能者であれば、妻は夫に当てつけるように男妾を囲い始める。

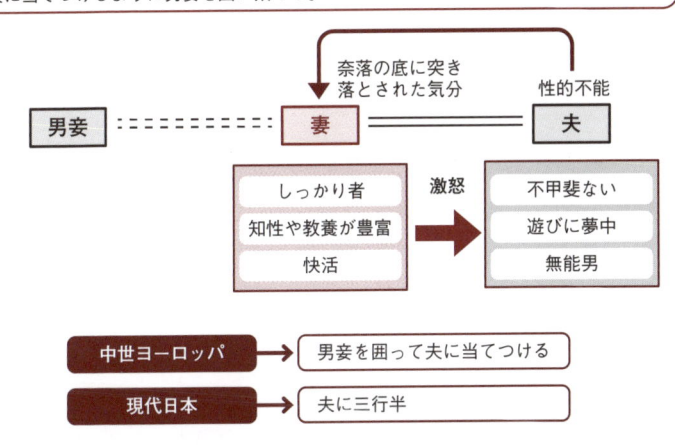

```
                    奈落の底に突き
                    落とされた気分      性的不能
男妾 ------ 妻 ======= 夫

        しっかり者       激怒    不甲斐ない
      知性や教養が豊富    ━━▶   遊びに夢中
         快活                    無能男
```

| 中世ヨーロッパ | → | 男妾を囲って夫に当てつける |
| 現代日本 | → | 夫に三行半 |

数百人もの男妾を囲った女のその後の行動

男妾を囲うのが当たり前だったとしても、数百人もいるというのは異常である。しかも夫を権力の座から引きずり下ろすとすれば、悪女としかいいようがない。

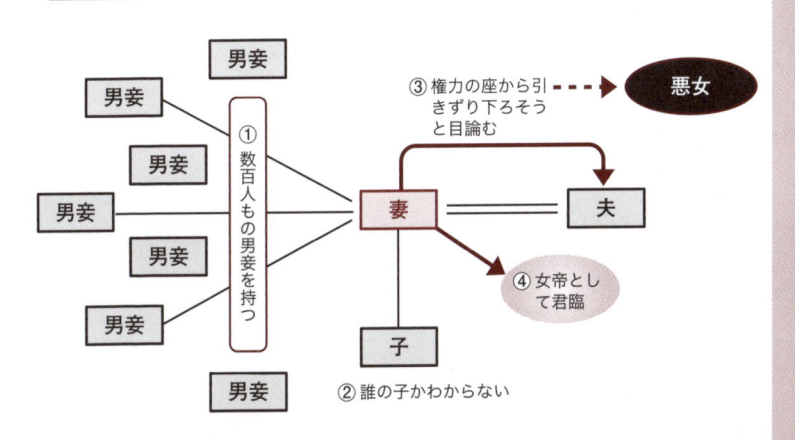

男妾（複数） → ①数百人もの男妾を持つ → 妻 → ③権力の座から引きずり下ろそうと目論む → 悪女
妻 → 夫
妻 → ④女帝として君臨
妻 → 子 （②誰の子かわからない）

ワンポイント雑学

日本の歴代天皇には女性（女帝）も多いが、現代の皇室典範には「皇位は皇族に属する男系の男子がこれを継承する」とあり、男性のみが継承できることになっている。

No.071 第3章 ●欲望に生きた悪女

No.072
エカテリーナ2世

エピソード・女帝

一国のトップに上り詰める女帝。それは、人並みはずれた権力欲があってこそ達成できることだ。ここでは、ロシア大帝という最高権力者へと上り詰めた、エカテリーナ2世について解説していこう。

●知性を磨いて最高権力者へ

　権力を握ると、女性でも愛人を囲いたくなるものらしく、18世紀ロシアの女帝に、300人もの愛人を囲う女傑がいた。ロシアの大帝**エカテリーナ2世**（1729～1796）である。プロイセン（ドイツ）の貧乏貴族の長女として生まれた彼女は、お世辞にも美女とはいいがたいギスギスした顔立ちであったという。その短所をカバーしようと、知性に磨きをかけたことで、玉の輿に乗ることに成功する。なんと、ロシア大帝**ピョートル**との縁談が舞い込んできたのである。本人だけでなく親族一同大喜びしたことはいうまでもない。

　ところが、結婚一夜にして彼女は不幸のどん底に突き落とされてしまう。大帝は**性的不能者**だったのである。何度かチャレンジはしてみるものの行為に及ぶことができず、8年過ぎても彼女はまだ処女のままであった。耐えきれなくなった彼女は、侍従の**セルゲイ・サルティコフ**と不倫関係に陥り、毎夜のように密会を繰り返すようになる。懐妊の気配を感じ取ったセルゲイは、意を決してピョートルに手術を勧め、エカテリーナと関係を持たせて、生まれてくる子がピョートルの子であるように見せかけた。

　その後、プロイセンびいきのピョートルがロシアの宿敵プロイセンと単独で和議を結ぶと、プロイセン嫌いだった国民から一気に信頼を失ってしまう。エカテリーナはここでチャンス到来と、近衛兵の将校**グレゴリー・ホルロフ**を味方に引き入れてクーデターを起こし、ピョートルを皇帝の座から引きずり下ろして、自らが女帝として即位する。彼女は次々と斬新な政策を実行し、ロシアを名実ともにヨーロッパ随一の大国に押し上げた。そして女権力者の御多分に漏れず、毎夜男を寝室に呼び、淫蕩の限りを尽くした。

　のちに彼女の孫の**ニコライ1世**が、彼女のことを「**帝冠をつけた娼婦**」と酷評したというから、その好色ぶりがうかがい知れる。

エカテリーナの不倫騒ぎの行方は？

エカテリーナは、ピョートルと結婚したものの、性的不能の夫に満足できず、侍従との不倫に走る。

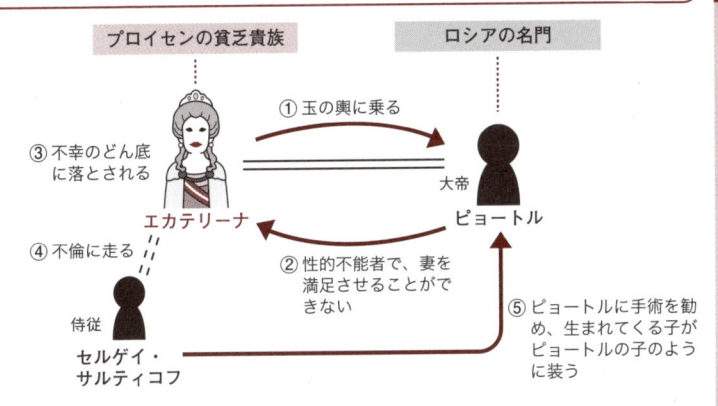

プロイセンの貧乏貴族 / ロシアの名門

① 玉の輿に乗る
エカテリーナ ← 大帝 ピョートル
② 性的不能者で、妻を満足させることができない
③ 不幸のどん底に落とされる
④ 不倫に走る
侍従 セルゲイ・サルティコフ
⑤ ピョートルに手術を勧め、生まれてくる子がピョートルの子のように装う

エカテリーナが権力を握るまでの経緯

夫のピョートルが国民から反感を買うと、エカテリーナはクーデターを起こして、自ら女帝となるのである。

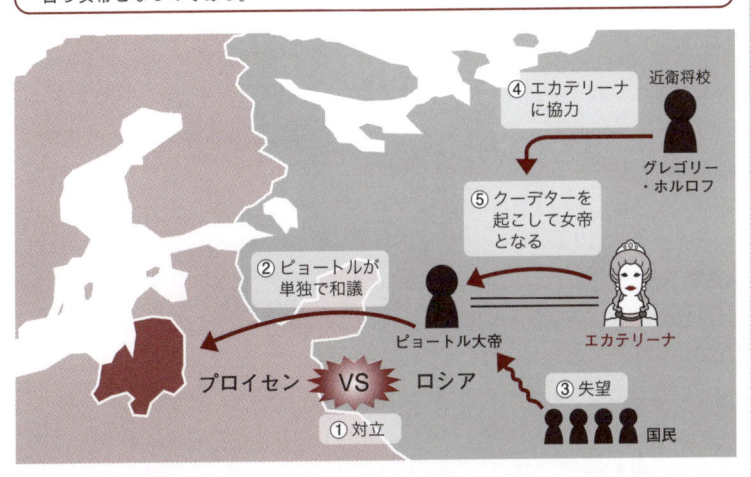

① 対立 プロイセン VS ロシア
② ピョートルが単独で和議
③ 失望 国民
④ エカテリーナに協力 近衛将校 グレゴリー・ホルロフ
⑤ クーデターを起こして女帝となる
ピョートル大帝 ← エカテリーナ

ワンポイント雑学
1783年、船頭・大黒屋光太夫がアリューシャン列島のアムチトカ島に漂着したのち、当時の帝都であったサンクトペテルブルクで女帝エカテリーナ2世に謁見し、帰国を許されている。

第3章●欲望に生きた悪女

No.073
色情狂

寝ても覚めても性衝動を抑えきれない女は淫乱などといわれるだけかもしれないが、それに加えて愛する男の屍体にまで興味を示すようになれば、悪女のそしりからは逃れられなくなる。

●愛する男の屍体にまで興味を示す淫乱さ

世の中には**淫乱**と呼ばれる女がいる。少女のころから複数の男と交わり、結婚後も不倫騒動を起こす女である。下手をすれば、親戚は当たり前で兄弟とさえ関係を結んでしまう。こうなれば色情狂といわれるのは当然であろう。その原因は、恐らく幼少のころから肉親の愛情が得られなかったことで人間不信に陥り、その孤独感や不安感が中枢神経を刺激し、結果として性衝動を引き起こしてしまったのだろう。

しかも、これらの性衝動に加えて、愛する人の屍体にまで執着して愛撫するような女となれば、レベルが違い常軌を逸脱した話となる。

ネクロフィリア（屍体性愛）の性癖は、明らかに社会通念から逸脱した性的嗜好であるから、この場合、女は**パラフィリア（性的倒錯）**と呼ばれる精神疾患に陥っていたと考えることもできる。

ちなみに性的倒錯とは、社会通念から逸脱した性的嗜好のことで、**サディズム（加虐性愛）**や**マゾヒズム（被虐性愛）**、**エロトフォノフィリア（殺人性愛）**、**カニバリズム（食人性愛）**、ネクロフィリアといった異常とも思える行為に性的興奮を覚えるものから、**オキュロフィリア（眼球性愛）**や**グレイブラスネス（無毛性愛）**のように、人体の一部に異常に固執するものまで、さまざまな種類の性癖が含まれる精神疾患である。その行為が社会的に受け入れがたい行動に及ぶようになれば、社会から忌避されるだけでなく、なんらかの制裁が加えられるだろう。

そして、嬉々としてこうした行為に及び続けたとすれば、これはもう悪女というしかあるまい。ただ、その行為に自責の念が伴って自らをも苦しめる状況であれば、社会からは忌避されるが、病が原因の不幸な女ととらえられることもあるだろう。

性的倒錯とは？

社会通念から逸脱した性的嗜好である性的倒錯には、異常な行為に性的興奮を覚えるものと、人体の一部に異常に興奮するものとがある。

社会通念から逸脱した性的嗜好

性的倒錯

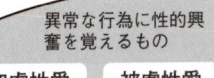

- 異常な行為に性的興奮を覚えるもの
  - 加虐性愛
  - 被虐性愛
  - 屍体性愛
  - 殺人性愛
  - 食人性愛
- 人体の一部に異常に固執するもの
  - 体臭性愛
  - 眼球性愛
  - 無毛性愛

↓

・社会的に受け入れがたい行動
・本人が苦痛を感じる

＝

精神疾患

不幸から生まれる色情狂

女が色情狂になってしまう理由には、幼少のころの不幸や不安が引き金になっている場合がある。

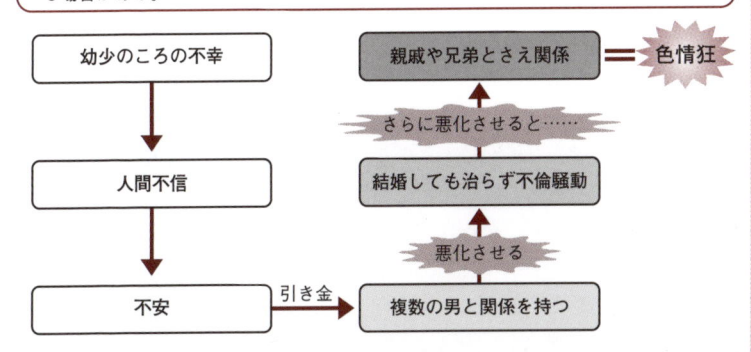

幼少のころの不幸 → 人間不信 → 不安 →（引き金）→ 複数の男と関係を持つ →（悪化させる）→ 結婚しても治らず不倫騒動 →（さらに悪化させると……）→ 親戚や兄弟とさえ関係 ＝ **色情狂**

ワンポイント雑学

色情狂（色情症）は、相手から愛されていると錯覚する好訴妄想型と、なにかの機能障害による性欲の抑制欠如が引き起こす異常性欲型に分けられる。

第3章●欲望に生きた悪女

No.074
マルグリット・ド・ヴァロワ

エピソード・色情狂

> マルグリットは、処刑されて首を刎ねられてしまった愛人の、その首を持ち帰って化粧を施し、いとおしそうに接吻したといわれている。3人の兄弟と交わっただけでなく、幽閉中に看守まで誘惑したというほど淫蕩であった。

●処刑された愛人の首に接吻

　屍体に異常なまでの関心を抱くのは**ネクロフィリア**と呼ばれるが、殺された愛人の首に化粧を施していとおしく接吻するということまで、その範疇に入るものなのであろうか。この異常な行為をやってのけたと流布されたのが、ナヴァル王アンリ、のちのフランス王**アンリ4世**の后となった**マルグリット・ド・ヴァロワ**（1553〜1615）、通称**マルゴ**と呼ばれた王妃である。11歳のときにはすでに3人もの愛人がおり、従者を加えた4人とともに野姦を楽しんだというから、なんとも末恐ろしい。そればかりか、3人の兄弟とも近親相姦の間柄であったといわれている。

　そんな淫媚なマルゴがアンリと結婚したのは、旧教徒と新教徒の融合を目論んでいた母**カトリーヌ・ド・メディチ**の政略によるもので、ふたりが結婚式を挙げた教会の鐘の音を合図に、**聖バルテルミーの大虐殺**が開始されたことは、P.196の項で記している。血に染まった結婚式ののち、マルゴは夫のいる身で、弟**エルキュール・フランソワ**の臣下であった**ラ・モル**と恋に落ちる。しかし、ラ・モルは弟と組んで**シャルル9世**から王権奪取を目論み、その企てが発覚して首を刎ねられてしまう。このときマルゴは悲しみに暮れる間もなく、こっそりと処刑場に現れて、捨て置かれていた愛人の首を持ち帰り、前述のような狂気の行動に及んだと伝えられている。そればかりか、首に防腐処理をして宝箱に保管していたともいう。のちに王位継承の争乱に加担して捕らえられ、18年にも及ぶ幽閉生活を余儀なくされるが、その間も男なしではいられなかったようで、看守にまで誘惑の手を伸ばし、そのあと富豪メディチ家に輿入れしたときも、情事にまつわる事件を引き起こした。それは、ふたりの小姓が彼女を奪い合った末、ひとりがピストルで撃ち殺されたものだったが、彼女は62歳で死ぬまで色恋沙汰が絶えなかったのである。

マルグリットを巡る人物相関図

11歳のころ、すでに3人の愛人がいたというマルグリットは、3人の兄弟とも近親相姦の関係にあったというほど淫乱であった。

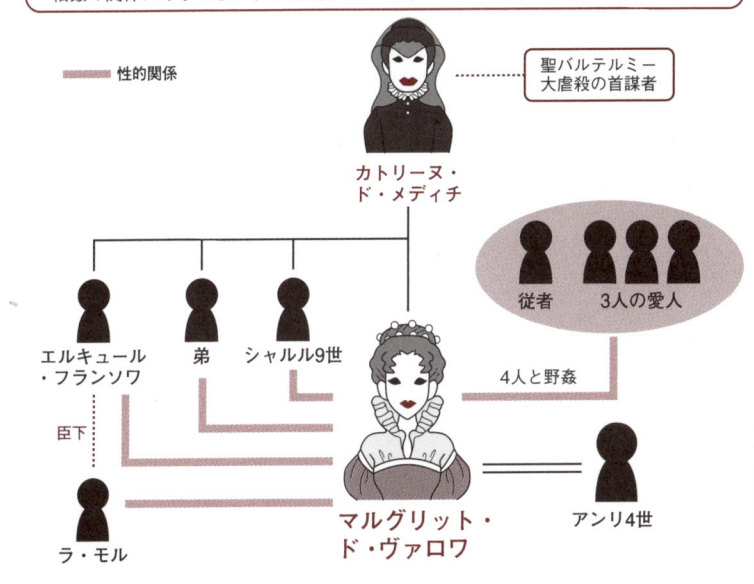

- ━━ 性的関係

カトリーヌ・ド・メディチ …… 聖バルテルミー大虐殺の首謀者

エルキュール・フランソワ / 弟 / シャルル9世

従者　3人の愛人

マルグリット・ド・ヴァロワ ── 4人と野姦

ラ・モル（臣下）

アンリ4世

マルグリットが処刑場で取ったと流布された驚くべき行動とは？

シャルル9世暗殺未遂の罪で処刑された愛人ラ・モル。マルグリットは処刑場でその首を拾って持ち帰り、キスをしたともいわれている。

① 愛人ラ・モルが首を刎ねられると、その首を持ち帰る

② ラ・モルの顔に化粧を施してキスをする

③ ラ・モルの首を宝箱に入れて保管する

ワンポイント雑学

神聖ローマ帝国カール5世の庶子で、ネーデルラント提督であったドン・ファン・デ・アウストリアもマルグリットに魅せられたひとり。彼はマルグリットのことを「男を破滅させる美女」と称している。

No.074　第3章●欲望に生きた悪女

No.075
強欲

人はつい、快の心地よさに溺れて、必要以上に欲（欲望）を追い求め、強欲という名の邪な心を抱いてしまいがちである。しかし、これが大き過ぎると、常に欲求不満状態に陥って、非情な行動に走ってしまいかねない。

●必要以上に追い求める邪な心

欲とは、それを満たされれば快いと感じる感覚である。**排泄欲**や**食欲**、**睡眠欲**、**性欲**といった**生理的欲求**は、脳全体を包み込むように広がる**大脳辺縁系**の**快楽中枢**の働きによって感じ取られ、自己実現の欲求などのより高次な**社会的欲求**は、前頭部にある情報分析力に長けた**前頭連合野**の働きによって考えさせられるような仕組みになっているという。これらの欲求は、人間が人間らしく生きるのになくてはならないものである。

しかし、快の心地よさに溺れて飽きることなく追い求めれば、その時点で邪な心、**強欲**に早変わりする。つまり食欲も性欲も権力欲も金銭欲も**必要以上に求める心**が**悪心**であり、これを求め続ける女は悪女ということになる。

また困ったことに、欲求とは、たとえひとつが満たされたとしても、次々と**より高次な欲求**が顔をのぞかせてくるものらしい。**生理的欲求**が満たされれば次は**安全への欲求**を、さらには**社会的欲求**から**自我欲求、自己実現の欲求**を経て**自己超越の欲求**が満たされるまで、執拗に追い求めてしまうもののようである。自己を超越することなど不可能に近いから、大多数の人にとって欲求から逃れることなど、そもそもできないものなのである。

もともと欲求が完全に満たされるものでないとすれば、その度合いを小さくすることに加え、満たされないことに対する耐性が必要となってくる。欲求の度合いが大きければ不満の度合いも高まり、耐性が少なければ常にヒステリー状態に陥ってしまう。そして、欲求の度合いがずば抜けて大きく、耐える力もない強欲な女が権力者であったとすれば、その国は臣下も民も含めて、大きな災いを被ることになる。暴君となって臣下や民に無理難題を押しつけたり、あげくの果てには極悪非道な振る舞いにまで及ぶこともある。国は疲弊し、ついには滅亡への道を歩むことにもなりかねないのだ。

欲と強欲とは違う?

排泄欲や食欲、睡眠欲などの生理的欲求や、自己実現のためのより高次な社会的欲求は、なくてはならないものである。しかし必要以上に求めると強欲となる。

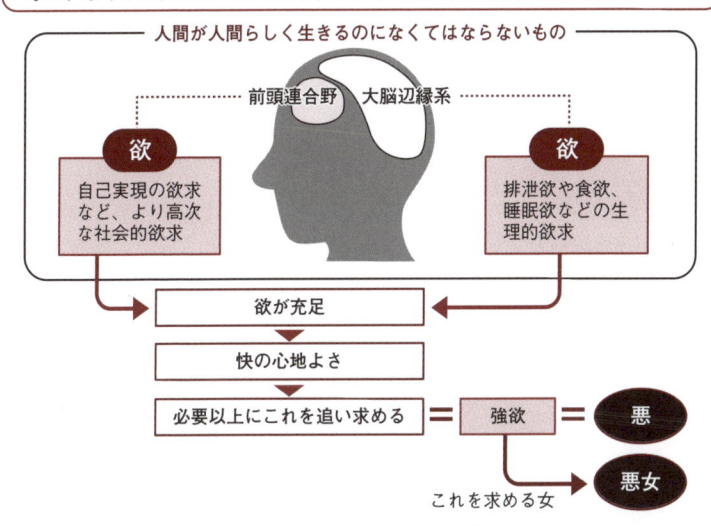

― 人間が人間らしく生きるのになくてはならないもの ―

前頭連合野　大脳辺縁系

欲
自己実現の欲求など、より高次な社会的欲求

欲
排泄欲や食欲、睡眠欲などの生理的欲求

↓
欲が充足
↓
快の心地よさ
↓
必要以上にこれを追い求める ＝ 強欲 ＝ 悪

これを求める女 → 悪女

際限なく欲を追い求めた女権力者の行動とは?

欲が満たされているのに必要以上に追い求める欲望は、求めれば求めるほど欲求不満は大きくなり、ヒステリー状態になっていく。

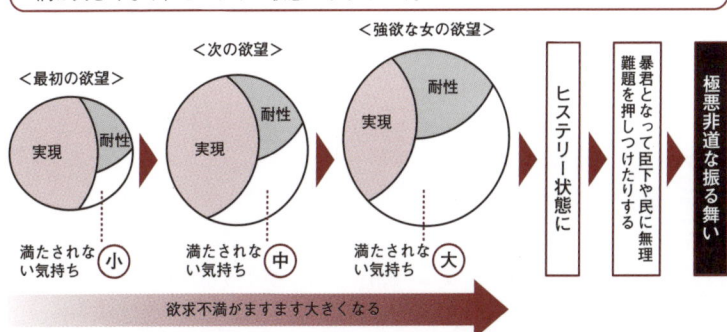

<最初の欲望>　実現／耐性　満たされない気持ち 小
<次の欲望>　実現／耐性　満たされない気持ち 中
<強欲な女の欲望>　実現／耐性　満たされない気持ち 大

→ ヒステリー状態に → 暴君となって臣下や民に無理難題を押しつけたりする → 極悪非道な振る舞い

欲求不満がますます大きくなる

ワンポイント雑学
強欲は、傲慢、嫉妬、憤怒、怠惰、暴食、色欲とともに、キリスト教の7つの大罪のひとつに数えられている。

第3章●欲望に生きた悪女

No.076
西太后(せいたいごう)

エピソード・強欲

自らの欲望を満たすために、ライバルなど邪魔者を次々と陥れていった中国三大傑女のひとり・西太后。ここでは、権力欲、物欲、食欲、性欲、すべてに強欲であった彼女のエピソードを紹介しよう。

●邪魔者を次々と陥れて権力欲を満たそうとした悪女

冷酷無比な独裁者。ありふれた言い回しではあるが、これこそ**中国三大傑女**のひとりに数えられた**西太后**(1835～1908)を言い表すのに最もふさわしい負の称号だ。権力欲、物欲、食欲、性欲のどれをとっても、他に比肩すべくもないほど強大で、自らの欲望を満たすために取り巻く人を次々と陥れ、それを踏み台にしてのし上がっていった。

1850年、ひとりの少女が後宮へと迎え入れられた。**蘭児**(らんじ)という16歳になったばかりの賢い娘で、翌年には早くも皇帝に見初められて貴人の称号を得ている。のちに西太后と呼ばれた女の、まだ見目麗しいころのことである。その後は男児を生んで貴妃となり、次期皇帝の母后としての栄達を保証されるが、権力欲の強い彼女はその程度の栄華栄達では満足できなかった。

1861年、病弱だった**咸豊帝**(かんぽうてい)が死去すると、彼女は尼になるというしきたりを無視して、幼い息子を**同治帝**(どうちてい)として即位させる。自ら**垂簾聴政**(すいれんちょうせい)を敷いて、皇帝を陰で操ろうというのである。重臣の**粛順**(しゅくじゅん)らがこれを阻止しようとするが、世事に長けた彼女は先手を打って、彼らを素早く大逆罪に陥れて死刑にしてしまう。さらに邪魔者を次々と排除して権力を一手に握るのである。一説によれば、**東太后**を毒殺したのも彼女だとされる。

同治帝が梅毒を患って死去すると、まだ5歳の甥を**光緒帝**(こうしょてい)として即位させ、自分の姪をその皇后に据えて、政府の要職をすべて身内で固めて政権の独裁化を図った。民は貧困に喘ぎ、諸外国による侵略が本格化していたにもかかわらず、西太后は**北洋艦隊の整備費を流用**して自慢の庭園・**頤和園**(いわえん)の修復費にあてて国力を弱めさせ、ついには**日清戦争**を敗戦へと導いてしまったことはよく知られるところである。彼女が亡くなった3年後には清朝も崩壊するが、その原因の多くが権力欲に駆られた彼女にあったとされている。

西太后昇進の手順とは？

蘭児は皇帝に見初められて貴人となり、男児を生んで貴妃となった。のちに息子を帝に即位させて実権を握り、権力を行使していく。

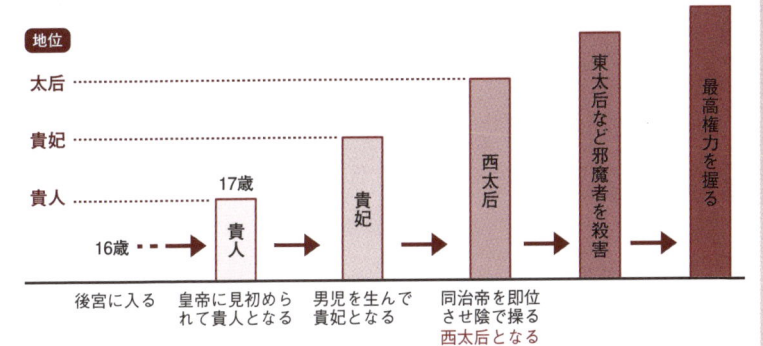

地位

太后				東太后など邪魔者を殺害	最高権力を握る
貴妃			西太后		
貴人	17歳 貴人	貴妃			

16歳 → 貴人 → → → →

後宮に入る / 皇帝に見初められて貴人となる / 男児を生んで貴妃となる / 同治帝を即位させ陰で操る **西太后**となる

西太后を取り巻く人間関係

息子の同治帝を垂簾政治によって陰で操ろうとする西太后は、邪魔者の粛順らを殺害したのち、光緒帝を即位させて陰で操っていく。

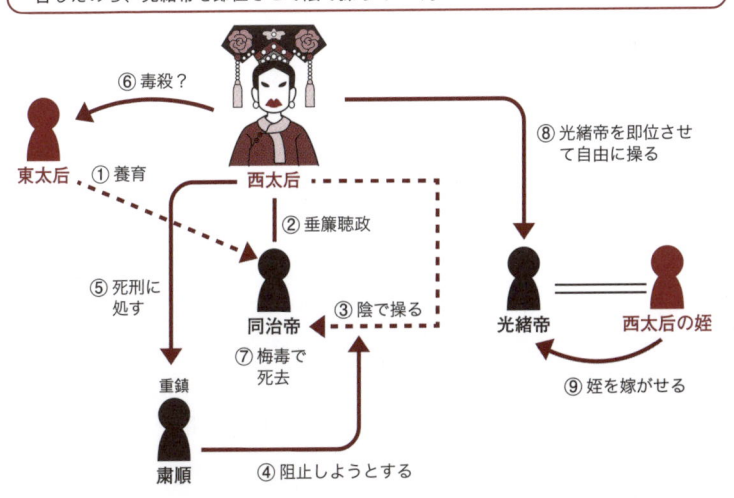

- 西太后 →⑥ 毒殺？→ 東太后
- 東太后 ┈① 養育┈→ 同治帝
- 西太后 →② 垂簾聴政→ 同治帝
- 西太后 ┈③ 陰で操る┈→ 同治帝
- 粛順 →④ 阻止しようとする→（同治帝へ）
- 東太后 →⑤ 死刑に処す→ 粛順（重鎮）
- ⑦ 梅毒で死去（同治帝）
- 西太后 →⑧ 光緒帝を即位させて自由に操る→ 光緒帝
- 西太后の姪 →⑨ 姪を嫁がせる→ 光緒帝

ワンポイント雑学

日清戦争に拠出されたのは250万両。対して、頤和園の拡張費用として投じられたのは500万両とも1000万両ともいわれる。いかに大金を投じたか推し量ることができそうだ。

No.077
陰謀

権力奪取を目論んで図られる計画は、成功すれば計略と呼ばれるが、失敗すれば陰謀と呼ばれて非難される。策謀奸計を用いて王妃追い落としの陰謀を企てる妃嬪自らが黒幕となれば、悪女と呼ばれてもしかたがない。

●権力奪取のための陰湿な策謀

　陰謀とは、権力闘争の場において、**非権力者側が権力者の追い落としを目的として立てた計画**のことである。その計画が功を奏して権力者を倒すことができれば**計略**といわれるが、権力奪取に失敗すれば陰謀と呼ばれて、悪巧みの意を込めて非難されてしまう。これが政権奪取にかかわることであれば、成功すれば革命として称賛されるが、失敗すれば「〜の乱」と呼ばれ、実行者は反逆児の汚名を着せられて処刑されるのが一般的である。

　この計画あるいは陰謀が権力とかかわりがある以上、ひとりで練られることは稀で、大抵の場合、背後に大きな組織が控えて糸を引いていることが多い。たとえば王位継承に絡む相続争いの場合は党派に分かれた**臣下の一群**が、会社であれば有力ポストを後押しする**派閥の一団**が自らを利することを期待して、首班となる代弁者を推し立て、権力奪取の計画を練っていくのである。

　この構造は宮廷における妃嬪間の抗争においても同様であるが、この場合は後ろ楯となる党派の影響力がものをいう。妃嬪自身が政権を担う当事者でないぶん、後ろ楯を当てにせざるを得ないからである。特に妃嬪が有力者の娘などでなければ、**外戚**としての後ろ楯を持たないだけに、党派の言いなりになって動かざるを得ない面もあった。陰謀の中心人物となるのは妃嬪ではなく、あくまでも**党派の首班**である。妃嬪は、党派にとって単なる飾り物としての存在でしかないというケースが多い。しかし、ときには妃嬪自身が黒幕となることもある。党派の領袖に絶大なる力を行使しうる力を有した女傑である。自らが主導権を握って、策謀奸計を用いて敵対勢力の追い落としに奮闘するのだから、これは悪女の汚名を着せられてもしかたがないであろう。最終目標はもちろん、自らが王妃の座に納まり、王を陰で操って自らが実権を得ることである。

権力者追い落としの計略と陰謀

非権力者が権力者の追い落としを計画して成功した場合は計略と呼ばれるが、失敗すれば陰謀と呼ばれて、首謀者は処刑される。

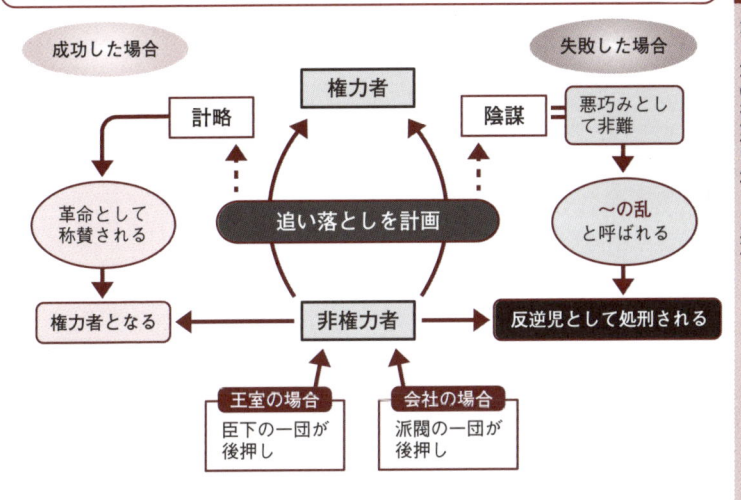

```
成功した場合                              失敗した場合

    ┌─計略─┐      権力者      ┌─陰謀─→ 悪巧みとして非難
    ↓       │       ↑           │           ↓
  革命として │       │           │         ～の乱
  称賛される │   追い落としを計画 │         と呼ばれる
    │       │       ↑           │           
    ↓       │       │           │           ↓
  権力者となる ←── 非権力者 ──→ 反逆児として処刑される
                    ↑   ↑
            ┌───────┘   └───────┐
          王室の場合          会社の場合
          臣下の一団が        派閥の一団が
          後押し              後押し
```

党派の黒幕となって王妃追い落としを図った悪女の動き

外戚の後ろ楯を持たない妃嬪は、党派の後ろ楯を持つか自らが黒幕になることで、ほかの妃嬪との抗争に勝ち、王妃の追い落としも可能になる。

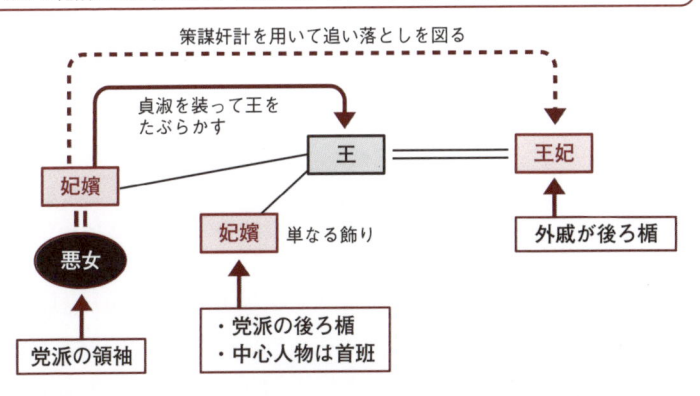

```
              策謀奸計を用いて追い落としを図る
       ┌──────────────────────────────────────┐
       ↓      貞淑を装って王を            ↓
      妃嬪 ──たぶらかす──→  王  ══════ 王妃
       ‖                     │            ↑
      悪女                   妃嬪 単なる飾り │
       ↑                     ↑          外戚が後ろ楯
    党派の領袖           ・党派の後ろ楯
                         ・中心人物は首班
```

ワンポイント雑学

藤原鎌足が中大兄皇子と図って蘇我入鹿の暗殺を計画実行した乙巳の変（645年）も、失敗していれば陰謀と呼ばれて、断罪されていたはずである。

No.078
張禧嬪 (チャン ヒ ビン)

エピソード・陰謀

さまざまな陰謀を企てて王后を追い落とし、自らが王后となり、悪事が露見したあとも呪術を使うなどして最後まで陰謀を企て続ける。ここでは、朝鮮王国史に残る三大悪女のひとり・張禧嬪について解説していこう。

●王后を陥れて自らがその地位に上る

日本でも放映されて人気を呼んだ韓国ドラマ『トンイ』。主人公の崔淑嬪(チェスグァン)をさまざまな権謀術数を用いて陥れようとした張禧嬪(1659～1701)は、朝鮮王朝第19代・粛宗(スクチョン)の正妃として実在した女性である。

粛宗は、正妻の仁敬王后金氏(インギョンワンフキム)を亡くしたあと、仁顕王后閔氏(イニョンワンフミン)を第2王后に迎えていた。その同時期に寵愛していたのが、後宮内の女官として仕えていた張玉貞(チャンオクチョン)、のちの張禧嬪である。仁顕王后が貞淑で穏やかな性格だったのに対して、張玉貞は華やかで、抜け目のない如才さで粛宗の心をとらえたようである。

王后には子供ができず、張氏が粛宗の第一子となる昀(ユン)(のちの景宗(キョンジョン))を生んだため、張氏は禧嬪(正一品)(チョンイルプム)に昇格し、昀が世子(世継ぎ)となるよう働きかけ始める。しかし、王后を後ろ楯として勢力を張る西人(ソイン)(派閥のようなもの)の重臣たちがこれを阻止しようとすると、張氏は王后を陥れようと計略を巡らす。粛宗は張氏の陰謀に乗せられ、西人を廃して張氏を後ろ楯にする南人(ナミン)を起用する。そして王后を廃して平民に落とし、張氏を正妃にしてしまう。

権勢を握った張氏は、兄の張希載(チャンヒジェ)を漢城判尹(正二品)(ハンソンパニュン チョンイブム)の地位に上らせてさらに権勢を強め、さまざまな陰謀を企てていくのである。この張氏の一連の行動に失望した粛宗は、次第に彼女と疎遠になって、宮廷内で雑事を担当していた崔氏(チェ)を寵愛するようになる。崔氏が淑嬪に冊封されるや、張氏は嫉妬に駆られて執拗な嫌がらせを開始する。そして張氏は王后から禧嬪に降格され、廃后となっていた仁顕王后が復権。それでも懲りない張氏は、仁顕王后を呪い殺そうとしたため、ついに粛宗に死を命じられるのである。

こうして粛宗の心を弄び、朝廷の権威を失墜させた張氏は、後世、**朝鮮王朝三大悪女**のひとりとまで数えられるようになっている。

粛宗を取り巻く人物相関図

仁顕王后を第2王后として迎えた粛宗は、同時に張玉貞をも寵愛する。張氏は男児を生むと禧嬪となり、さらなる陰謀を企む。

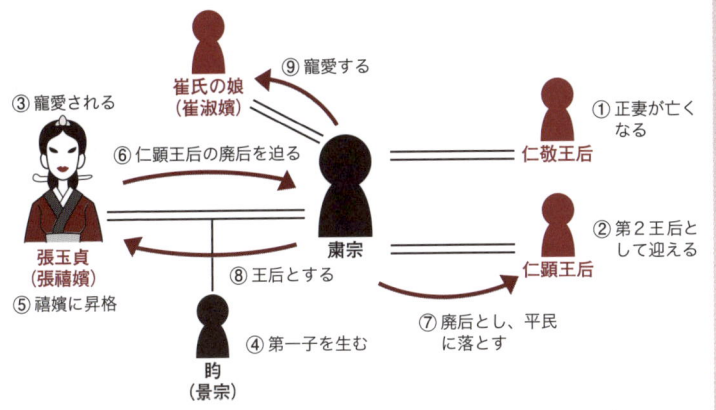

- ①正妻が亡くなる → 仁敬王后
- ②第2王后として迎える → 仁顕王后
- ③寵愛される → 張玉貞(張禧嬪)
- ④第一子を生む → 昀(景宗)
- ⑤禧嬪に昇格
- ⑥仁顕王后の廃后を迫る
- ⑦廃后とし、平民に落とす
- ⑧王后とする
- ⑨寵愛する → 崔氏の娘(崔淑嬪)

粛宗

南人と西人の勢力関係の推移

王朝内の勢力は、仁顕王后を後ろ楯にする西人と、張禧嬪を後ろ楯にする南人が対立していた。そして張禧嬪が陰謀を企て、西人を陥れるのである。

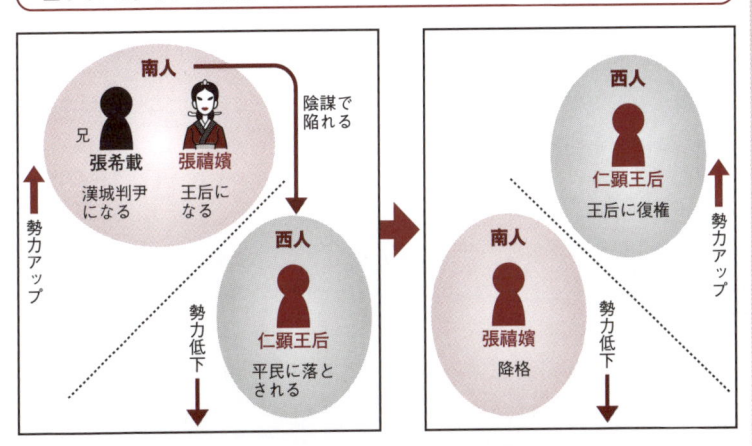

【左図】南人:兄 張希載(漢城判尹になる)、張禧嬪(王后になる) — 勢力アップ
陰謀で陥れる → 西人:仁顕王后(平民に落とされる) — 勢力低下

【右図】西人:仁顕王后(王后に復権) — 勢力アップ
南人:張禧嬪(降格) — 勢力低下

ワンポイント雑学

張禧嬪の生んだ子が第20代国王の景宗で、崔淑嬪(トンイ)が生んだ子が第21代国王の英祖(第22代国王・正宗〈イ・サン〉の祖父)である。

第3章●欲望に生きた悪女

No.079
笑み

女性の笑みは、男の心を芯まで癒やしてくれる特効薬である。男は愛する女性を微笑まそうと心血を注ぐことが多いが、この心理を逆手に取って、わざと男を突き放して男の気をそぞろにさせる、したたかな女もいる。

●ツンデレの攻防で男をたぶらかすしたたかさ

女の武器といえば、**色気**と**涙**、**笑み**あたりが最も有効な手段といえよう。男を虜にするだけなら色気を振りまくのが手っ取り早いし、男の気を惹くだけならひと粒の涙を流すだけで大抵の男が親身になって話を聞いてくれる。しかし、色気はときがくれば飽きるし、涙は頻繁になれば敬遠される。これに対して笑みというものは、賞味期限がないばかりか、大抵の男にとって心の芯まで癒やしてくれる特効薬のようなものだから、効果絶大である。

常に臨戦態勢を強いられて緊張の糸をほぐすこともままならない男たちにとって、愛する女性の笑み以上に心安らぐものはないといえるだろう。それは、子どものころ優しかった母の慈愛を思い起こし、愛する女性にはいつも笑顔で優しく見守ってもらいたいという男の欲求を満たすものだからだ。そのため、愛する女性を笑顔にしようとする行動は、男にとっていわば**自己防衛本能**そのものということもできる。ちなみに、人が笑顔になると**オキシトシン**という鎮痛効果のあるホルモンが分泌されて、幸せ気分になることが科学的に証明されている。幸せ気分が一層愛情を深めることにも繋がるため、**幸福ホルモン**、あるいは**愛情ホルモン**とまで呼ばれているほどである。

女性の笑顔を見た男は、自らの要求を満たされた幸福感から自然と笑みがこぼれ、互いに幸せな気分に浸り合うことができるのである。この男の本能を逆手に取って、計に長けた女たちのなかには、落とそうと狙った男に、わざとツンとした態度で突き放して気を惹くという、高度な心理戦に打って出る者もいるようである。よくいう**ツンデレの攻防**である。

女は男をさんざん翻弄させた末、ようやく男が待ち望んでいた笑みを漏らして男をとろかせてしまう。しかし、この笑みに女の本心からの恋心が伴わなければ、その女は極めて計算高い悪女といえるだろう。

女の武器とは？

女の武器といえば色気、涙、笑みが思い浮かぶ。しかし色気は飽きがくるし、涙は敬遠される。

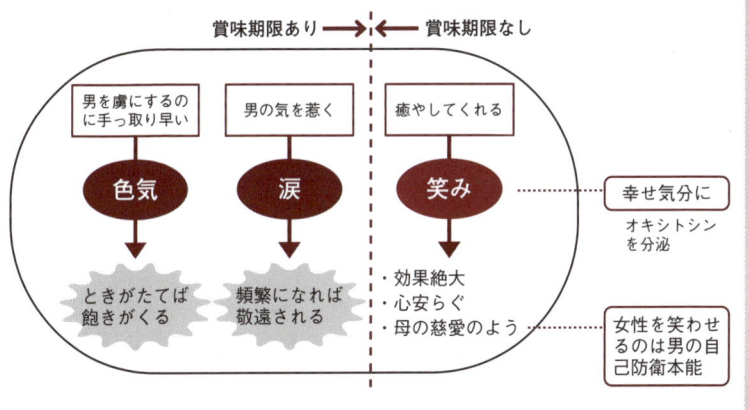

賞味期限あり　→　←　賞味期限なし

- 男を虜にするのに手っ取り早い → **色気** → ときがたてば飽きがくる
- 男の気を惹く → **涙** → 頻繁になれば敬遠される
- 癒やしてくれる → **笑み** → ・効果絶大 ・心安らぐ ・母の慈愛のよう

幸せ気分に　オキシトシンを分泌

女性を笑わせるのは男の自己防衛本能

ツンデレの攻防とは？

女が男を陥れようとする場合、わざとツンとして気を惹こうとするケースもある。男は女が気になり、さんざん翻弄させられたあと、デレを見て喜ぶのである。

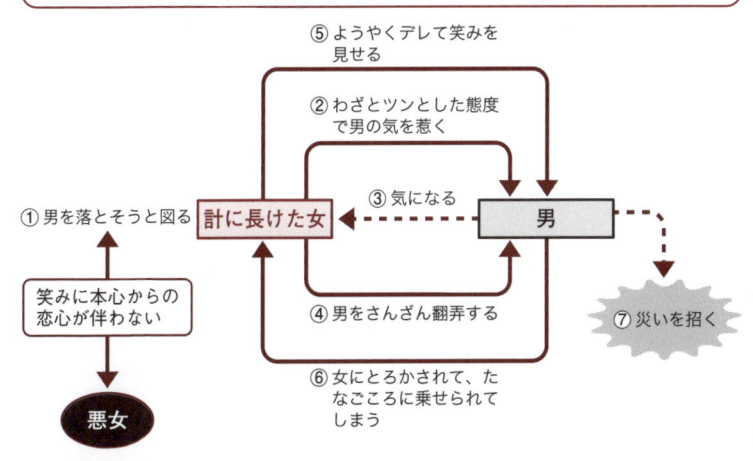

① 男を落とそうと図る
② わざとツンとした態度で男の気を惹く
③ 気になる
④ 男をさんざん翻弄する
⑤ ようやくデレて笑みを見せる
⑥ 女にとろかされて、たなごころに乗せられてしまう
⑦ 災いを招く

計に長けた女　←　男

笑みに本心からの恋心が伴わない → 悪女

ワンポイント雑学

笑うことでNK細胞（ナチュラルキラー細胞）が活性化する。これが、がん細胞を撃退するともいわれている。

No.080
妲己（だっき）

エピソード・笑み

古代中国に妖艶ともいえる笑顔で国王を虜にし、国を滅ぼした女がいた。妲己である。殷の紂王は、寵愛する妲己の笑みを見たいがために、帝としての本来の役割を放棄して彼女にのめり込んでしまう。

●「笑み」を武器に皇帝を陥れた女

中国遠古の時代、夏の**傑王**が**妹喜**を溺愛したがために国を滅ぼしたという。傑王を誅したのは殷の湯王である。その殷も**紂王**の代になると、今度は**妲己**（生没年不詳）という女性を溺愛して国を滅ぼしたと言い伝えられている。

妲己とは、貢献を怠っていた**有蘇氏**を攻めたときに、賠償として送り込まれてきた女性のことである。それまで善政を行っていた紂王も、彼女の妖艶さにたちまち虜になったというから、あるいは有蘇氏の計略であったのかもしれない。ともあれ、紂王は彼女を喜ばせるために、ありとあらゆる手立てを講じたようだ。その極めつけが「酒池肉林」である。彼女のために大庭園を造営して池に酒を満たし、木々に干し肉を釣り下げて、多くの男女を裸にして遊び戯れさせたという。この饗宴を120日間も続けたというから、国庫が空になるのも無理はない。

臣下のなかには、こうした紂王の振る舞いに対して諫言する者もいたが、紂王は聞く耳を持たず、かえってその臣下たちを捕らえて、赤々と燃える炎の上に渡された銅柱を裸足で渡らせるという**焙烙の刑**に処すこともあった。銅柱には油が塗ってあるから、その多くが滑り落ちて焼き殺されてしまった。この刑に処せられた人たちは、滑り落ちまいと、皆必至の形相である。人々がもがき苦しむ様子を見て、妲己は大いに笑い転げたという。それが本心からの笑いであるのか、有蘇氏を攻められ、無理矢理連れてこられた憎しみの表れなのかは定かではないが、妲己の笑顔を見た紂王は、大いに満足したようである。この妲己の笑顔には、サディスティックな悪意がたっぷりと含まれていただろう。妲己の狙いはともかく、最後には彼女のせいで殷は滅びることになる。**傾国の美女**の典型的な例であった。

紂王と妲己の関係とは？

殷が有蘇氏を攻めたとき、賠償として送り込まれてきたのが妲己である。彼女は紂王を虜にして、ついには国を滅ぼさせてしまうのである。

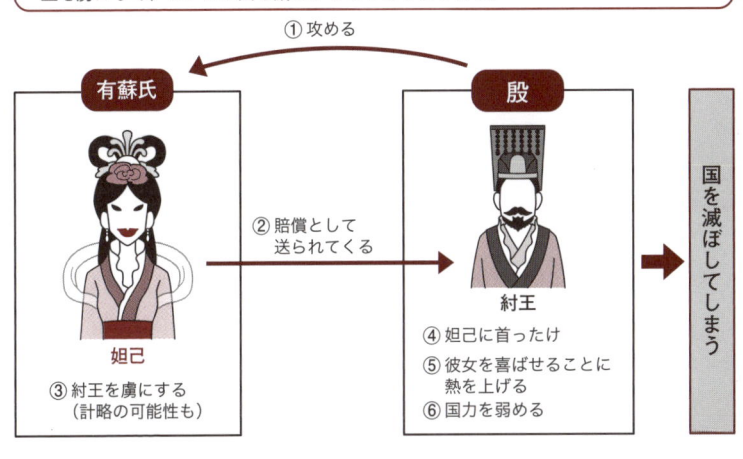

① 攻める

有蘇氏 ← 殷

② 賠償として送られてくる

妲己
③ 紂王を虜にする（計略の可能性も）

紂王
④ 妲己に首ったけ
⑤ 彼女を喜ばせることに熱を上げる
⑥ 国力を弱める

→ 国を滅ぼしてしまう

酒池肉林と炮烙の刑とは？

贅沢極まりない饗宴を繰り返し、残虐刑を執り行うことで、妲己は喜びの声を上げるのである。

酒池肉林

池を酒で満たし、木々に肉をぶら下げて饗宴を繰り広げた

炮烙の刑

焼いた銅柱の上を歩かせ、もがき苦しむのを見て笑い転げた

紂王
妲己

ワンポイント雑学

殷を滅ぼした周も、幽王の代に褒姒という名の美女に首ったけとなって国を滅ぼしている。幽王が彼女の笑顔を見たいがために、烽火を用いて諸侯を何度も集結させたことが仇となった。

世界悪女ランキング

■則天武后と西太后、ラ・ヴォワザンが1、2位に

　本書に登場する悪女のなかで、誰が一番その名にふさわしいか？　極めつけの悪女を独断と偏見で選んでみることにした。表1に記したように8つの項目を設け、それぞれ1～5位までの順序に従って点数（5～1点）をつけた。

　まず殺害人数の多さでは、数千～数万人もの新教徒を死に追いやったカトリーヌ・ド・メディチがダントツの1位で、次いで2000人もの赤ん坊を悪魔礼拝の犠牲にした黒魔術師のラ・ヴォワザンが続く。凶悪度では石臼で600人もの村人を挽き殺したジンガ女王と、焼けた銅柱の上を歩かせる焙烙の刑を見て喜んだ妲己がはずせない。影響力はおもに権力の度合いを示すものだが、1位は自ら皇帝を名乗った則天武后で、清の実権者であった西太后がそれに続く。強欲度では自らの王朝をほしがった則天武后を筆頭に、息子に色仕掛けで迫って権力維持を図ったアグリッピナの順となる。美人度では西施を1位にあげたい。憂いを含んだ妖艶さは、他の追随を許さない美しさであっただろう。4位のラ・ベル・オテロはヨーロッパ中の王侯貴族を虜にしたほどの美女である。浪費度では北洋艦隊の整備費を庭の手入れに使ったという西太后が1位、衣装に大金をはたいたマリー・アントワネットが2位に入る。異常度では殺人マシーンを使ったエリザベート・バートリーを筆頭に、ラ・ヴォワザンやマルグリット・ド・ヴァロワなどが続く。

　こうして項目ごとの点数を集計したのが表2である。総合1位は則天武后。影響力と強欲度で1位を、淫乱度においても2位をキープ。合計15点を獲得して堂々の単独首位である。総合2位は権力者の西太后と黒魔術師ラ・ヴォワザンが12点で並走、総合4位には血に飢えたエリザベート・バートリーと食人鬼のジンガ女王がランクインしている。なお、本書では悪女の度合いの低い女から順に掲載しているが、美人度や影響力などは考慮していない。

●表2

順位	得点	名前
1位	15点	則天武后
2位	12点	西太后
		ラ・ヴォワザン
4位	10点	エリザベート・バートリー
		ジンガ女王
6位	9点	妲己
7位	5点	カトリーヌ・ド・メディチ
		西施
		メッサリーナ
		アグリッピナ
		ジョゼフィーヌ・ド・ボアルネ

●表1

項目	1位(5点)	2位(4点)	3位(3点)	4位(2点)	5位(1点)
殺害人数	カトリーヌ・ド・メディチ	ラ・ヴォワザン	ジンガ女王	エリザベート・バートリー	石川みゆき
凶悪度	ジンガ女王	ラ・ヴォワザン	エリザベート・バートリー	妲己	則天武后
影響力	則天武后	西太后	妲己	呂后	アグリッピナ
強欲度	則天武后	アグリッピナ	西太后	日野富子	北条政子
美人度	西施	楊貴妃	妲己	ラ・ベル・オテロ	趙飛燕
淫乱度	メッサリーナ	則天武后	エカテリーナ2世	ジョゼフィーヌ・ド・ボアルネ	ルクレツィア・ボルジア
浪費度	西太后	マリー・アントワネット	ジョゼフィーヌ・ド・ボアルネ	ラ・ベル・オテロ	エバ・ペロン
異常度	エリザベート・バートリー	ラ・ヴォワザン	マルグリット・ド・ヴァロワ	ジンガ女王	マリー・マドレーヌ・ドーブレ

第4章
歴史に汚点を残した極悪女

No.081
連続殺人

復讐心に駆られて大量殺人を犯した者と、殺人自体が快楽となって殺人を繰り返す者。いずれも凶悪犯であるが、金銭収奪を目的に次々と殺人を犯す者こそ、それ以上に卑劣な重罪犯というべきであろう。

●金銭目的の無差別連続殺人者

　銃を乱射するなど、自らが直接手を下して多くの人命を奪うという**大量殺人犯**は、その多くが社会や特定の組織に対して不満を抱き、怒りや復讐心に駆られて犯行に及ぶことが多いようである。犯行は用意周到に準備されるにもかかわらず、犯人は逃げることを考慮に入れず、その場で射殺されることすらも想定のうえで実行に及ぶという。場合によっては自殺することも厭わない。他人の命の尊厳どころか、自らの命にすら関心を持たない**情性欠如者**が多いからである。これに対して、殺人自体を継続して繰り返し行う**連続殺人犯**は、むしろ殺人自体を快楽と感じる**異常人格者**が多いようである。いずれも、なんらかの悲惨な幼児体験などを起因として精神に異常をきたしている可能性が高いから、まずは精神鑑定の必要がありそうである。

　ところが、そんな感情とは関係なく、単に金銭収奪という極めて身勝手な目的で多くの人を死に追いやったなら、情状酌量の余地など認められない無慈悲な行為である。しかも相手が幼気な乳幼児だとすればなおさらだ。

　実は20世紀初頭から終戦直後の日本には、この種の犯罪に手を染めた女が数多くいた。乳幼児といえば、当然のことながら保護を必要とする。保護者が乳幼児にミルクを与えず、寒くてもろくに衣服も着せずに放置すれば、自ずと死に直面することは容易に想像できる。それにもかかわらず、これを放置して多くの乳幼児を死に至らしめるという事件が頻発したのである。

　乳幼児を単に金儲けの道具としか考えない非道の女たち。こんな女こそ、重罪を科すべきである。それにもかかわらず殺意を否定して、殺人罪に問われることなく、わずか数年で刑期を終えて出所できた女もいた。暗い時代が作った事件であるが、犯した罪に対してあまりに軽過ぎる量刑をまんまとせしめた女は、悪女中の悪女と呼ぶべきであろう。

殺人犯のさまざまな精神構造

大量殺人犯は精神に異常をきたした者が多いが、連続殺人犯で金銭収奪を目的にした者は厳正に処罰されるべきである。

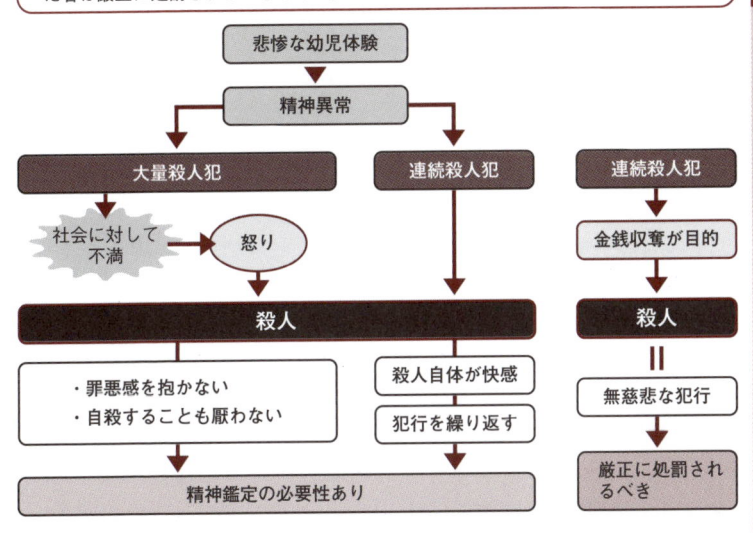

```
              悲惨な幼児体験
                   ↓
                精神異常
          ↓         ↓           連続殺人犯
    大量殺人犯    連続殺人犯         ↓
       ↓                       金銭収奪が目的
  社会に対して → 怒り                ↓
   不満         ↓                 殺人
              殺人                 ‖
       ↓         ↓             無慈悲な犯行
  ・罪悪感を抱かない  殺人自体が快感      ↓
  ・自殺することも厭わない   ↓        厳正に処罰され
       ↓       犯行を繰り返す        るべき
    精神鑑定の必要性あり
```

非情な女のあくどい手口とは？

金銭収奪の目的で乳児を集めたあと、これを放置して死なせた非情な女は、本来なら厳正に処罰されなければならないのだが……。

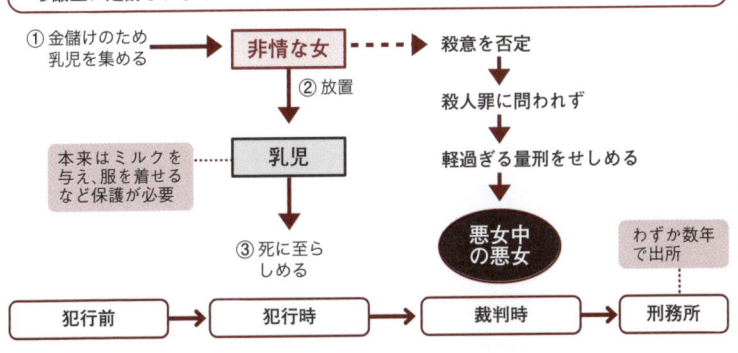

```
①金儲けのため   非情な女 - - -▶ 殺意を否定
 乳児を集める    ↓②放置           ↓
                              殺人罪に問われず
 本来はミルクを   乳児              ↓
 与え、服を着せる                軽過ぎる量刑をせしめる
 など保護が必要    ↓                ↓
            ③死に至ら           悪女中
            しめる              の悪女       わずか数年
                                            で出所
  犯行前  →  犯行時  →  裁判時  →  刑務所
```

ワンポイント雑学
殺人の意図がなく、過失によって結果的に人を殺してしまった場合は、過失致死罪となる。

No.082
石川みゆき

エピソード・連続殺人

生まれたばかりの赤子を里子に出すことが公然と行われていた時代、養育費目当てにもらい子をかき集めた女がいた。しかし、その女はミルクも与えず放置して、半数以上の赤子を死なせてしまうのである。

●もらい子を103人も殺害した連続殺人犯

　日本において歴史に残る大量殺人犯のなかで、個人が凶器や毒物を使って直接手を下して殺害に及んだ犯罪としては、昭和13年(1938)に岡山県で起きた**津山事件**の30人や、昭和23年(1948)に池袋で起きた**帝銀事件**の12人というのが筆頭にあげられそうである。しかし、凶器や毒物を使わずとも、食事を与えなかったり放置したりして、結果的に死に追いやったケースも含めれば、20世紀初頭に連続して起きたもらい子殺人事件のほうが断然死者数が多い。明治42年(1909)の**佐賀もらい子事件**の被害者は60人以上、大正2年(1913)の**愛知もらい子事件**は200人以上というから驚くべき数である。

　戦後間もない昭和23年に起きた**寿産院事件**の首謀者・**石川みゆき**(1897～？)も、103人(85人説、169人説もある)という途方もない人数の赤ちゃんを殺害した極悪人である。当時は人工中絶が非合法で、私生児を身籠った場合など、養育費を払って里子に出すことが半ば公然と行われていた。これに目をつけた助産婦の石川は、新聞に広告を出して赤ちゃんを譲り受け、謝礼としてひとりにつき数千円から1万円を受け取っている。しかし、戦後のベビーブームもあって、譲り受けた赤ちゃんの数が増大。もらい手がなかなか見つからず、次第に育児に手が回らなくなり、ついにはろくにミルクも与えず放置したままという状態が続いて餓死させてしまうのだ。ときには泣き声に我慢しきれず、毛布でくるんで窒息死させてしまうこともあったという。

　こうして昭和19年(1944)から昭和23年までの4年間に、204人の赤ちゃんをもらい受け、その半数以上を死なせてしまうのである。しかし、これほどの大量殺人を犯しておきながら、主犯の石川は頑なに殺意を否認して、殺人罪に問われることなく死刑を免れている。時代が生んだ悲劇という側面も確かにあるが、石川自身の行為は許されることではないだろう。

日本の大量殺人ランキング

死者数では、凶器や毒物を使って大量殺人に至った事件よりも、食物を与えずに放置して多くの赤ん坊を死に至らしめた、もらい子事件のほうが断然多い。

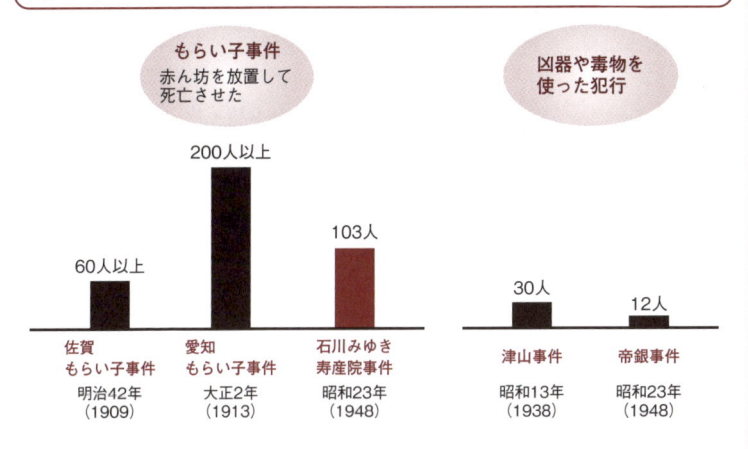

もらい子事件
赤ん坊を放置して死亡させた

- 佐賀もらい子事件　明治42年（1909）　60人以上
- 愛知もらい子事件　大正2年（1913）　200人以上
- 石川みゆき寿産院事件　昭和23年（1948）　103人

凶器や毒物を使った犯行

- 津山事件　昭和13年（1938）　30人
- 帝銀事件　昭和23年（1948）　12人

石川みゆき寿産院事件の全容

養育費をもらえることに目をつけた石川みゆきは、多くの赤ん坊をもらい受けたものの、放置して半数以上を死なせてしまうのだ。

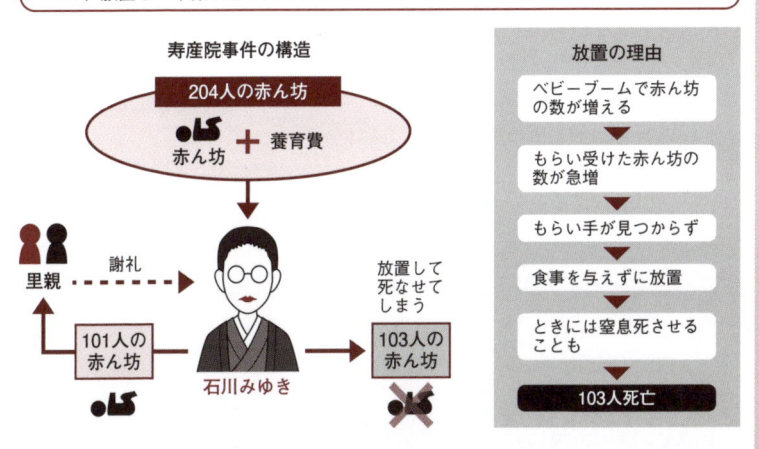

寿産院事件の構造

204人の赤ん坊（赤ん坊＋養育費）→ 石川みゆき
- 里親へ：101人の赤ん坊（謝礼）
- 放置して死なせてしまう：103人の赤ん坊

放置の理由

ベビーブームで赤ん坊の数が増える
↓
もらい受けた赤ん坊の数が急増
↓
もらい手が見つからず
↓
食事を与えずに放置
↓
ときには窒息死させることも
↓
103人死亡

ワンポイント雑学

石川みゆきは東京都産婆会牛込支部長で、自由党から新宿区議選に出馬したこともあった（落選）。共犯者であった夫の猛は、警視庁の巡査であった。

第4章●歴史に汚点を残した極悪女

No.083
復讐

寵愛を奪われた妻は、多くの場合、夫を奪った相手に対して反撃を開始する。特にその妻が権力者の場合は、報復行動はより過激になりやすい。そして、その報復劇に酔いしれれば、それはもう悪女を超える存在となる。

●『ハンムラビ法典』を超えていく悪女

世の中には極めつけの悪女というものがいるものである。悪女の範疇を超え、虐殺や大量殺人をも平気でやり遂げる最低最悪の悪役である。夫の寵姫を史上稀に見る残忍な手口で殺害した女も、この部類に入るであろう。

歴史を振り返ってみれば、社会に対する**義憤**に駆り立てられて復讐を果たす話は男に多いが、女の場合はとかく**私憤**に駆り立てられ、憎悪が憎悪を呼んで止めどない仕打ちを繰り返してしまうことが多いようである。特に、プライドの高い**ナルシストの女**はその度合いが強い。自分に降りかかった些細な災いを過大に評価して、その災いのレベルを遥かに上回る過酷な報復を相手に加えようとするのである。**復讐の鬼**と化し、前後の見境がつかなくなってしまった**狂気の女**である。

もし、夫が一代で帝国を築き上げた権力者であれば、女は建国の立役者のひとりであるとともに、**糟糠の妻**としての自負がある。そのプライドゆえ、夫が権力者として当然の権利と考える寵姫を持つことすら許せない。

それにもかかわらず夫が寵姫を囲ったとすれば、妻としてのプライドが傷つけられ、女はこの刹那から怒り狂い、復讐の執念に燃えて反撃を開始するのである。

報復が、古代メソポタミアの『**ハンムラビ法典**』に記された「**目には目を**」の精神、つまり「**報復は危害を受けた側と同等の危害にとどめるべきである**」という**自制の倫理**に反し、自らが受けた危害の度合いを大きく逸脱し始めた時点で、女は悪女と化すことになる。そして自らがこの執拗な報復劇を演じるヒロインとして悦に入ってより残虐な行為に走ったとしたら、極悪女として唾棄すべきレベルに達しているというべきであろう。

狂気の女が報復を加えるときとは？

男は社会に対して義憤に駆り立てられて復讐を果たすが、女は私憤に駆り立てられて止めどない仕打ちを繰り返すことが多い。

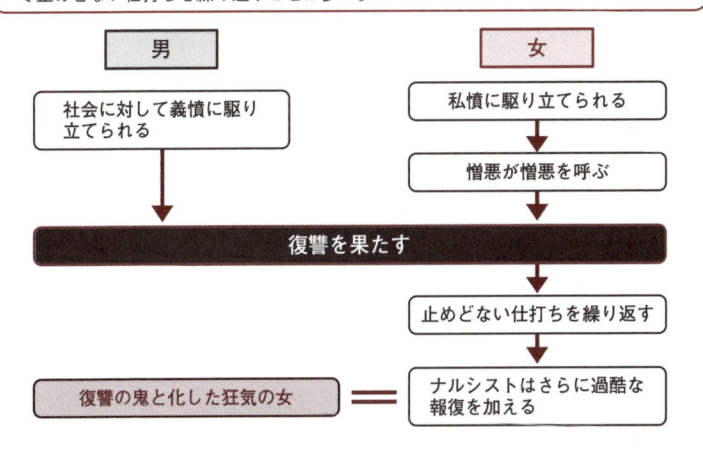

```
┌─────┐                    ┌─────┐
│  男  │                    │  女  │
└─────┘                    └─────┘
   │                          │
   ▼                          ▼
社会に対して義憤に駆り      私憤に駆り立てられる
立てられる                    │
   │                          ▼
   │                    憎悪が憎悪を呼ぶ
   ▼                          │
   復讐を果たす                ▼
                        止めどない仕打ちを繰り返す
                              │
                              ▼
復讐の鬼と化した狂気の女 ═ ナルシストはさらに過酷な
                          報復を加える
```

糟糠の妻が報復劇を演じるまでの行程

権力者の妻は、糟糠の妻としての自負があるため、夫の寵愛が寵姫に移ると、プライドを傷つけられたとして復讐を開始する。

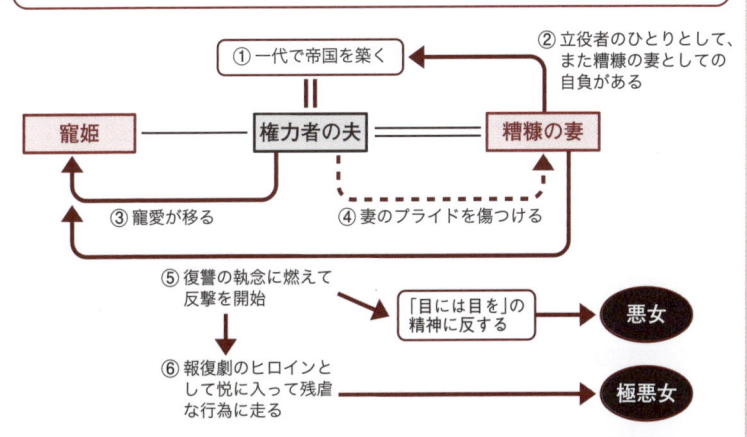

① 一代で帝国を築く
② 立役者のひとりとして、また糟糠の妻としての自負がある
③ 寵愛が移る（寵姫へ）
④ 妻のプライドを傷つける
⑤ 復讐の執念に燃えて反撃を開始 → 「目には目を」の精神に反する → **悪女**
⑥ 報復劇のヒロインとして悦に入って残虐な行為に走る → **極悪女**

ワンポイント雑学

『ハンムラビ法典』では、復讐することよりも相手を許すことのほうが大切であると教えている。

No.084
呂后（りょこう）

エピソード・復讐

ここでは、紀元前2世紀ごろ、中国漢の時代に夫の劉邦を漢の高祖にまで押し上げたと自負する糟糠の妻である呂后が、復讐の鬼となって夫の心を奪った女へ行った悪女っぷりを解説していこう。

●両手足を切り落として厠に放り込むという残忍さ

 さすが悠久の歴史を誇る中国だけあって、残虐な女などゴマンといそうであるが、この女以上に残虐な手口で相手を殺害し復讐を遂げた女となると、そうそうお目にかかれるものではない。その女とは、漢の高祖**劉邦**の妻・**呂后**（？～前180）である。豪族呂公の娘だった呂雉が劉邦に嫁いだのは、彼がまだ亭長という下っ端役人だったころだ。呂公が劉邦を大器と見込んで、娘を無理矢理に押しつけたのである。

 呂公の見る目は確かだったようで、劉邦はその6年後に漢王となり、**垓下の戦い**で**項羽**を打ち破って漢王朝を打ち立てた。劉邦の下積み時代を支え続けてきた呂后としては、**糟糠の妻**として苦労を重ねた甲斐あってのことという自負が大きかったのだろう。そのため、のちに劉邦の寵愛が**戚夫人**に移ると、呂后の怒りが沸騰している。さらに戚夫人が**如意**を生み、呂后の子・**盈**の太子の座を脅かそうとするや、ついに呂后の堪忍袋の緒が切れるのである。

 紀元前195年に高祖が崩御し、呂后が太后となって実権を握るや、いよいよ復讐が開始される。まず、戚夫人を捕らえて、その息子の如意を殺害することから始まる。腹違いの兄である**恵帝**は、義弟の身を案じて御殿内に匿って母の毒牙から守ろうとしたが、恵帝がたまたま狩りに出かけて如意がひとりになった機を逃さず、呂后は側近に命じて如意を毒殺してしまう。捕らえておいた戚夫人には、息子が毒殺された悲哀をたっぷりと味わわせたあと、裸にして高祖を惑わしたその陰部を自らの足で踏みつけるという醜態まで演じている。さらに、囚人ふたりにこれを犯させたのち、毒を飲ませて口が利けないようにし、耳に硫黄を流し、目をくり抜き、両手足を切り落として厠に放り込むという、世にもおぞましい方法で殺害したのであった。

 復讐の念もここまでくると、狂気としかいいようがない。

呂后と高祖を取り巻く人物相関図

父の呂公が見込んだ劉邦と結婚した呂雉（呂后）は、寵愛が戚夫人に移ったことを知ると、残虐な方法でこれを殺害してしまう。

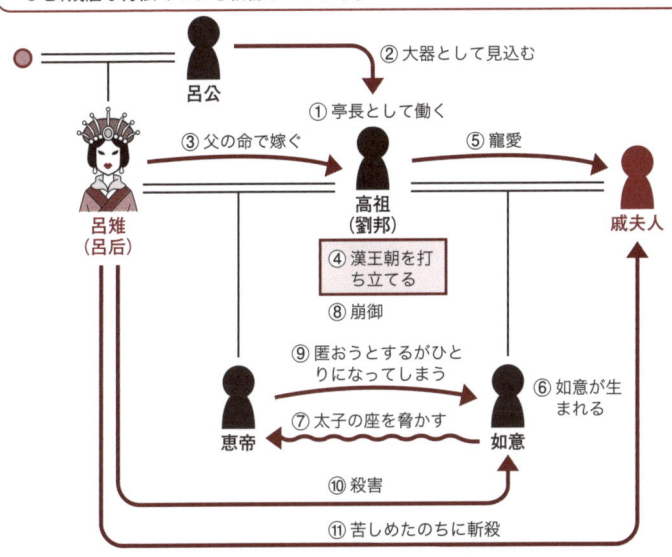

- 呂公 → ② 大器として見込む → 高祖（劉邦）
- 高祖：① 亭長として働く
- 呂雉（呂后） → ③ 父の命で嫁ぐ → 高祖（劉邦）
- 高祖（劉邦） → ⑤ 寵愛 → 戚夫人
- ④ 漢王朝を打ち立てる
- ⑧ 崩御
- 恵帝 → ⑨ 匿おうとするがひとりになってしまう → 如意
- 如意：⑥ 如意が生まれる
- 如意 → ⑦ 太子の座を脅かす → 恵帝
- 如意 → ⑩ 殺害
- 戚夫人 → ⑪ 苦しめたのちに斬殺

呂后の如意殺害と戚夫人殺害の手口とは？

戚夫人の子・如意を殺害したのち、戚夫人を最も残虐な方法で殺害する。陰部を踏みつけ、囚人に犯させたあと、両手両足を切って厠に放り込んでしまうのである。

A 如意殺害の経緯
1. 恵帝が如意を匿う
2. 恵帝が狩りに出かけ、如意がひとりになる
3. 側近に命じて毒殺する

B 戚夫人殺害の手口
1. 陰部を足で踏みつける
2. 囚人ふたりに犯させる
3. 両手足を切って厠に放り込んで殺害

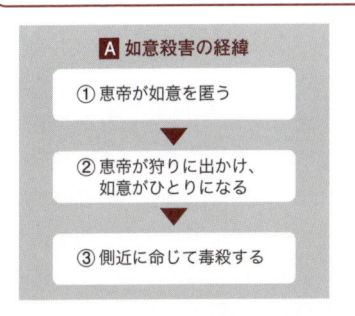

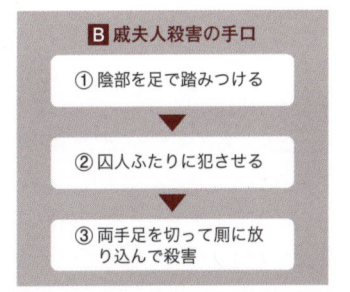

ワンポイント雑学

呂后は劉邦の庶子たちを次々と殺害し、呂一族を要職に就けて外戚政治をほしいままにしていたが、彼女の死後、陳平や周勃がクーデターを起こして、呂一族は誅殺されている。

No.085
毒殺魔

毒薬を使って男を殺害しようとする女がいるが、犯行は長期にわたることが多い。それは、毒を盛り続ける恐怖感がスリルとなって性的快感を覚えてしまうからである。女は毒殺魔と化して、次々と標的を求めていくのだ。

●恐怖心が女を淫乱にして毒殺魔へと駆り立てていく

　悪女のなかには、毒を盛られた人が苦しむ姿に快感を覚えてしまうタイプがいる。こうした女の場合、相手が苦しみ続ける時間が長いほど喜びが持続するため、使用する毒薬も、毒性が強く即効性のある**青酸カリ**や**トリカブト**ではなく、毒性を調節しやすい**ヒ素**を用いることが多い。

　ヒ素は無味無臭で相手に気づかれにくいので、これを数か月にわたってワインや料理に混ぜ続けて苦しめていく。その間、女は相手が苦しむ様子を眺めて楽しむのだ。犯行が長期にわたるため、悟られるかもしれないという恐怖感に日々苛まれるが、女はこのスリルをむしろ快感と受け止めるのである。

　このタイプの女は、無慈悲で疑い深い性格も兼ね備えているようで、犯行を前に動物などを使ってその毒性を確かめるのも特徴的だ。さらに、最初の犯行は根強い恨みに起因するが、一度完全犯罪が成立してしまうと、今度は快楽を求めることが目的となって犯行を繰り返すことが多いようだ。

　ちなみに、女の毒殺者が殺害したいと願う相手は、父親であることが多い。この父親殺しは、娘の幼少時における父親の行動に起因する。父親が厳格でときに暴力を振るったり、逆に娘とのかかわりが極端に少なかったりする場合も同様の影響を与えるとされる。これに娘の行動を阻害する行為が加わると、娘は被害者意識を抱いて恐怖心が高まってくる。このとき、**エンドルフィン**という脳内麻薬が分泌されて**ドーパミン**の抑制を妨げるため好戦的となり、殺意まで抱くのである。この恐怖心は、種の保存の法則ゆえに子孫を残そうとして本能的に性的興奮を高めてしまう。性的興奮状態のなかで行う殺害は「**毒殺＝快楽**」のイメージを心に植えつけるため、毒殺をゲーム感覚で繰り返す毒殺魔へと駆り立ててしまうのだ。

　ゲーム感覚で嬉々と毒殺を楽しむ。悪女としかいいようのない存在である。

中世ヨーロッパで使用された毒薬とは?

おもにトリカブトや青酸カリ、ヒ素が使われたが、毒性が強過ぎるトリカブトや苦味の強い青酸カリより、無味無臭で検出されにくいヒ素が使われることが多かった。

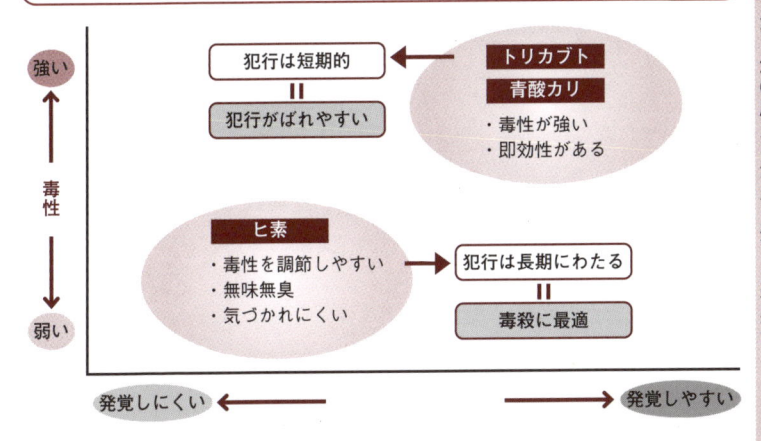

トリカブト / 青酸カリ
・毒性が強い
・即効性がある
→ 犯行は短期的 = 犯行がばれやすい

ヒ素
・毒性を調節しやすい
・無味無臭
・気づかれにくい
→ 犯行は長期にわたる = 毒殺に最適

毒性：強い ↔ 弱い
発覚しにくい ← → 発覚しやすい

「毒殺ゲームを楽しむ狂気の女」の構造

まず動物や見知らぬ人に毒薬を与えて、効果を確かめてから目的の人物を殺害。そのあと次々と標的を変えて殺害を繰り返していくようになる。

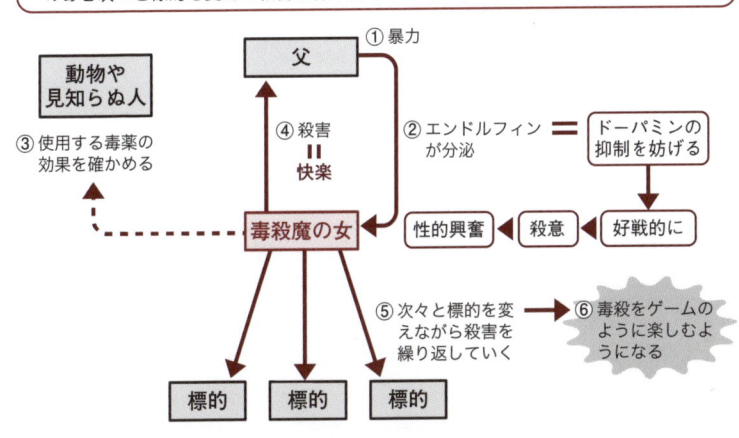

- 父
- 毒殺魔の女
- 動物や見知らぬ人
- 標的 標的 標的

① 暴力
② エンドルフィンが分泌 = ドーパミンの抑制を妨げる → 好戦的に → 殺意 → 性的興奮
③ 使用する毒薬の効果を確かめる
④ 殺害 = 快楽
⑤ 次々と標的を変えながら殺害を繰り返していく
⑥ 毒殺をゲームのように楽しむようになる

ワンポイント雑学

有毒の植物トリカブトはヨモギの葉に似ているため、誤食で死亡するケースもある。

No.085 第4章●歴史に汚点を残した極悪女

No.086
マリー・マドレーヌ・ドーブレ

エピソード・毒殺魔

遺産目当てに、父を毒殺したうら若き美女マリー・マドレーヌ・ドーブレ。彼女は遺産のひとり占めを目論んでふたりの弟と妹、娘や娘の家庭教師までも次々と殺害するなど、残虐極まりない毒殺魔であった。

●父をはじめ身近な人物を次々と殺害した毒殺魔

17世紀のフランス、**ルイ14世**の時代に、世にも怪奇な事件が起きた。パリの枢密司法官**ドリュー・ドーブレ**を皮切りに、その息子と娘、孫たちが、次々と謎の死を遂げていったのである。のちに、それがうら若き美女の犯行と判明し、詮索好きなパリッ子たちを驚愕させた。

その美女の名は**マリー・マドレーヌ・ドーブレ**(1630〜1676)、死んだ司法官の長女である。彼女は美貌と才知にも恵まれたが、ふたりの弟と肉体関係を持つなど、色情狂と形容すべき女であった。21歳で資産家の**ブランヴィリエ侯爵**と結婚したが、互いに愛人を作り、夫婦ともに放蕩の果てに賭博にのめり込み、家計を火の車にさせる。彼女が溺愛したのは騎兵隊将校の**ゴーダン・ド・サント・クロワ**で、厳格な父はふたりを引き離すため、ゴーダンを牢獄へとぶち込むや、怒ったマリーは遺産相続を目論んで、父の食事に毒薬を盛って、誰にも悟られずに殺すことを計画。この計画に、獄中で毒薬作りをほかの受刑者から学んでいたゴーダンが加担した。

慈善病院の患者に毒薬入りのお菓子を与えてその効果を確認したあと、父の殺害計画を実行。8か月後、ついに父は帰らぬ人となったのである。検視の結果、死因は老衰、完全犯罪の完成である。その後遺産のひとり占めを狙った彼女は、ふたりの弟も毒殺。女中や家庭教師、妹、娘までも毒殺して、倒錯の世界に溺れていくのである。

しかし、ゴーダンの予期せぬ事故死(病死との説も)によって犯行が明るみに出る。毒殺のあらましを記したマリーの手紙が、警察の手に渡ったからである。彼女はイギリスからオランダへと逃避したものの、ベルギーで逮捕。水責めの拷問に耐えきれず犯行を自白するや、パリのグレーブ広場において首を切られたのち、燃え盛る炎のなかへと投げ込まれてしまうのである。

マリーが父を毒殺するまでの経緯とは？

娘のマリーがゴーダンと淫蕩に耽っていることを知った父のドリューは、ゴーダンを牢にぶち込んでしまう。牢内で毒薬作りを学んだゴーダンは……!?

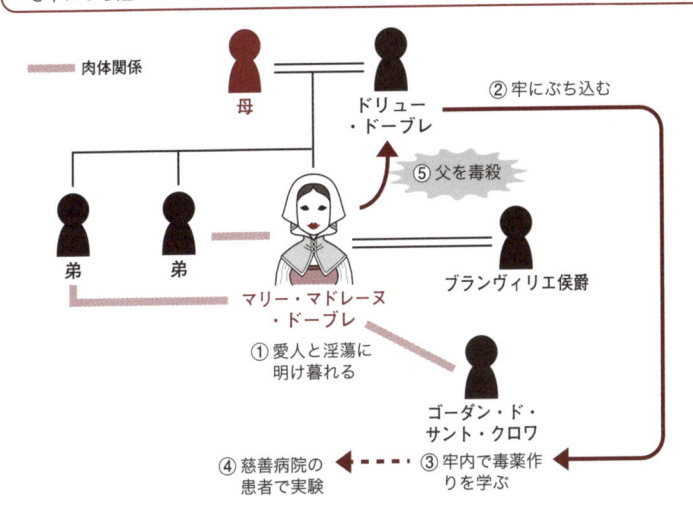

- 肉体関係

母 — ドリュー・ドーブレ
② 牢にぶち込む
⑤ 父を毒殺

弟　弟　マリー・マドレーヌ・ドーブレ — ブランヴィリエ侯爵

① 愛人と淫蕩に明け暮れる

ゴーダン・ド・サント・クロワ

④ 慈善病院の患者で実験 ← ③ 牢内で毒薬作りを学ぶ

犯行が明るみに出るまでの経緯は？

父だけでなく、ふたりの弟と妹、そして我が子やその家庭教師まで殺害したマリー。しかし、その経緯を記した手紙が発見されて、犯行が明るみに出るのである。

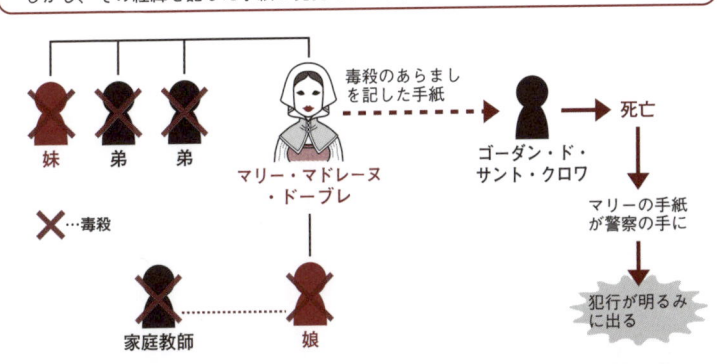

妹　弟　弟

マリー・マドレーヌ・ドーブレ

毒殺のあらましを記した手紙 → ゴーダン・ド・サント・クロワ → 死亡

✕…毒殺

家庭教師 …… 娘

マリーの手紙が警察の手に

犯行が明るみに出る

ワンポイント雑学

マリー・マドレーヌ・ドーブレが父殺害のために選んだ毒薬は、遺産相続の粉と呼ばれるヒ素を主要な原料とする毒薬であった。これをごく微量ずつ使っていき、発覚しないよう仕組んでいる。

第4章●歴史に汚点を残した極悪女

No.087
屍体愛好

透き通るような白い肌に魅せられた屍体愛好家の女は、愛する男の美しい屍体を汚すことなく独り占めにする。それは人を殺める悪を実行することによって、自らの美的欲求を満たす狂気といえる業である。

●屍体に究極の美を見出す倒錯の心

屍体を見て欲情するといえば、一般的な感覚からすれば、とても受け入れがたい邪悪な感情であろう。ときには眺めるだけでなく、屍体を姦淫する(**屍姦**)ことに興奮を覚えるとなればなおさらである。

これらは総じて**ネクロフィリア(屍体性愛)** と呼ばれる性的嗜好の一種であるが、これがエスカレートしていくと、墓所を掘り起こして屍体を損壊したり、果ては殺人まで犯して屍体に接したりしようとするケースもあるようである。

もちろん、これらは許される行為ではないし、こんなことを行う女がいれば、悪女中の悪女と呼ばれてもしかたがあるまい。

ちなみに屍体愛好家は、屍体の透き通るような白い肌に、すべての穢れを追い払った**完全無垢の美**を感じるのだそうである。かなり異質とはいえ、ピーンと張りつめた静寂の世界に遊ぶその感性の豊かさに、驚かずにはいられない。屍体に美を感じ取るという以上、死に顔は穏やかでなければならないから、苦しむことなく安らかに眠るように死ぬことが条件となる。ゆえに、この性癖の持ち主が仮に屍体を愛でることを目的に殺害に及ぶとすれば、屍体を損傷しないよう刃物などは使用せず、ヒ素や睡眠薬などを使用して、美しいままの状態を保とうとするはずである。

ただ、屍体は放置しておけば腐敗は進み、容姿も日に日に崩れ果てていく。そうなればもはや無垢の美など見る影もないはずである。この時点で愛好者の目に映る屍体は、もとの人格を離れて単なる物体と化し、興味の対象外となってしまうのである。

いずれにしても、自らの欲望のために人を殺める行為は、本来の愛情とはかけ離れた自己中心的な行動で、当然、許されざる悪行である。

多彩なネクロフィリアの楽しみ方あれこれ

単にネクロフィリアといっても眺めて楽しむ人もいれば、屍体を姦淫したり掘り起こしたり、果ては殺してまで手に入れようとする人まで、さまざまなタイプがいる。

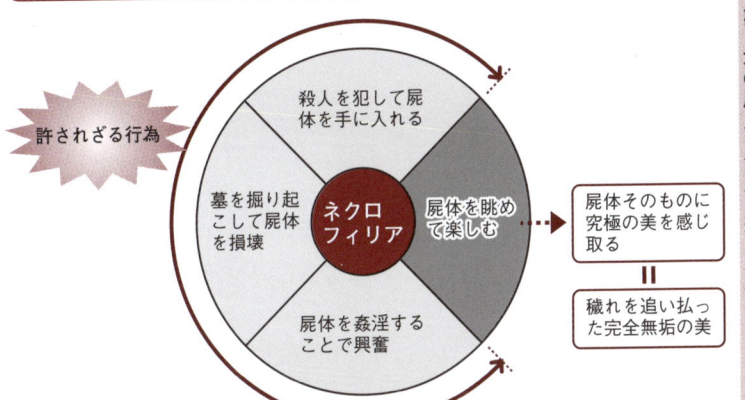

許されざる行為

- 殺人を犯して屍体を手に入れる
- 墓を掘り起こして屍体を損壊
- 屍体を姦淫することで興奮
- 屍体を眺めて楽しむ

ネクロフィリア

屍体そのものに究極の美を感じ取る
＝
穢れを追い払った完全無垢の美

屍体への興味の移り変わりについて

愛する男を殺害してその無垢の美を満喫するものの、時とともに屍体は崩れていく。このときからもはや単なる物体と化し、興味の対象外となってしまう。

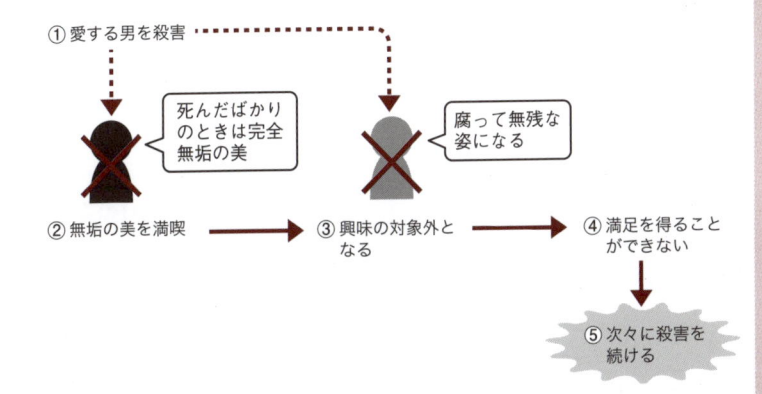

① 愛する男を殺害

死んだばかりのときは完全無垢の美

腐って無残な姿になる

② 無垢の美を満喫 → ③ 興味の対象外となる → ④ 満足を得ることができない

⑤ 次々に殺害を続ける

ワンポイント雑学

屍体愛好とは違って、自身が自殺することに興味を覚える死性愛（タナトフィリア）や、埋葬に興味を示す埋葬性愛（タフェフィリア）などの性的嗜好もある。

No.087 第4章●歴史に汚点を残した極悪女

No.088
ベラ・レンツィ

エピソード・屍体愛好

35人もの男を殺して自宅の地下室に隠し、夜な夜な屍体を眺めては、愛した男との思い出に浸っていた恐ろしい女、ベラ・レンツィ。彼女を殺人に走らせたのは、男を永遠に独占するための狂気であった。

●愛した男を次々に殺して鑑賞するネクロフィリア

　世の中には恐ろしい女がいるものである。35人もの男を殺したうえ、遺体を自宅地下室に隠して平然とその家で暮らしていたという。女の名は**ベラ・レンツィ**（1903〜？）、ルーマニアの首都ブカレストの裕福な家に生まれた女である。甘やかされて育ったせいか我がままで、おまけに早熟だったこともあって、思春期のころから男と駆け落ち同然に家を飛び出すことがあった。

　最初の結婚相手は地元の実業家で、少々年齢は離れているとはいえ、大恋愛の末のことである。夫とのあいだに子供ができるが、ほどなくして夫の姿が忽然と消えた。彼女が近所の人にいうには「夫が愛人を作って出ていった」とのことである。次に年下の美青年と結婚するが、今度は数か月もしないうちに姿を消している。このときも夫が別の女と駆け落ちをしたのだという。その後も次々と男がやってきては姿を消したものの、男たちがよそ者だったこともあって、怪しまれることはなかった。

　しかし、32番目の愛人は違った。その男は地元の名士だったため、男の妻が警察に捜索願を出したことで、彼女の犯行が露見する。捜査員がベラの自宅地下室に踏み込んだときには、目玉が飛び出すほど驚いたに違いない。そこにはなんと**35もの柩が**並べられていたからである。**ふたりの夫と32人の愛人**、そして**ベラの息子**までが横たわっていた。独占欲の強い彼女は、愛した男たちをほかの女に寝取られまいと願って殺害したのだという。殺してしまえば永遠に自分のものになる……と思いたかったのであろう。

　夜な夜なロウソクの明かりを頼りに地下室へと降りては、柩をひとつひとつ開けて屍体を眺めるのが彼女の密かな楽しみだったというからおぞましい。彼女が屍体鑑賞に喜びを見出す**ネクロフィリア**だったことはいうまでもない。

　その後ベラは終身刑を宣告されて、獄中で死亡した。

ベラ・レンツィの精神構造とは？

愛する男がほかの女に寝取られてしまうことを恐れたベラ・レンツィは、男を殺害することで永遠に自分のものになると思い込んでいた。

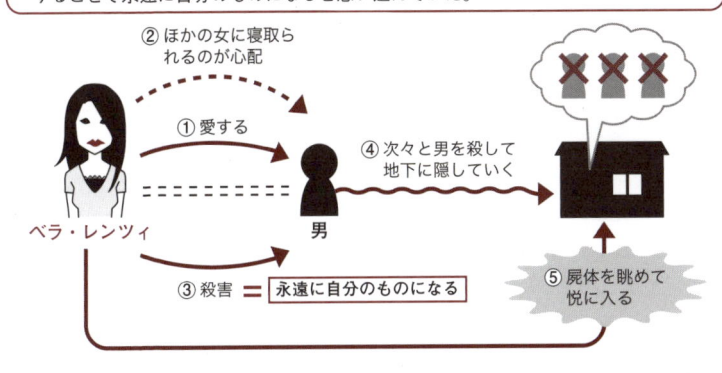

- ① 愛する
- ② ほかの女に寝取られるのが心配
- ③ 殺害 ＝ 永遠に自分のものになる
- ④ 次々と男を殺して地下に隠していく
- ⑤ 屍体を眺めて悦に入る

ベラ・レンツィを取り巻く人物相関図

最初の夫がいなくなったとき、近所の人たちには「夫が愛人と出ていった」と話していたが、実は殺して地下に葬られていたのである。

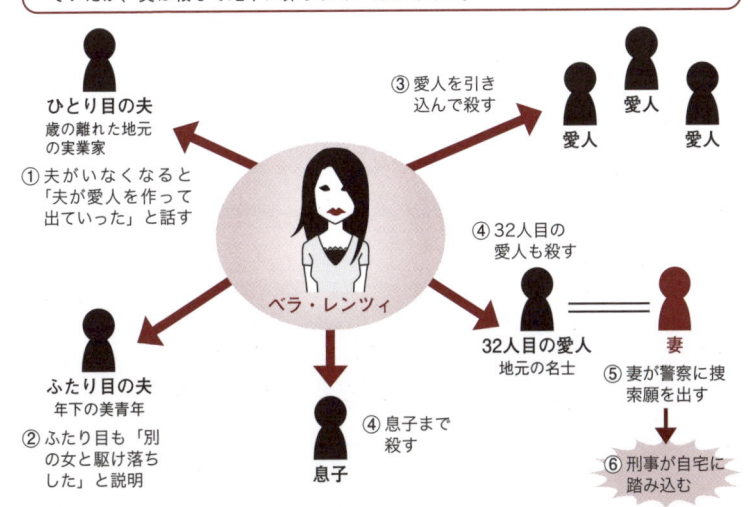

ひとり目の夫 歳の離れた地元の実業家
① 夫がいなくなると「夫が愛人を作って出ていった」と話す

ふたり目の夫 年下の美青年
② ふたり目も「別の女と駆け落ちした」と説明

③ 愛人を引き込んで殺す（愛人・愛人・愛人）

④ 息子まで殺す（息子）

32人目の愛人 地元の名士 ＝ 妻
④ 32人目の愛人も殺す
⑤ 妻が警察に捜索願を出す
⑥ 刑事が自宅に踏み込む

ワンポイント雑学

ベラ・レンツィが男たちに飲ませたのはヒ素。致死量はわずか5〜7mg/kgで、中枢神経を麻痺させて死に至らしめる。かつては梅毒の薬として用いられたこともある。

No.088 第4章 ● 歴史に汚点を残した極悪女

No.089
迷宮入り

保険金殺人などの犯行は繰り返せば怪しまれるため、犯人は手口を変えて捜査を攪乱したりする。ときには自分が死んだと見せかけて罪から逃れるような知能犯がいたとすれば、悪女中の悪女といえるだろう。

●自分を殺す知能犯

　保険金目当てに女が男を次々と殺害していくという話は、推理小説のなかだけでなく、実社会においても、しばしばマスコミを賑わすほど頻繁に発生しているようである。この場合、保険金の受取人はすでに判明しているから、繰り返せば怪しまれるのは目に見えている。証拠さえつかめれば容易に解明できる犯行である。

　最初の犯行時に大金をせしめたことで味をしめ、安易に同様の手口を用いたがためにお縄になったわけで、極めてがさつな手口といわざるを得ない。これでは悪女の名に値しない愚かな女といえそうである。

　もう少し知恵者の女であれば、居住地だけでなく、犯行の手口すらも変えて、捜査を攪乱することに意を注ぐに違いない。たとえば**金銭収奪を目的とした殺人事件**に及ぶ場合でも、被害者がいなくなっても誰も気がつかないよう、身寄りのない人物を選ぶこともひとつの手である。それでいて金を貯めていそうな男を選ばなくてはならないから、犯行に及ぶまでの事前調査も必要となる。安易に行動を起こせば、すぐに墓穴を掘ってしまうから、より慎重かつ入念な準備を行えるだけの知恵と忍耐力が重要である。ここまでくれば、その執念にも似た金への執着ぶりは、悪女と呼ぶしかない。

　それでも、悪事を繰り返せばいつかはばれる。知能犯の場合は万が一を想定し、犯行がばれたときのための対策にも抜かりがない。その最たる方策として考えられるのが、**犯人自身が死んだように見せかけ、存在を消す**ことだろう。その場合、身代わりとなる女を殺害して自身に見立てなければならない。当然、並の犯罪者がやり遂げられるものではないし、犯罪のレベルも大きく上がる。自らの欲のために、綿密に計画して、こんなことを最後までやり遂げてしまう女は、背筋が寒くなるほどの極悪女というべきであろう。

犯行を同じ手口で続けると……!?

男を殺して保険金をせしめるという手口も、何度も行えば怪しまれる。容易に金を手に入れられたため、がさつな手口に終始してしまうのである。

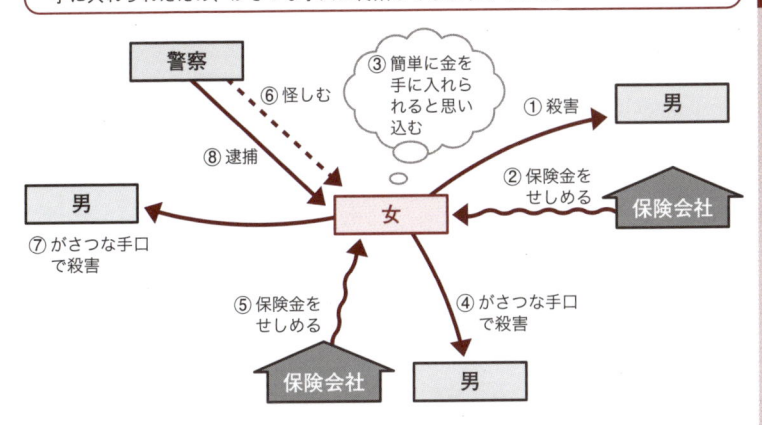

```
                    ③ 簡単に金を
     警察            手に入れら
              ⑥怪しむ れると思い       ① 殺害
                    込む                         男
         ⑧ 逮捕
 男 ←――――――――― 女 ←―――――――――― 保険会社
                            ② 保険金を
 ⑦ がさつな手口               せしめる
    で殺害
          ⑤ 保険金を    ④ がさつな手口
             せしめる       で殺害

          保険会社         男
```

知能犯が完全犯罪を成立させようとするまでの行動

女は保険金詐欺を働いたあと、居所を変えて前とは異なった手口の結婚詐欺で荒稼ぎし、一家ともども死んだように見せかけて完全犯罪を成立させようとする。

```
←――――― 知能犯 ―――――→  ←― 高知能犯

保険金殺人 → 居所を変える → 結婚詐欺で荒稼ぎ = 身寄りのない男をターゲットに → 一家ともども死んだように見せかける = 家族まで犠牲に → 捜査を撹乱 → 完全犯罪を目論む
                                                                                                                    ↓
              足がつかない        手口を変える      足がつかない                          極めて冷酷                     迷宮入り
              ように                              ように
```

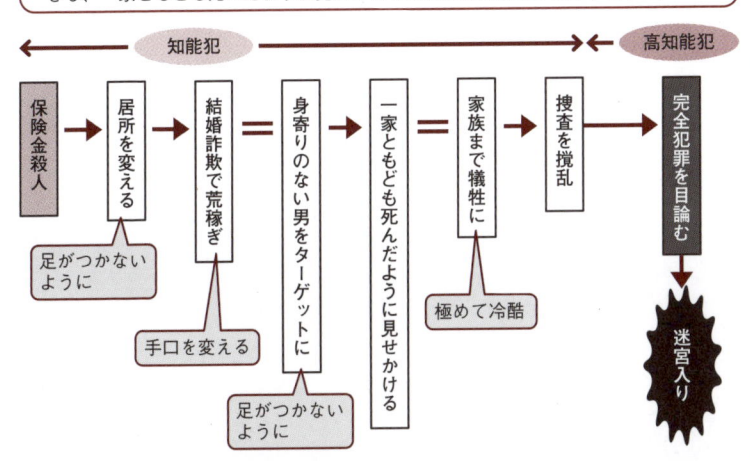

ワンポイント雑学

日本での未解決事件としては、昭和24年(1949)の下山事件や昭和43年(1968)の三億円事件、昭和56年(1981)の新宿歌舞伎町ラブホテル連続殺人事件などが知られている。

No.090 ベル・ガネス

エピソード・迷宮入り

夫が病死して多額の保険金が入ったことが、ベル・ガネスの人生を狂わせた。彼女は自らが経営する下宿屋やパン屋に火をつけて保険金をだまし取ると、「夫求む」の新聞広告に釣られてやってきた男を殺して金を奪った。

●我が子まで殺害して逃走

　結婚詐欺や保険金殺人などは、現代でもしばしばマスコミを賑わす格好のネタである。その手口が複雑怪奇であればあるほど、視聴者の悪趣味な興味がかき立てられる。しかも、加害者が女で、被害者の男の数が13人を超えるとあっては、その衝撃度は計り知れない。さらに驚くべきことに、これだけの罪を犯し、犯人の名も明らかになっているというのに、犯人はいずこともなく消えてしまった。推理作家も驚くこのミステリーの謎を解こうと、誰もが頭を悩ませたに違いない。その犯人とは、ノルウェーの田舎町トロンヘイムに生まれた**ベル・ガネス**(1859～?)である。

　17歳のときに新天地を求めてアメリカへ渡って結婚したものの、ほどなくして夫が病死。ここで**多額の保険金**を手にしたことが、彼女の人生を狂わせた。シカゴに移って下宿屋を始めると、すぐに建物に火をつけて全焼させ、保険金をせしめたのをはじめ、次に開いたパン屋も同様の手口で2度目の保険金を手に入れている。その後、インディアナ州の農場経営者と再婚。夫を事故死に見せかけて斧で殴り殺して3度目の保険金をせしめた。

　怪しまれないよう、ここからは**結婚詐欺**へと手口を変えている。新聞広告に「夫求む」の広告を打ち、結婚をエサに、身寄りがなく金のありそうな男を持参金つきの条件をつけて家に誘い込むのである。なにも知らずにやってきた男たちは、金だけふんだくられたあげく、次々と彼女の餌食となって殺されていく。身寄りがないから、いなくなっても誰も気がつかないのだ。

　そして事件が発覚しそうになったとき、彼女は最後の大勝負に出る。我が子3人と、自分に年格好の似た浮浪者の女を自宅で殺害して火をつけ、一家全員が焼死したと思わせて、自分ひとりが高飛びしたのである。

　その後、彼女は行方不明のままである。

ベル・ガネスの保険金詐欺の全貌

ベル・ガネスは夫が病死して多額の保険金が手に入ると、それに味をしめて、自分の経営する下宿屋やパン屋を燃やしては保険金をせしめていく。

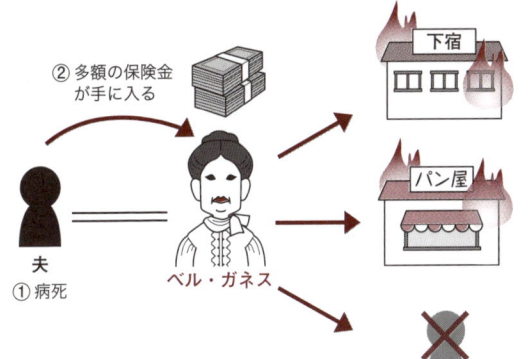

① 病死
② 多額の保険金が手に入る
③ 自分の下宿屋を燃やして保険金を手に入れる
④ 自分のパン屋を燃やして保険金を手に入れる
⑤ ふたり目の夫を事故に見せかけて殺し、保険金を手に入れる

結婚詐欺と完全犯罪を目論むまでの道のり

ベル・ガネスは「夫求む」の広告に釣られてやってきた男を次々に殺して金を奪う。ばれそうになると、子供と見知らぬ女を殺して、完全犯罪を目論むのである。

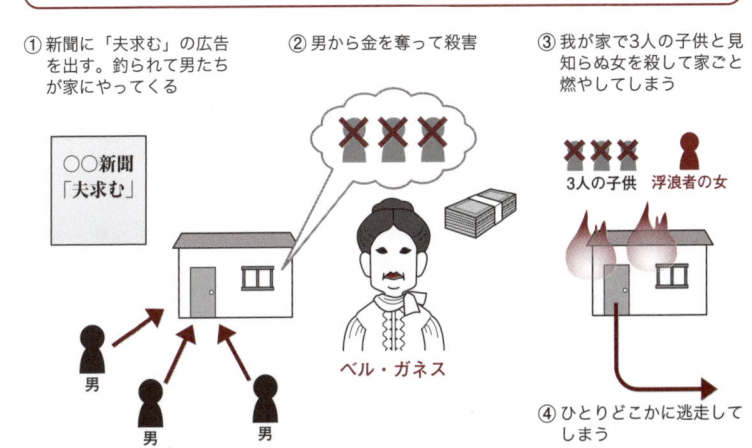

① 新聞に「夫求む」の広告を出す。釣られて男たちが家にやってくる
② 男から金を奪って殺害
③ 我が家で3人の子供と見知らぬ女を殺して家ごと燃やしてしまう
④ ひとりどこかに逃走してしまう

ワンポイント雑学

「夫求む」の新聞広告に釣られて殺害された男の数は13人。これに加えて、再婚した夫、3人の子とひとりの女を合わせた18人もが、ベル・ガネスの手で殺されている。

第4章 ● 歴史に汚点を残した極悪女

No.091

虐殺

自らは机上で計画を練って命を下し、数千〜数万人をも殺害する。集団による集団虐殺である。実行者は命令に従い敵対する相手の抹殺を強いられたわけで、もちろん罪の大半は、命を下した者に帰するべきである。

●思い通りに異分子を殺害する極悪女

　虐殺とは、抵抗することのできない状況にある者を、集団などが残忍な方法を用いて殺害することである。人種、民族、国家、宗教などの特定の構成員を抹消することを目的とした場合は、**ジェノサイド(集団殺戮)** と呼ばれる。古くは三国時代の**曹操**が数十万人もの住民を生き埋めにした**徐州大虐殺**や、200年も続いた**十字軍によるイスラム及びユダヤ教徒に対する虐殺**などをはじめ、近年では600万〜1000万人ものユダヤ人が犠牲となった**ナチス・ドイツによる大虐殺**、1000万〜2000万人もが死に追いやられたともいわれる**中国文化大革命時の弾圧**などがある。これらはいずれも、施政者が不正異分子と見なした集団を抹殺することを目的とした、**粛清という名の暴挙**である。

　この粛清の規模が数万〜数十万以上ともなると、大量破壊兵器のなかった時代であれば、少数の軍隊だけでは容易に実行し得るものではない。それを可能にする最も有効な手段は、大衆を煽って大衆の手によって実行させることである。

　施政者は大衆を扇動する方法を考案し、実行者に命を下すだけでいい。命を受けた者が各地に**アジテーター**を送り込み、不安を煽って大衆を錯乱状態に陥れ、不正異分子に攻撃の矛先を向けさせるからだ。ここまでお膳立てが整えば、大衆は自ら進んで命令通りに動き始める。このとき、加害者となった大衆は集団ヒステリー状態に陥っているため、その不合理な行動に対して善悪の判断すらできず蛮行に走る。こうして多くの罪なき人々が、施政者に踊らされた大衆の手によって無惨にも葬られるのである。

　こうした事象で権力者が女の場合、悲惨な結果を予測していたかどうかが、悪女レベルの分かれ目といえよう。もちろん集団殺戮をイメージできていたなら、それはもう極悪女というしかないだろう。

歴代の不正異分子の大量殺害の一例

施政者が不正異分子と見なした集団を抹消するために大量殺害することをジェノサイドという。粛清という名の暴挙である。

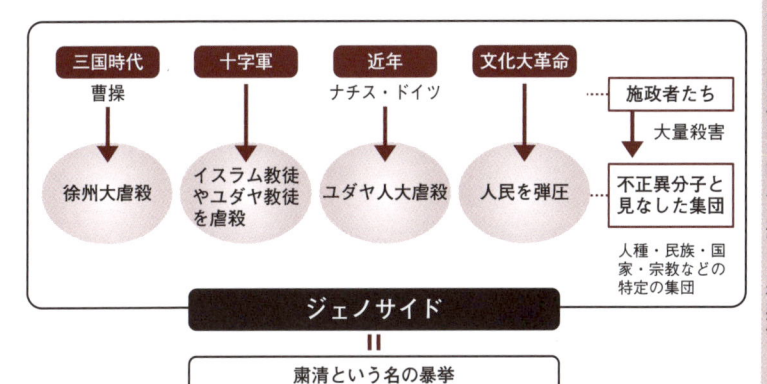

```
  三国時代      十字軍        近年       文化大革命
    ↓            ↓            ↓            ↓           ┄┄ 施政者たち
   曹操                    ナチス・ドイツ                         ↓ 大量殺害
    ↓            ↓            ↓            ↓          ┌──────────┐
 ┌──────┐  ┌──────┐  ┌──────┐  ┌──────┐      │不正異分子と│
 │徐州大虐殺│ │イスラム教徒│ │ユダヤ人大虐殺│ │人民を弾圧│      │見なした集団│
 └──────┘  │やユダヤ教徒│ └──────┘  └──────┘      └──────┘
            │を虐殺    │                                    人種・民族・国
            └──────┘                                    家・宗教などの
                                                              特定の集団
```

ジェノサイド ＝ 粛清という名の暴挙

大衆を扇動して大量殺害に及ぶ行程とは？

中世では、数十万人規模の粛清を実行する場合、配下の軍隊を使うよりも大衆を扇動したほうが効率的であった。

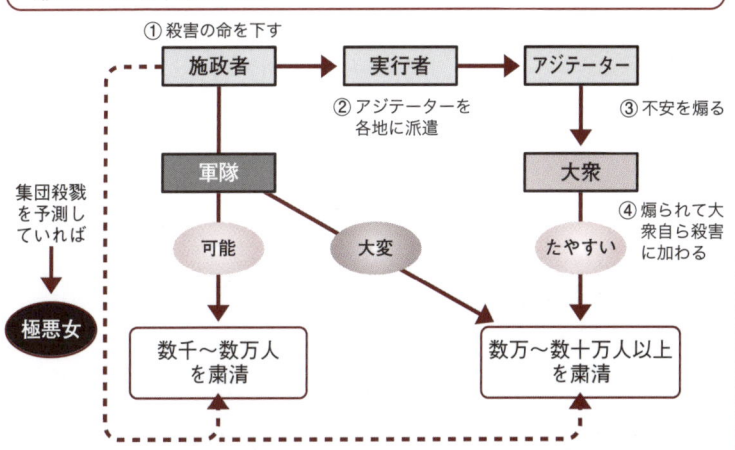

① 殺害の命を下す
施政者 → 実行者 → アジテーター
② アジテーターを各地に派遣
③ 不安を煽る

軍隊 / 大衆
可能 / 大変 / たやすい
④ 煽られて大衆自ら殺害に加わる

集団殺戮を予測していれば → **極悪女**

数千〜数万人を粛清 / 数万〜数十万人以上を粛清

ワンポイント雑学

粛清には、不正異分子の死刑や暗殺、追放、強制収容所への収監などが含まれる。独裁国家や社会主義国家などで多く見られる。

No.092
カトリーヌ・ド・メディチ

エピソード・虐殺

数千〜数万人もの死者を出したという史上空前の殺戮を繰り広げた聖バルテルミーの大虐殺。ここでは、パリ市内を血の海と変えた首謀者である、カトリーヌ・ド・メディチについて解説していこう。

●教会の鐘を合図に新教徒殺戮を開始

　ヨーロッパ史上最大の悲劇といわれたのが、16世紀のフランスで起きた**聖バルテルミーの大虐殺**である。旧教徒による新教徒虐殺事件で、犠牲になった人の数は数千とも数万（一説では7万）ともいわれる。その暴挙を先導したのが**カトリーヌ・ド・メディチ**（1519〜1589）、大富豪メディチ家に生まれ、フランスの食文化を作り上げたことでも知られる女性である。13歳のときにフランス王**アンリ2世**のもとに嫁いでフランス王妃となったものの、夫が不慮の事故でこの世を去り、跡を継いだ息子も即位後1年足らずで病に倒れて世を去ってしまう。そのため、15歳の次男**シャルル9世**が跡を継いでカトリーヌが摂政となり、自らの手に権力を握った。

　当時は旧教徒と新教徒が対立し、宗教戦争の様相まで見せていた。カトリーヌは事態を収拾するために、三女の**マルグリット**（P.158）を新教徒の総帥**アンリ・ド・ナヴァル**に嫁がせて新旧教団の融和を図ろうとする。しかし、新教徒の指導者**コリーニ提督**がシャルル9世に近づいて不穏な動きを見せたため、危機感を募らせたカトリーヌは、コリーニ提督暗殺を目論む。これが失敗に終わるや、新教徒からの反撃を恐れたカトリーヌは、旧教徒の**総帥ギューズ公**と申し合わせて、新教徒絶滅を画策するのである。計画の実行は1572年8月24日。午前3時に鳴らされる教会の半鐘が合図だった。まずコリーニに兵を送り寝込みを襲わせて殺害。その後は、旧教徒の一般市民を扇動するかたちで、新教徒を次々に襲って無惨な殺戮を繰り広げる。至るところで銃が撃たれ、路上では女子供までもが無惨にも刺し殺され、首に縄を巻きつけられて引き回される。こうして3日3晩、パリの街中で殺人や略奪が繰り返されたという。宗教戦争の結果とはいえ、これだけの残虐行為を行った首謀者としての責任は大きく、カトリーヌの悪名は天下に鳴り響いた。

カトリーヌが権力を握るまでの経緯

メディチ家の娘カトリーヌは、フランス王家のアンリ2世と結婚するも、夫が不慮の事故で死んでしまう。次男が即位し、カトリーヌは摂政として権力を手に入れる。

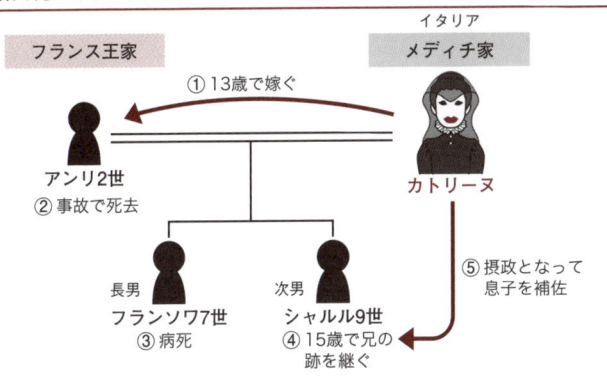

フランス王家　　　イタリア メディチ家

① 13歳で嫁ぐ

アンリ2世
② 事故で死去

カトリーヌ

長男 フランソワ7世
③ 病死

次男 シャルル9世
④ 15歳で兄の跡を継ぐ

⑤ 摂政となって息子を補佐

新旧教徒対立の構造

新教徒の指導者がシャルル9世に近づいて不穏な動きを見せたため、カトリーヌはこれを殺害。同時に新教徒殺害に動くのである。

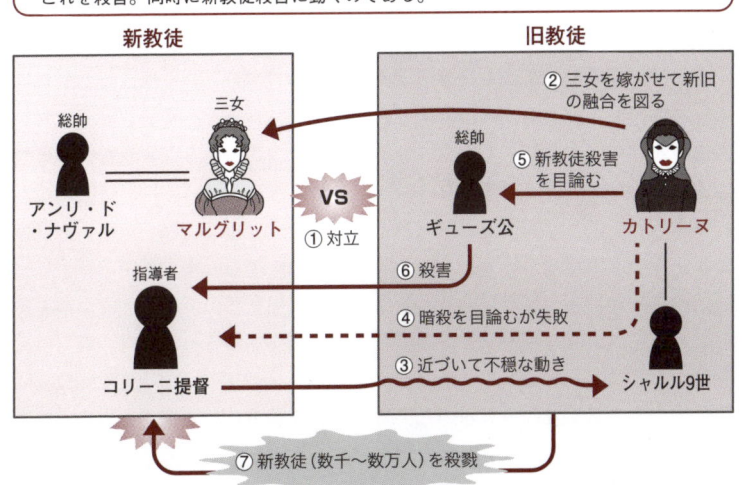

新教徒　　　　　　旧教徒

総帥 アンリ・ド・ナヴァル
三女 マルグリット
VS
① 対立

② 三女を嫁がせて新旧の融合を図る

総帥 ギューズ公
⑤ 新教徒殺害を目論む
カトリーヌ

指導者 コリーニ提督
⑥ 殺害
④ 暗殺を目論むが失敗
③ 近づいて不穏な動き
シャルル9世

⑦ 新教徒（数千〜数万人）を殺戮

ワンポイント雑学

カトリーヌ・ド・メディチは美食家で、イタリアの食文化をフランスにもたらしたことでも知られている。それまでフランス人は料理を手づかみで食べていたが、彼女の影響でフォークを使うようになった。

第4章 ● 歴史に汚点を残した極悪女　No.092

No.093
サディスト(加虐性欲者)

相手に苦痛を与えることに性的興奮を覚える加虐性欲者のうち、社会通念から逸脱した者を性的倒錯者と呼ぶ。これに殺人性愛が加わり残虐行為をエスカレートさせる女は、極悪女としての本領を発揮する。

●世にも淫靡で残虐な女

　サディズムとは、相手に精神的、肉体的な苦痛を与えたり、そのような行為を想像したりして性的な興奮を得ることで、**加虐性欲**と訳される。相手を虐待して喜びを見出すだけの加虐性向に加えて、性的な興奮を伴うところに大きな特色がある。ただし、これは性的嗜好の一種で、相手に実際に害を与えたり不快な思いをさせたりしない限りは、特に悪弊として非難されるものではない。ところが、この性格によって自らが苦痛を感じて平穏な社会生活を営むことができなくなったり、社会通念から大きく逸脱して、嫌がる相手に危害を加えたりするなど社会秩序を乱す行為に及ぶようになれば、**パラフィリア(性的倒錯)**と呼ばれる精神疾患と判定されて治療の対象となる。

　この性的倒錯に、**エロトフォノフィリア(殺人性愛)**という殺人行為そのものに性的興奮を覚える極めて危険な性的嗜好が加わると、世にもおぞましい残虐者が誕生する。残念ながら、歴史のなかではそのような異常な性格破綻者が実在している。特に中世ヨーロッパの貴族社会においては、**近親結婚**が繰り返されたこともあって、親兄弟との異常な性愛をも厭わないという淫靡で不摂生な家庭環境が生み出した、我がままで放蕩な人物が多かった。

　この特殊な環境の下で培われた元来の性格に加えて、上記のような度を越したサディズムとエロトフォノフィリアの性癖が加わるのだから、残忍な人物となりやすく、常道を逸した残虐行為に走ったとしても不思議ではない。その者たちからすれば、人をいじめ抜いて殺すこと自体が快感で、その行為をなんらかのかたちで容認しうる環境にあるのだから、この悪行は容易に収まることはなく、エスカレートしていくのである。

　生まれた環境がすべての元凶といえるかもしれないが、さすがにこれらの行為は社会通念から逸脱する残虐さで、極悪女と評するしかない。

おぞましい残虐者誕生への行程

加虐性欲が強過ぎて相手に害を及ぼすようになると、性的倒錯という疾患になる。さらに殺人性愛が加わると、おぞましい残虐者が誕生する。

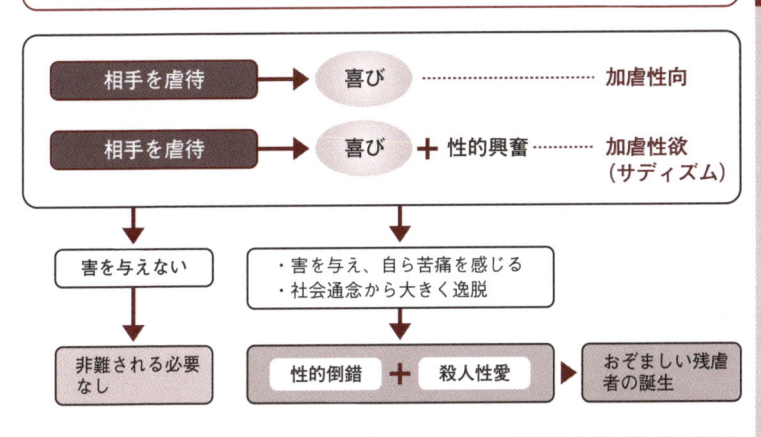

- 相手を虐待 → 喜び ……………………… 加虐性向
- 相手を虐待 → 喜び ＋ 性的興奮 ……… 加虐性欲（サディズム）

- 害を与えない → 非難される必要なし
- ・害を与え、自ら苦痛を感じる
  ・社会通念から大きく逸脱
  → 性的倒錯 ＋ 殺人性愛 → おぞましい残虐者の誕生

殺害自体に快感を覚える女の精神構造とは？

おぞましい残虐者の女は、人をいじめ抜いて殺すのに快感を覚え、際限なく残虐になっていく。

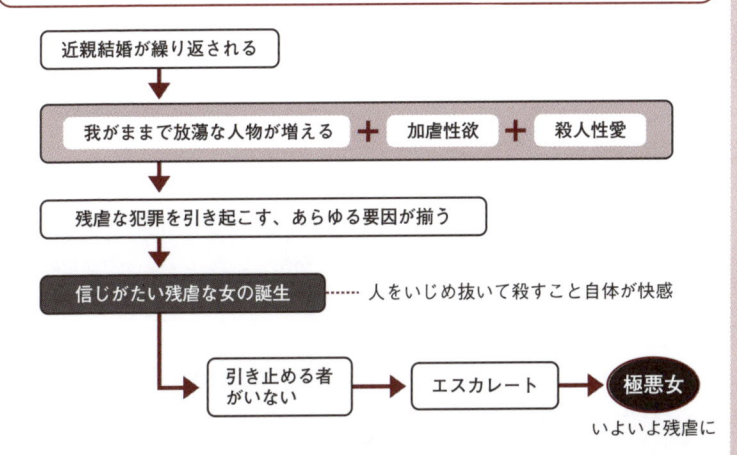

- 近親結婚が繰り返される
- 我がままで放蕩な人物が増える ＋ 加虐性欲 ＋ 殺人性愛
- 残虐な犯罪を引き起こす、あらゆる要因が揃う
- 信じがたい残虐な女の誕生 …… 人をいじめ抜いて殺すこと自体が快感
- 引き止める者がいない → エスカレート → **極悪女** いよいよ残虐に

ワンポイント雑学

サディストの言葉の由来となったマルキ・ド・サドが記した『ソドム百二十日あるいは淫蕩学校』には、ありとあらゆる性的虐待や拷問について記されている。

第4章●歴史に汚点を残した極悪女

No.094
エリザベート・バートリー

エピソード・サディスト（加虐性欲者）

ここでは、苦しみもがく女性の姿に快感まで覚えたという生粋のサディスト、エリザベート・バートリーを紹介していこう。彼女は自らの美貌と若さを保つために、600人もの女性を殺してその血に身体を浸したという。

●殺人マシーンを使って600人もの女性を殺害

　自らの美貌と若さを保つというそれだけのために、600人ものうら若き女性を残忍な方法で次々と殺害し、その血に浸って悦に入っていた女がいた。その名は**エリザベート・バートリー**（1560～1614）。ハンガリーきっての名門バートリー家に生まれたお嬢様である。しかしこの一族は、長いあいだ近親結婚が繰り返されたせいか、淫乱で残忍な性格異常者が多く、彼女もその血を受け継いでしまっていた。15歳のときに名門**ナダスディ家**の**フェレンツ伯**と結婚するが、夫はたびたび戦地に赴き、留守をあずかる彼女は、口うるさい姑からの苦言に辟易する毎日であった。彼女の唯一の楽しみは、華やかに着飾ること。美貌に自信があったからだ。しかし4人目の子供を生み落としたころから、急に容姿が衰え始めたことに気がつく。さまざまな秘薬を調合するも、一向に効果は上がらず、悶々とする日々が続くのである。

　そんなある日、ちょっとした不始末を仕でかした侍女を平手打ちしたところ、たまたま指輪が侍女の頬を傷つけ、血がエリザベートの腕に滴り落ちた。慌てて拭き取ろうとしたところ、そこだけが白く艶やかになっていることに気がついた。これこそが、彼女が探し求めていた美容法であった。エリザベートは、侍女を縛り上げて身体中にカミソリをあて、ありったけの血を絞り出してその血を身体中に塗った。女性たちが苦しみもがく姿に快感すら覚えたというから、極めつけのサディストである。

　こうして次々と村々から集められた女性たちが、尖った刃がついた手で羽交い締めにされるという「**鉄の処女**」や、内側に無数の棘が仕込まれた「**鳥かご**」という名の殺人マシーンによって、血を絞り取られていったのである。

　しかし、多くの女性を犠牲にしたにもかかわらず、彼女は美貌を取り戻せず、最後には幽閉され、そこでひっそりと死んでいる。

エリザベートを取り巻く人間関係

名門ナダスディ家のフェレンツ伯と結婚したエリザベートの楽しみは着飾ることだが、4人目の子供を生んだころから容姿の衰えが目立ち始めるようになる。

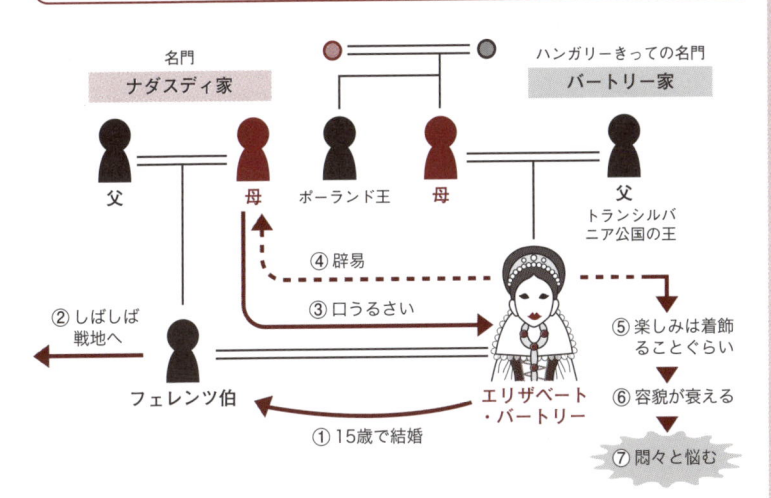

```
名門                                    ハンガリーきっての名門
ナダスディ家                              バートリー家

  父    母      ポーランド王  母         父
                                    トランシルバ
                                    ニア公国の王

              ④辟易
              ③口うるさい   →  エリザベート  ⑤楽しみは着飾
②しばしば                    ・バートリー    ることぐらい
  戦地へ ←                              ⑥容貌が衰える
       フェレンツ伯 ←
              ①15歳で結婚              ⑦悶々と悩む
```

第4章●歴史に汚点を残した極悪女

エリザベートの女性殺害の理由とその手口とは？

あるとき、侍女が不始末をしたため平手打ちにすると、血が飛び散ってエリザベートの肌に滴り落ちた。すると、そこだけ肌が艶やかになったことに気がついたのだ。

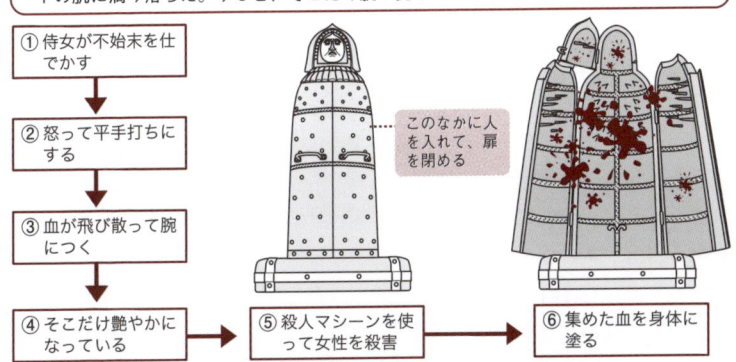

① 侍女が不始末を仕でかす
↓
② 怒って平手打ちにする
↓
③ 血が飛び散って腕につく
↓
④ そこだけ艶やかになっている
→ ⑤ 殺人マシーンを使って女性を殺害
→ ⑥ 集めた血を身体に塗る

このなかに人を入れて、扉を閉める

ワンポイント雑学

これほどまでに残虐な行為を行いながら、エリザベート・バートリーは身分が高かったので死刑は免れ、真っ暗な寝室のなかに幽閉されるに留まっている。ちなみに共犯者の従僕は斬首、侍女は火刑に処せられている。

No.095 人肉嗜好(カニバリズム)

歴史をひも解けば、人肉食が容認されていたところが多いのに驚かされる。そんな社会で女権力者が人肉嗜好と殺人性愛の性癖を持っていたとすれば、猟奇殺人の果ての食人行為が行われても不思議ではないが……。

●現代社会から強く忌避されるカニバリズム

カニバリズムというのは、現代社会においては反社会的行為として強く忌避されることである。稀に事故などによって孤立無援の状態に置かれた人たちが、餓死した人を食して生き延びたという事件が起きることもあるが、この場合は特異なケースとして、その範疇には含まれない。

人肉食が容認された社会は、歴史をひも解いてみると、実は意外にも多い。たとえば、北宋の**司馬光**が記した歴史書『**資治通鑑**』唐紀によれば、市場で堂々と人肉が売られていたことが記されている。しかもその値段が1斤わずか100銭で、犬肉の5分の1の値段でしかなかったという。日本でも、江戸時代に罪人の首切りを生業としていた**山田浅右衛門**が、首を刎ねたあとの屍体から肝臓を取り出し、人胆丸を作って売りさばいていたことも知られている。

また、憎しみのあまり敵対する相手の血肉を喰うという逸話は、中国の歴史書などを見ればいたるところに記されている。敵の人肉を喰うことで恨みを晴らし、その力をも奪い取るという意味合いがあったのだ。

たとえば、このように環境自体が人肉食に忌避感を抱きにくい社会であったうえ、施政者が**絶対的な権力**を有し、さらには**殺人性愛の性癖**まで有していたとすれば、現代人の感覚からいえば、世にもおぞましい**猟奇殺人の果ての食人行為**があっても不思議ではない。

こうした行為は同じ時代を生きた人から見れば普通で、悪くても我がままな権力者程度のことだろう。しかし、現代人からすれば、その権力者が女なら、とんでもない悪女であると定義するしかなく、嬉々としてその行為をしていたとなれば、極悪女としかいいようがなくなるのである。

本来の人肉嗜好(カニバリズム)とは?

中国や日本では、かつて人肉嗜好が容認されて習慣化していたことがあった。社会的に容認されているもののみを人肉嗜好という。

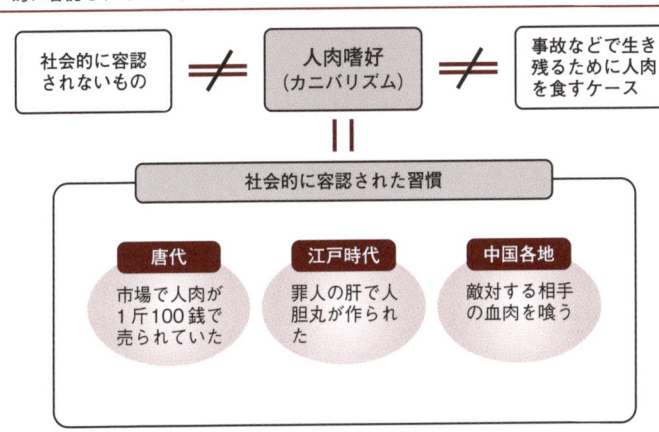

```
社会的に容認       人肉嗜好        事故などで生き
されないもの  ≠  (カニバリズム) ≠  残るために人肉
                                  を食すケース
                    ‖
            社会的に容認された習慣

   唐代              江戸時代          中国各地
市場で人肉が       罪人の肝で人       敵対する相手
1斤100銭で        胆丸が作られ       の血肉を喰う
売られていた       た
```

施政者が人肉食を行う理由とは?

人肉食を容認する社会で、施政者が殺人性愛の性癖の持ち主であれば、猟奇殺人が容易に行われる可能性が高い。

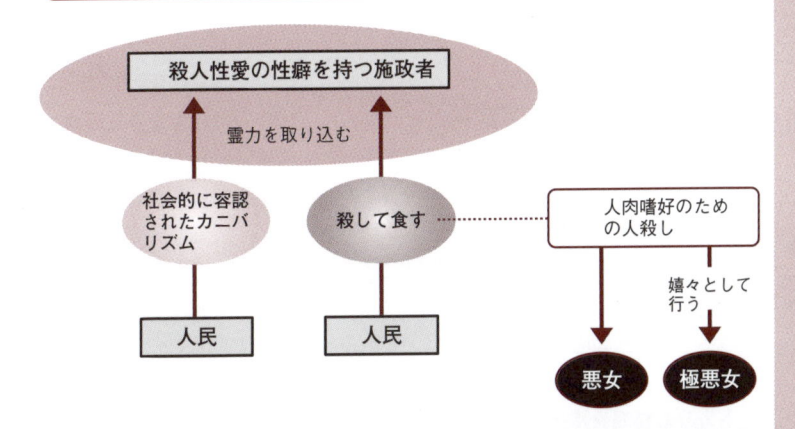

```
         殺人性愛の性癖を持つ施政者
              ↑  霊力を取り込む  ↑
      社会的に容認           人肉嗜好のため
      されたカニバ  殺して食す   の人殺し
      リズム
                                    嬉々として
                                    行う
        人民        人民        悪女    極悪女
```

ワンポイント雑学

日本でも戦前までは、葬儀の場において親族らが死者への愛着から遺骨の一部を食する「骨噛み」という習慣があった。

No.096
ジンガ女王

エピソード・人肉嗜好（カニバリズム）

村人600人を石臼で挽いてその血を飲み干し、2日間で130人もの子供を食したとも言い伝えられたおぞましい悪女。ここではアフリカのアンゴラ帝国を治めたジンガ女王について解説していこう。

●兄を殺害して女王として君臨

　人肉嗜好という特殊な社会環境のなかで、**権力欲**と**異常性欲**を有する女がいた。17世紀のアフリカ南西部に位置するアンゴラ帝国を治めた**ジンガ女王**（1583〜1663）である。もともとこの一族は揃って権力欲に取り憑かれていたようで、ジンガのすぐ上の次兄が、長兄とジンガの長男を殺害し王位に就いた人物だった。ジンガは息子を殺された復讐を果たす目的もあって次兄を殺害し、自ら女王として君臨する。しかも女王として君臨すると、幼い息子までも我が王位を脅かすものとして追放するのだから、その権力欲は尋常ではない。ちなみに、ジンガが殺した次兄の遺骸は銀の柩に入れられて祀られ、死者の霊を呼び戻してその声を聞き、自らの政権運営における指針としたというから、現代人には理解しがたい特殊な習俗や思想のなかで生きていたようである。

　さて、権力を一手に握ったジンガがある村に視察にいったときのこと。ひとりの村人の些細な過失に腹を立てた彼女は、**600人の村人全員を巨大な石臼に入れて挽き殺し、絞り出した生き血を飲み干す**というおぞましい行為に及んでいる。一説には、**2日間に130人もの子供を食した**ともいわれている。さらには性欲も常軌を逸したもので、男が傷ついて血を流す光景に異常な興奮を覚えるという性癖の持ち主であった。そのため、しばしば男たちを死ぬまで戦わせ、その勝者とベッドをともにしたあと、無惨にも自ら男を鞭打って殺害したとか。

　ただし、以上はあくまでもポルトガル側の資料によるもので、地元では**ポルトガルの侵略を阻止した英雄**と見る向きもあるようだ。一説によればこれらの話は、ポルトガル側がジンガ女王を陥れるためにわざと誇張したのだともいわれている。

ジンガが女王になるまでの経緯と人間関係

ジンガの次兄が、長兄とジンガの長男を殺して王位に就くと、ジンガは復讐のために次兄を殺して、自らが王位に就く。

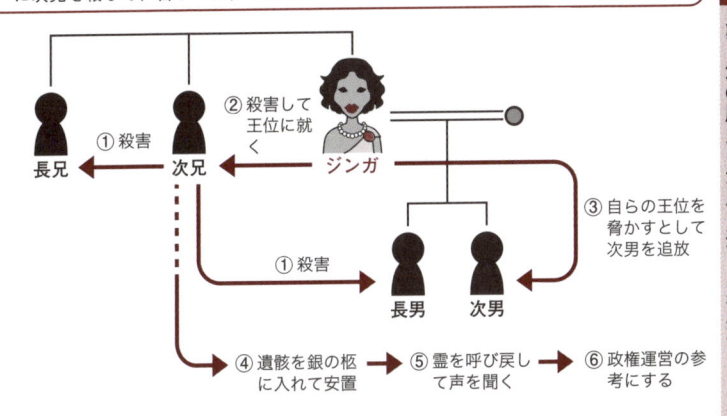

長兄 ← ① 殺害 ← 次兄 ← ② 殺害して王位に就く ← ジンガ

次兄 → ① 殺害 → 長男

ジンガ → 長男・次男

③ 自らの王位を脅かすとして次男を追放

→ ④ 遺骸を銀の柩に入れて安置 → ⑤ 霊を呼び戻して声を聞く → ⑥ 政権運営の参考にする

ジンガ女王の大量殺人の手口

ジンガ女王は、600人の村人を巨大な石臼で挽き殺して血を集めて飲み干し、2日間で130人もの子供を殺して食すなど、残虐な行為を繰り返したと喧伝された。

600人の村人を捕らえる
↓
巨大な石臼に入れて挽く
↓
集めた血を飲み干す

2日間で130人もの子供を食べる

ジンガ女王

男たちを死ぬまで戦わせる
↓
勝者とベッドをともにする
↓
男を鞭で打ち殺してしまう

ワンポイント雑学

ジンガ女王のキリスト教への改宗は、ポルトガルとの戦争を避けるための政略であったともいう。コンゴ王国など周辺国と連携し、オランダとも同盟を結んで、ついにポルトガルの侵略を許さず国土を守り通した。

No.097
悪魔礼拝

中世ヨーロッパでは、迫害に苦しんだ異教徒たちは、積年の恨みを晴らそうとして、悪魔礼拝を執り行う黒ミサを実行した。そこでは自称女魔術師が暗躍し、生け贄と称して多くの幼児を殺害したという。

●悪魔の名を借りた邪悪な連続殺人

　いかなる宗教教団にとっても、自らの教義に反する思想は、異端として排除せざるを得ないもののようである。たとえばローマ・カトリック教会において、この世の創造主である**ヤハウェ**が、あるいはイスラム教徒にとって、犯すべからざる**アラーの神**が冒瀆されれば、これを異端として排除するのは当然のことであろう。ただ、排除するだけでなく、不当に攻撃を加え、血を血で洗う抗争を巻き起こして大虐殺まで行うというのは、非難されるべき行為である。迫害に苦しんだ時代の異教徒たちは、それに反駁するために、神への冒瀆を試みざるを得なかった。

　たとえば、ローマ・カトリック教会に迫害されてきた異端の徒たちは、十字架を踏みつけ、逆さまに立てかけて、教会側が最も忌み嫌う**サタン(悪魔)** への礼拝を執り行って反抗を試みたようである。悪魔に超自然的な魔力があると信じ、その威力をもって神に対抗しようというのである。この儀式は、聖なるミサと正反対の行動を執り行うところから**黒ミサ**と呼ばれたが、のちにこの魔力は、廃退した貴族社会の女たちの、気に入らぬ相手を呪い殺すといった邪悪な要請に応える私的な儀式へと利用され始めていく。

　この陰惨な儀式を執り行う司祭は聖職を剥奪された者が多かったが、ときには魔術師としてその名を知られた女もいたようである。黒ミサが神への冒瀆という本来の目的を離れて、女たちの邪悪な欲求に利用され始めた時点で、これを取り扱う女魔術師は悪女と呼ぶべき存在となった。そして、悪魔と交信して妖力を得たと見せかけて、生まれたばかりの赤子を悪魔への生け贄とするという悪行に手を染めて、悪女のレベルをさらに上げた。

　いずれにしても、悪魔の名を借りて無力な赤子を手にかけるという、邪悪な**連続殺人犯**である。

迫害された異教徒たちの反駁の動きとは？

いかなる宗教団体でも、自らの主宰神を冒瀆する輩に対しては、異端として迫害することがあった。迫害された側はサタンの威力をもって独善的な神に対抗する。

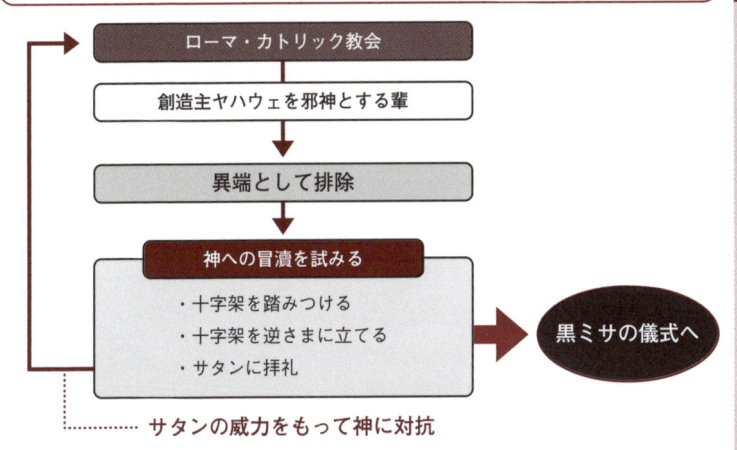

```
┌─────────────────────────┐
│   ローマ・カトリック教会   │
└─────────────────────────┘
            ↓
  創造主ヤハウェを邪神とする輩
            ↓
       異端として排除
            ↓
      神への冒瀆を試みる
       ・十字架を踏みつける
       ・十字架を逆さまに立てる        →  黒ミサの儀式へ
       ・サタンに拝礼
```

.... サタンの威力をもって神に対抗

黒ミサが変容していった経緯

神に対抗するための儀式であった黒ミサは、貴族の女たちのための私的な儀式へと変容していった。

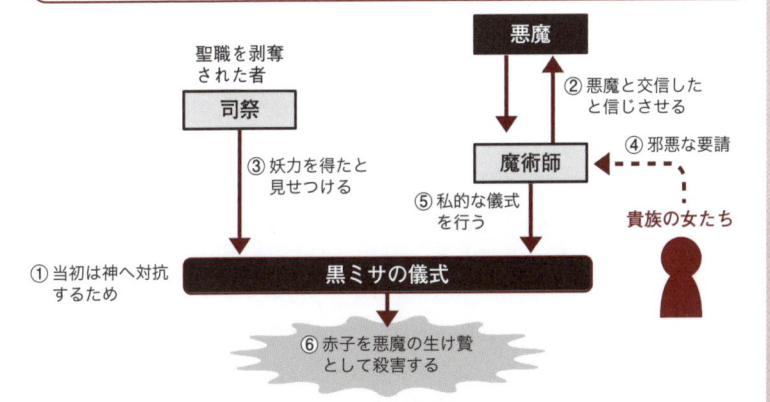

- 聖職を剥奪された者 → **司祭** → ③妖力を得たと見せつける → **黒ミサの儀式**
- **悪魔** → **魔術師** : ②悪魔と交信したと信じさせる
- ④邪悪な要請 ← **貴族の女たち** → 魔術師
- ⑤私的な儀式を行う → **黒ミサの儀式**
- ①当初は神へ対抗するため
- ⑥赤子を悪魔の生け贄として殺害する

ワンポイント雑学

キリスト教では、サタン（悪魔）とは、もともと神の使いであったにもかかわらず、堕落して地獄の長となった者と考えられている。

第4章●歴史に汚点を残した極悪女

No.098
ラ・ヴォワザン

エピソード・悪魔礼拝

毒殺が横行する中世ヨーロッパでは、黒ミサと呼ばれる悪魔礼拝によって意中の人物を呪い殺すことが横行していた。その首謀者ラ・ヴォワザンを、悪魔礼拝を行った悪女として紹介していこう。

●2000人もの赤ん坊を生け贄にした黒魔術師

　一見華やかに見える中世ヨーロッパの貴族社会も、裏に回れば淫媚で退廃的という一面を合わせ持っていた。不倫騒動も多く、パリ市内では密かに毒薬を買い求めた貴婦人が、夫の愛人を毒殺するといった事件などが日常茶飯事と思えるほど行われていた。自ら直接手を下さなくても、**黒ミサ**と呼ばれる**悪魔礼拝**を執り行って相手を呪い殺そうという陰湿な女も数多くいたようである。そして、この儀式に欠かせないのが、生後間もない赤ん坊だった。

　儀式は、祭壇に顧客が裸で横たわり、その上に赤ん坊を釣り下げることから始まる。その後、生きたまま赤ん坊の腹を裂いて、滴った血を顧客の身体にたらしながら、意中の人物に悪魔の呪いをかけて殺そうとするのだ。この儀式を取り仕切っていたのが、パリきっての**黒魔術師**として密かにその名を轟かせていた**ラ・ヴォワザン**（1640〜1680）である。表向きは華麗な宝石商として豪奢な店を構えていたが、店の奥深くに死臭漂う秘密の部屋が隠されていた。彼女がここで手にかけた赤ん坊の数は、2000人にも上ったという。

　しかし、この悪行は、彼女が副業としていた毒薬の販売ルートが解明されたことで終止符が打たれた。毒殺の横行を危惧した**ルイ14世**が本格的な捜査を命じたことで、販売ルートが解明され、ラ・ヴォワザンがその中心人物であったことが判明したのである。拷問にかけられたラ・ヴォワザンは、自らが黒ミサの首謀者であり、王の愛人**フランソワーズ**までもが国王を呪い殺そうと黒ミサを行っていたことまで自白してしまう。国王は自らの名誉が傷つくことを恐れて、捜査をここで中止している。

　結局、黒ミサにかかわった被疑者は400人にも上ったが、ラ・ヴォワザンを含めた36人だけが処刑された。ラ・ヴォワザンとしては、王族や貴族を道連れにするのに失敗したというところか……。

毒薬事件と悪魔礼拝事件の全容

中世ヨーロッパの淫靡で退廃的な貴族社会では、妻が夫の愛人を毒殺することが横行し、これを嘆いたルイ14世は、いよいよ捜査を開始する。

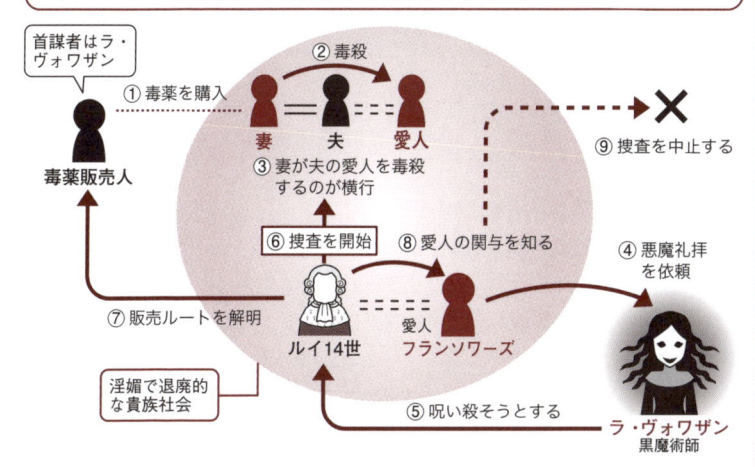

- 首謀者はラ・ヴォワザン
- 毒薬販売人
- ①毒薬を購入
- 妻 = 夫 --- 愛人
- ②毒殺
- ③妻が夫の愛人を毒殺するのが横行
- ⑨捜査を中止する
- ⑥捜査を開始
- ⑧愛人の関与を知る
- ④悪魔礼拝を依頼
- ⑦販売ルートを解明
- ルイ14世
- 愛人 フランソワーズ
- 淫靡で退廃的な貴族社会
- ⑤呪い殺そうとする
- ラ・ヴォワザン 黒魔術師

ラ・ヴォワザンの悪魔礼拝の現場

建物入口にある部屋は華やかな宝石店だったが、奥には死臭漂う怪しげな部屋があった。そこでは、おぞましい悪魔礼拝が行われていた。

- 黒魔術師 ラ・ヴォワザン
- ①顧客が祭壇に裸で横たわる
- ②赤ん坊の腹を裂いて血を滴らせる
- 赤ん坊
- ③悪魔の呪いをかける
- 祭壇
- 奥の部屋 — 死臭漂う怪しげな部屋
- 表の部屋 — 華やかな宝石店

第4章 ● 歴史に汚点を残した極悪女

ワンポイント雑学

ラ・ヴォワザンに加えられた拷問は壮絶なもので、足の甲を木槌で叩き潰すという残酷なものであった。彼女はその痛みに耐えきれず、すべてを告白し、火刑に処せられている。

No.099
野望

金や権力、名声を得たいと思う心は、多くの人が持つ自然な心持ちである。ただし、それが過剰となり、多くの人を殺してまで追い求めるようになれば、邪な心へと変貌する。この邪な心持ちに陥った女こそ悪女である。

●目的のためには手段を選ばぬ傲慢な女

「**少年よ大志を抱け！**」（Boys, be ambitious）といったのは、札幌農学校（現・北海道大学）初代教頭だった**クラーク博士**である。この場合の大志とは、遠大な希望を抱き、失敗を恐れず積極的にチャレンジしようとする**向上精神**のことで、活力ある人生を送るのに必要な心構えとされる。

一方、権力や金、名声などを追い求める心は、**野心**あるいは**野望**と表現される。権力や金などは追い求めなければ手に入りにくいものであるうえ、手に入れば直接、生活レベルの向上に繋がるため、多くの人が追い求めたくなるものであろう。ただし、過剰に追い求めたり、人を踏み台にしたり追い落としたりと、意図的に他人に害を与えようとし始めれば、その心は一気に邪な心へと変貌する。もしそれが女であるなら、この分岐点こそが、悪女かどうかの分かれ目といえるものである。

世の中には、この邪な野望を燃えたぎらせて、社会の頂点へ上り詰めようと企む女がいるものである。もちろん、大志なる向上精神などとは一切無縁の極めつけの野心家である。野望実現のためには手段も選ばないという傲慢さは、こうした自尊心の強い女特有のものである。おまけに、すべての行動と結果が、筋書き通りに進まなければ気がすまず、仮に筋書きが狂ってしまったとしたら、それは自分のせいではなく相手のせいであると見なして、その人物に対して不当で激しい攻撃を加えようとするのである。

このタイプの女は、他人の気持ちを汲み取ることも、他人の痛みを思いやることもできない場合が多いため、非情な行動に走りやすい。自己の行動がたとえ悪行であっても、それを認識することもできず、一方的に他人を攻撃し、それを正当化しようとする。自分が輝くために、周りを次々と不幸にしていくような悪女。これがその女の正体といえよう。

野心・野望・大志の関連性とは？

新しいことにチャレンジしようとする大志と、人を踏み台にしてでも権力、金、名声を求めようとする野心・野望とは表裏の関係にある。

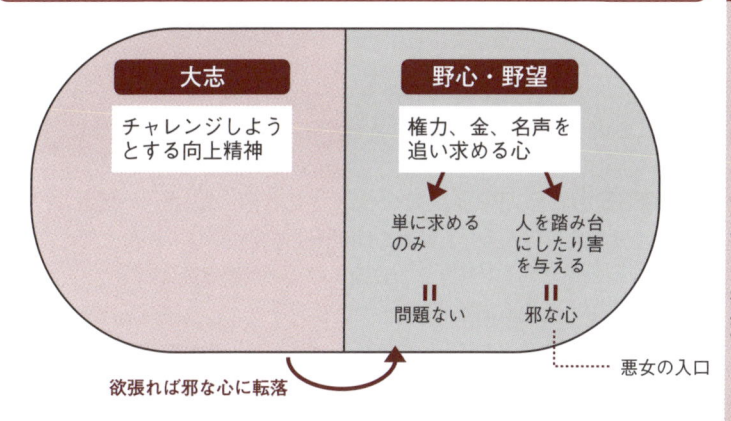

```
┌─────────────────────────┬─────────────────────────┐
│         大志            │       野心・野望         │
│                         │                         │
│  チャレンジしよう        │  権力、金、名声を        │
│  とする向上精神          │  追い求める心            │
│                         │                         │
│                         │  単に求める   人を踏み台  │
│                         │  のみ        にしたり害  │
│                         │              を与える    │
│                         │    ＝          ＝       │
│                         │  問題ない     邪な心     │
└─────────────────────────┴─────────────────────────┘
          欲張れば邪な心に転落 ↗        ⋮
                                    悪女の入口
```

邪な野望を燃えたぎらせた女傑の脳内構造

大志を忘れて邪な野望だけを燃えたぎらせた野心家の女傑は、思い通りに事が運ばなくなると相手を不当に攻撃し始める。

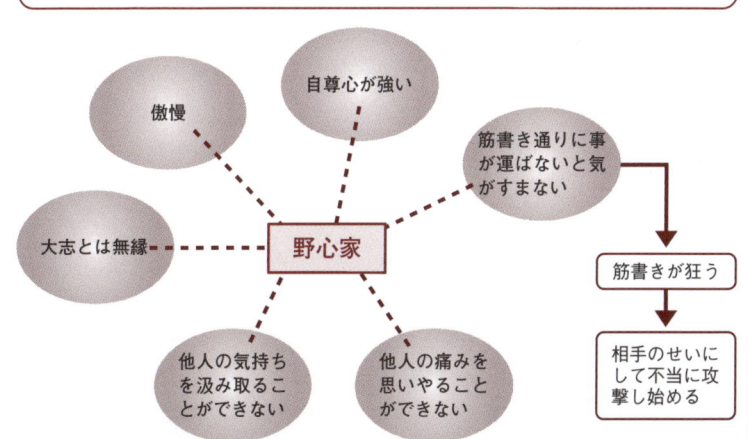

- 傲慢
- 自尊心が強い
- 筋書き通りに事が運ばないと気がすまない → 筋書きが狂う → 相手のせいにして不当に攻撃し始める
- 大志とは無縁
- 他人の気持ちを汲み取ることができない
- 他人の痛みを思いやることができない

すべて「野心家」につながる

ワンポイント雑学

アインシュタインが「人間の邪悪な心を変えるより、プルトニウムの性質を変えるほうがやさしい」といったように、ひとたび邪な心を抱き始めると改心するのは難しい。

No.100
則天武后(そくてんぶこう)

エピソード・野望

皇帝の母では満足できない底なしの野望。権力に執着するあまり、娘や息子、姉までをも次々と惨殺する女。まさに極悪女、鬼女という代名詞がぴったりくるのが、中国は唐の時代に生きた則天武后である。

●邪魔な皇后と淑妃の手足を切り取って酒樽に投げ込んだ女

　権力を手に入れるためなら、姉や我が子をも手にかける……。そんなおぞましい女が中国にいた。若き日の**武照**、のちの**則天武后**(624〜705)である。もともとは唐の**太宗**の妃であったが、太宗亡きあと、息子の**高宗**が見初めて後宮へと迎え入れた。これは、高宗の正妻・王皇后が後押ししたといわれている。当時は、**粛淑妃**という女性が高宗の寵愛を受けており、王皇后はそれに対抗するために、則天武后の後宮入りを後押ししたという。

　皇后に引き立てられて後宮入りした武照は、すぐさま自らが皇后の座を狙い、恩人である皇后の追い落とし策を練り始める。密かに自分が生んだ娘の首を絞めて殺し、それを皇后が殺したかのように仕組んだ。そればかりか、病弱な高宗が発作を起こすと皇后らが呪い殺そうとしたからだと騒ぎ、自分がこっそり皇帝の寝台に仕かけておいた呪いの人形を見つけたふりをして、皇后と粛淑妃の追い落としに成功する。こうして皇后の座に就いた武后は、皇后と粛淑妃を棒で叩き、**手足を切断し酒樽に放り投げて惨殺**したとされる。

　その後も、自らの姉・韓国夫人や、その娘・魏国夫人など、高宗のお気に入りの女性を次々に殺して、高宗の寵愛を独占。さらに、自ら生んだ子を含む5人の高宗の子や、高宗の一族である李氏70余名をも殺害して李氏絶滅を図り、武氏一族による専横政治を行った。

　高宗が他界し、中宗が跡を継いで武后が摂政として実権を握ると、中宗を廃して三男をかたちばかりの王位に就かせたあと幽閉。14年間にわたる恐怖政治を行い、ついには自らが皇帝となって**周(武周)王朝**を打ち立ててしまう。ちなみに、晩年まで彼女の性欲は衰えることなく、**薛懐義**や**張易之・昌宗兄弟**といった巨根の持ち主を寵愛していたことはよく知られるところである。一説によると3000人もの男妾を囲っていたともいう。

則天武后が抱いた「野望」と現実とは？

磨き上げた容姿を武器に後宮入りした則天武后は、皇后やほかの貴妃を陥れて殺害し、後宮の実権を握ると、自らが最高位に上り詰めようとする。

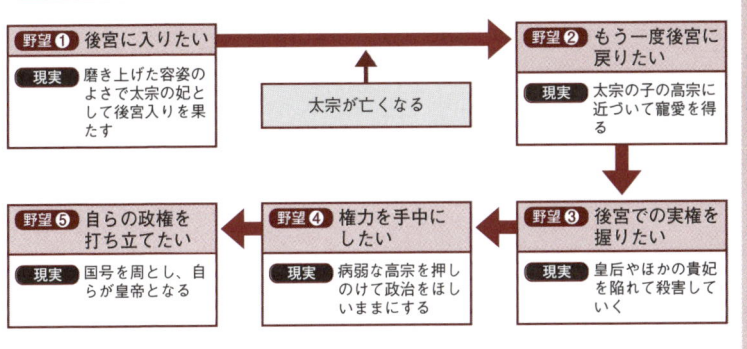

- **野望①** 後宮に入りたい
  - **現実** 磨き上げた容姿のよさで太宗の妃として後宮入りを果たす

→ 太宗が亡くなる →

- **野望②** もう一度後宮に戻りたい
  - **現実** 太宗の子の高宗に近づいて寵愛を得る

- **野望③** 後宮での実権を握りたい
  - **現実** 皇后やほかの貴妃を陥れて殺害していく

- **野望④** 権力を手中にしたい
  - **現実** 病弱な高宗を押しのけて政治をほしいままにする

- **野望⑤** 自らの政権を打ち立てたい
  - **現実** 国号を周とし、自らが皇帝となる

則天武后が仕組んだ王皇后殺害の手順とは？

則天武后は皇后になりたいという野望を実現させるために、我が子までも殺害し、それを王皇后のせいにして、これを陥れていく。

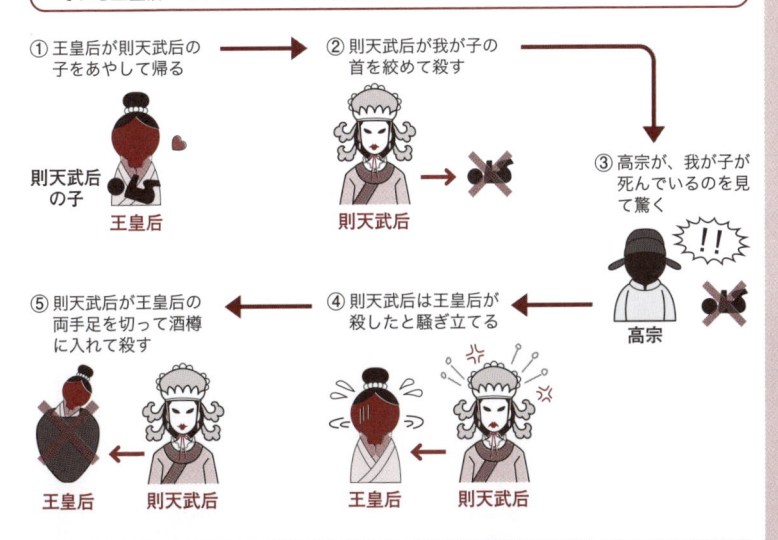

① 王皇后が則天武后の子をあやして帰る
② 則天武后が我が子の首を絞めて殺す
③ 高宗が、我が子が死んでいるのを見て驚く
④ 則天武后は王皇后が殺したと騒ぎ立てる
⑤ 則天武后が王皇后の両手足を切って酒樽に入れて殺す

ワンポイント雑学

則天武后の遺体は陝西省梁山にある乾陵に、高宗とともに葬られている。洛陽郊外の龍門山奉先寺にある高さ17mの盧舎那仏の顔立ちが、彼女に似せて作られたとも言い伝えられているが、真偽のほどは不明である。

No.100 第4章 ● 歴史に汚点を残した極悪女

世界残虐史

■世界を驚愕させた残虐女たち

　女が悪女としての本領を最大限発揮するのは、残虐な殺人行為においてである。その手口によって残虐度は大きく異なるが、手にかけた人数の過多もまた、残虐度を示す指針のひとつといえるだろう。ここでは、下の表にも記したように、被害者数の多い順に大量殺人者（連続殺人者を含む）を並べてみた。

　飛び抜けて多いのは、旧教徒が数千～数万人もの新教徒を見境なく斬殺した聖バルテルミーの大虐殺である。この虐殺を命じたカトリーヌ・ド・メディチは自ら手を下したわけではないが、被害者の数の多さから見れば、やはり筆頭にあげるべき悪女である。直接手を下した人物としては、2000人もの幼児の腹を割いて、悪魔礼拝の生け贄にしたラ・ヴォワザンが有名。また、自らの美貌と若さを保つために600人もの女性を斬殺してその血に浸ったというエリザベート・バートリーや、600人もの村人を大石臼で挽いてその血を飲み干したと言い伝えられるジンガ女王も、おぞましさでは群を抜いている。

　日本の事件としては、私生児などを養育費つきでもらって死に至らしめた一連のもらい子事件が注目に値する。愛知もらい子殺人事件の坂倉しげが200人、寿産院事件の石川みゆきが103人もの幼児を殺害している。屍体に頬擦りするなどの異常性格者だったベラ・レンツィの35人や、毒殺犯のエレーヌ・ジェガードの34人、マリー・マドレーヌ・ドーブレの7人以上、ヴァン・デン・リーデンの5人などが、連続結婚詐欺事件を起こしたベル・ガネスの18人らとともにそのあとに続く。

　また、中国の歴代王朝にも妲己や呂后、則天武后など陰惨な斬殺事件で名を馳せた皇后や寵姫などがいる。残虐度においては他に引けを取らず、世界残虐史を語るうえでは忘れてはならない人物たちといえるだろう。

●女性による世界の大量殺人及び特異な残虐事件

名前	年	国	事件の概要	死者数	本書掲載頁
カトリーヌ・ド・メディチ	1572	フランス	聖バルテルミーの大虐殺	数千～数万人	P.196
ラ・ヴォワザン	1679	フランス	黒ミサ幼児大量殺人	2000人	P.208
エリザベート・バートリー	1610	ハンガリー	チェイテ城大量女性殺人	600人	P.200
ジンガ女王	1632	アンゴラ帝国	石臼による大量殺人	600人	P.204
坂倉しげ	1913	日本	愛知もらい子殺人	200人	－
石川みゆき	1948	日本	寿産院もらい子殺人	103人	P.176
ベラ・レンツィ	20世紀初頭	ルーマニア	屍体愛好家による大量殺人	35人	P.188
エレーヌ・ジェガード	1851	フランス	大量毒殺	34人	
ベル・ガネス	1908	アメリカ	連続結婚詐欺	18人	P.192
マリー・マドレーヌ・ドーブレ	17世紀	フランス	大量毒殺	7人以上	P.184
ヴァン・デン・リーデン	1887	オランダ	大量毒殺	5人	
妲己	前11世紀ごろ	中国	炮烙の刑ほか	不明	P.170
呂后	前2世紀ごろ	中国	戚夫人の手足切断殺人ほか	不明	P.180
則天武后	655	中国	前皇后らの手足切断殺人ほか	不明	P.212

索引

あ

青木弥太郎 ……………………130
アグリッピナ ……………142,172
足利義勝 ………………………138
足利義教 ………………………138
足利義尚 ………………………138
足利義政 ………………………138
足利義視 ………………………138
安殿親王 ………………………122
阿部定 ……………………56,80
嵐璃鶴 ……………………………64
アルベール1世 …………………48
アレクサンドル6世
　　………………→ロドリゴ・ボルジア
アレクサンドル子爵 ……………106
アンリ・ド・ナヴァル
　　……………………→アンリ4世
アンリ2世 ……………………196
アンリ4世 ……………158,196
安禄山 ……………………………94
生田庄之助 ………………………14
石川みゆき …………172,176,214
石田吉蔵 ………………………56

和泉式部 …………………………18
仁顕王后閔氏 …………………166
茨木お滝 …………………………98
井原西鶴 …………………………14
今参局 …………………………138
イワノフ ………………………118
仁敬王后金氏 …………………166
ヴァノッツァ ……………………36
ウォード ………………………118
梅津長門 …………………………72
盈 ………………………………→恵帝
英宗 ……………………………114
エカテリーナ2世 ………154,172
エドワード7世 …………………48
エバ・ペロン ……………110,172
エビータ ……………→エバ・ペロン
エリザベート・バートリー ……172,
　　　　　　　　　　　　200,214
エルキュール・フランソワ ……158
エルシア・チェンチ ……………40
王皇后 …………………………212
大江雅致 …………………………18
大阪屋花鳥 ………………………72
岡本勘造 …………………………64
小川市太郎 ………………………68
お絹 ……………………→夜嵐お絹
お定 ……………………→阿部定

お七	→八百屋お七	桓武天皇	122
お新	→雷お新	菊一郎	52
おすえ	80	儀行父	22
お滝	→茨木お滝	喜三郎	72
お辰	→雲霧のお辰	紀氏	114
オッシュ	106	鬼神のお松	70
お伝	→高橋お伝	木田安蔵	80
お虎	→大阪屋花鳥	ギューズ公	196
お百	102	曲亭馬琴	102
お政	→島津お政	景宗	→昀
お政	→蝮のお政	久岐媛	122
オリンピオ	40	グナイウス	142
		首斬り浅右衛門	→山田浅右衛門

か

夏姫	22	雲霧のお辰	70,130
夏御叔	22	クラウディウス	76,142
片釜十左衛門	134	クリスティン・キーラー	118
夏徴舒	22	グレゴリー・ホルロフ	154
カトリーヌ・ド・メディチ	158, 172,196,214	恵帝	180
		源四郎	98
ガブリエル・ダンナンジオ	48	玄宗	94
雷お新	70,126	呉偉業	10
神野親王	122	項羽	180
亀の前	86	光緒帝	162
カリグラ	76,142	勾践	26
カルロス4世	150	高宗	212
咸豊帝	162	弘治帝	114
		孔寧	22

高力士	94
ゴーダン・ド・サント・クロワ	184
呉三桂	10
呉氏	114
伍子胥	26
御守殿お辰	→雲霧のお辰
後藤吉蔵	68
小林金平	64
コリーニ提督	196
コレンクール侯爵	106
権六	98

さ

嵯峨天皇	→神野親王
坂上田村麻呂	122
三五郎	72
子夷	22
司馬光	202
島津お政	80
寂静	→陳円円
ジャコミーノ	36
ジャコモ・チェンチ	40
シャルル９世	158,196
周奎	10
寿王	94
粛淑妃	212
粛順	162
貞暁	86
昌子内親王	18
ジョゼフィーヌ・ド・ボアルネ	106,172
ジョバンニ	36
シリウス	76
ジンガ女王	172,204,214
崇禎帝	10
粛宗	166
スコット・フィッツジェラルド	60
成化帝	114
西施	26,94,172
西太后	162,172
成帝	30
戚夫人	180
薛懐義	212
セルゲイ・サルティコフ	154
ゼルダ・フィッツジェラルド	60
荘王	22
曹操	194
則天武后	172,212,214
帥宮敦道親王	18
孫氏	114

た

大進局	86
太宗	212

高橋お伝	68,70
高橋波之助	68
瀧澤宗伯	102
瀧澤馬琴	→曲亭馬琴
瀧澤みち	102
橘道貞	18
妲己	170,172,214
為尊親王	18
チェーザレ・ボルジア	36
崔淑嬪	166
張玉貞	→張禧嬪
張希載	166
張禧嬪	166
紂王	170
張易之	212
趙合徳	30
張昌宗	212
趙飛燕	30,172
張敏	114
陳円円	10
陳公	22
テバ伯爵	150
デュ・ジャリエ	146
東太后	162
同治帝	162
遠山景元	124
土岐村元立	102
土岐村こと	102
鳥追いお松	68
ドリュー・ドーブレ	184
ドルゴン	10

な

内藤奇九蔵	134
ナポレオン	106,150
賑	→雲霧のお辰
ニコライ１世	154
ニコラス大公	48
如意	180
ネロ	142

は

梅妃	94
白居易	94
バラス子爵	106
原田きぬ	→夜嵐お絹
万貴妃	114
万氏	→万貴妃
范蠡	26
比嘉和子	52
秀次郎	80
日野重子	138
日野富子	138,172
ピョートル	154

ピヨトル大公	48
ファン・ドミンゴ・ペロン	110
フェレンツ伯	200
フェンテス伯爵	150
夫差	26
伏見広綱	86
武照	→則天武后
藤原薬子	122
藤原種継	122
藤原仲成	122
藤原道綱	18
藤原道長	18
藤原保昌	18
ブランヴィリエ侯爵	184
フランソワーズ	208
フランチェスコ・チェンチ	40
ブリタニクス	76,142
プロヒューモ	118
ベアトリーチェ・チェンチ	40
平城天皇	→安殿親王
ペドロ・カルデス	36
ベラ・レンツィ	188,214
ベル・ガネス	192,214
ボアルネ侯爵	106
ホアン・ボルジア	36
北条時政	86,126
北条政子	86,172
細川勝元	138

ま

牧の方	86
牧宗親	86
マタ・ハリ	44
マヌエル・デ・ゴドイ	150
蝮のお政	70,134
マリア・テレジア	90
マリア・ルイーサ	150
マリー	106
マリー・アントワネット	90,172
マリー・マドレーヌ・ドーブレ	172,184,214
マルガレータ・ヘールトロイダ・ツェレ	→マタ・ハリ
マルグリット・ド・ヴァロワ	158,172,196
マルゴ王妃	→マルグリット・ド・ヴァロワ
マルッツィオ	40
源実朝	86
源頼家	86
源頼朝	86
メッサリーナ	76,172

や

八百屋お七 …………………………14
山田浅右衛門 …………64,72,202
山名宗全 ………………………138
有蘇氏 …………………………170
昀 ………………………………166
楊貴妃 ……………………94,172
楊国忠 …………………………94
夜嵐お絹 ………………64,68,70

ら

ラ・ヴォワザン…………172,208,214
ラ・ベル・オテロ……………48,172
ラ・モル ………………………158
蘭児 ……………………→西太后
李自成 …………………………10
劉邦 ……………………………180
リュキスカ …………→メッサリーナ
呂公 ……………………………180
呂后 ……………………172,180,214
呂雉 …………………………→呂后
ルイ16世 ………………………90
ルイ14世 ………………184,208
ルートヴィッヒ1世 ……………146
ルクレツィア・ボルジア……36,172
ルクレッツィア ………………40
冷泉天皇 ………………………18

レピドウス ……………………142
蓮如 ……………………………8
ローラ・モンテス……………146
ロドリゴ・ボルジア……………36
ロマン・ロラン…………………144

※赤文字は項目として扱っているページ。

参考文献

●人間心理

『犯罪心理学入門』福島章 著　中央公論社
『男はなぜ悪女にひかれるのか 悪女学入門』堀江珠喜 著　平凡社
『嫉妬の世界史』山内昌之 著　新潮社
『はじめて出会う心理学』
　　長谷川寿一、東條正城、大島尚、丹野義彦、廣中直行 著　有斐閣
『面白いほどよくわかる「人間心理」の説明書』
　　おもしろ心理学会 編　青春出版社
『薬学の歴史』ルネ・ファーブル、ジョルジュ・ディルマン 著
　　奥田潤、奥田陸子 共訳　白水社
『おとぎ話に隠された古代史の謎』関裕二 著　PHP研究所
『図解雑学 心理学入門』久能徹、松本桂樹 監修　ナツメ社
『中国のグロテスク・リアリズム』井波律子 著　平凡社
『〈悪女〉の文化誌』鈴木紀子、林久美子、野村幸一郎 編著　晃洋書房
『悪の心理学』小田晋 監修　コスモ出版

●人物関連

『近世悪女奇聞』綿谷雪 著　中央公論新社
『惚れたが悪いか』島村洋子 著　小学館
『世界悪女物語』澁澤龍彦 著　河出書房新社
『女のエピソード』澁澤龍彦 著　河出書房新社
『中国美人伝』陳舜臣 著　中央公論新社
『皇帝を惑わせた女たち』藤本ひとみ 著　角川書店
『残酷世界史 血に飢えた悪女たち』桐生操 著　晋遊舎
『世界悪女大全 淫乱で残虐で強欲な美人たち』桐生操 著　文藝春秋
『中国列女伝 三千年の歴史のなかで』村松暎 著　中央公論社
『世界の悪女・妖女事典 歴史を手玉にとった魔性の女たち』
　　中江克己 著　東京堂出版
『悪女たちの日本史99の謎』「歴史の真相」研究会 著　宝島社
『悪女が生まれる時』藤本ひとみ 著　中央公論新社

『ギリシア神話の悪女たち』三枝和子 著　集英社
『ジョゼフィーヌ 革命が生んだ皇后』安達正勝 著　白水社
『女人政治の中世 北条政子と日野富子』田端泰子 著　講談社
『北条政子』渡辺保 著　吉川弘文館
『ヨーロッパ王室の女たち 愛と欲望の裏面史』桐生操 著　中経出版
『中国の名句・名言』村上哲見 著　講談社
『本当にあった！世界の復讐物語 古今東西復讐話集』
　　　佐藤光浩 著　アルファポリス
『惨くて美しい世界の悪女・妖女事典 残酷史に刻まれた79人のファム・ファ
　　タル』世界の悪女研究会 編著　永岡書店
『則天武后と玄宗皇帝 大唐帝国の「光と影」』岡本好古 著　PHP研究所
『ナポレオンとジョゼフィーヌ』
　　　ジャック・ジャンサン 著　瀧川好庸 訳　中央公論社
『歴史を騒がせた「悪女」たち』山崎洋子 著　光文社
『中国故事物語 教養の巻』駒田信二、寺尾善雄 編　河出書房新社
『愛と欲望の中国四〇〇〇年史』金文学 著　祥伝社
『中国五千年性の文化史』邱海濤 著　納村公子 訳　徳間書店
『隋唐演義』田中芳樹 編訳　中央公論新社
『マタハリ』マッシモ・グリッランディ 著　秋本典子 訳　中央公論社
『房中秘記 中国古典性奇談』土屋英明 編訳　徳間書店
『殷周伝説』横山光輝 著　潮出版社
『悪人列伝2』海音寺潮五郎 著　文藝春秋
『世界の「美女と悪女」がよくわかる本 クレオパトラ、楊貴妃からマリー・アン
　　トワネット、小野小町まで』島崎晋 監修　世界博学倶楽部 著
　　PHP研究所
『王宮で起きたあまりに淫らで残酷すぎる話』
　　　夢プロジェクト 編　河出書房新社
『藤原薬子の乱 幻想』安永明子 著　新人物往来社
『阿部定正伝』堀ノ内雅一 著　情報センター出版局
『中国の英傑8 楊貴妃：傾国の名花香る』小尾郊一 著　集英社
『滝沢馬琴 新潮古典文学アルバム23』徳田武、森田誠吾 著　新潮社
『歴史を変えた！「美女」と「悪女」大全』榎本秋 監修　新人物往来社

『故事成句でたどる楽しい中国史』井波律子 著　岩波書店
『韓国時代劇秘話 王朝を揺るがす男と女の物語』
　　河村啓介 著　金井孝利 監修　学研パブリッシング
『悪女映画コレクション バッド・ガールズ』
　　トニー・ターツ 著　地主寿夫 訳　ブルース・インターアクションズ
『日本の「未解決事件」100 昭和・平成の「迷宮」を読み解く』宝島社

●小説
『悪女について』有吉佐和子 著　新潮社
『馬琴の嫁』群ようこ 著　講談社
『白夜行』東野圭吾 著　集英社
『日本悪妻に乾杯』深田祐介 著　文藝春秋
『文人悪妻』嵐山光三郎 著　新潮社

F-Files No.041	

図解 ダーティヒロイン
2013年10月25日　初版発行

著者	藤井勝彦（ふじい かつひこ）
編集	新紀元社編集部／堀良江
カバーイラスト	福地貴子
図版・イラスト	福地貴子
DTP	株式会社明昌堂
発行者	藤原健二
発行所	株式会社新紀元社
	〒160-0022　東京都新宿区新宿1-9-2-3F
	TEL：03-5312-4481
	FAX：03-5312-4482
	http://www.shinkigensha.co.jp/
	郵便振替　00110-4-27618
印刷・製本	株式会社リーブルテック

ISBN978-4-7753-1171-4
本書記事およびイラストの無断複写・転載を禁じます。
乱丁・落丁はお取り替えいたします。
定価はカバーに表示してあります。
Printed in Japan